Helmut Breidenbach
Angelika Breidenbach

MIT DEM WOHNMOBIL NACH POLEN

Teil 1: Der Norden

Die Anleitung für einen Erlebnisurlaub

DER WOHNMOBIL-VERLAG
D-98634 Mittelsdorf/Rhön

Die Deutsche Bibliothek – CIP-Einheitsaufnahme

Bibliografische Information der Deutschen Bibliothek

Die Deutsche Bibliothek verzeichnet diese Publikation in der Deutschen Nationalbibliografie.
Detaillierte bibliografische Daten sind im Internet über <http://dnb.ddb.de> abrufbar.

Titelbild:
Am Jezioro Kierskie bei Posen (Poznan)

2. Auflage 2008

Druck:
Fuldaer Verlagsanstalt , 36037 Fulda

Vertrieb:
GeoCenter, 70565 Stuttgart

Herausgeber:
WOMO-Verlag, 98634 Mittelsdorf/Rhön
Position: N 50° 36.696'; E 10° 08.010' (WGS 84)

Fon: 0049 (0) 36946-20691
Fax: 0049 (0) 36946-20692
eMail: verlag@womo.de
Internet: www.womo.de

Autoren-eMail: Breidenbach@womo.de

ISBN 978-3-939789-61-1

EINLADUNG

Der ersehnte Urlaub liegt noch vor Ihnen, die Hauptsaison naht, Ihre Überlegungen gelten den möglichen Zielen. Der Süden? Italien, Griechenland? Sicher, baden würde man gerne, aber die Hitze... und alles so voll. Skandinavien? Hm, ob da das Wetter mitspielt ... Spanien? Vieeel zu heiß im Sommer! In die Berge? Na ja, dieses Jahr besser mal nicht zuviel kraxeln. Nun, Baden hört sich ja ganz gut an... Das Meer? Gerne, aber ab und an Süßwasser wäre auch ganz schön; aber wir wollen natürlich nicht nur faulenzen!

Kultur? Alte, historische Städte? Sehenswerte Kirchen? Nachdenkenswerte Zeugnisse der schrecklichen Deutschen Geschichte, aber auch viele Stätten und Zeichen der Versöhnung? Die prachtvollsten Ritterburgen des Mittelalters? Ein Land, im Zeichen der Europäischen Einigung, in dem der Eiserne Vorhang die ersten tiefen Risse bekam, ein Land im Aufbruch? Wo man sich frei und ohne Ge- und Verbote mit seinem Wohnmobil bewegen kann?

Folgen Sie uns – nach **POLEN**. Alles oben Beschriebene werden Sie dort finden – und noch vieles mehr. Wie wäre es mit einer sehr guten, bürgerlichen und für unsere Verhältnisse äußerst preiswerten Küche? Mit schmackhaften Bieren, kristallklarem Wodka? Fischgerichte in allen Variationen? Mit unendlichen Wäldern voller Pilze und Blaubeeren? Tausender Kilometer schönster schattiger Alleen? Unendlichen Sandstränden, im Osten die wörtlich zu nehmende „Bernsteinküste"? Die größten Wanderdünen Europas?

Über tausend Seen, Hunderte Kilometer schönster Flüsse warten auf Sie!

Als passionierter WOMO-Leser werfen Sie alle Vorurteile, die Sie je über dieses Land gehört haben, schleunigst über Bord.

Folgen uns in eines der interessantesten und vielseitigsten der neuen EU-Mitgliedsstaaten!

Ihr

Helmut Breidenbach

Sehr geehrter Leser, lieber WOMO-Freund!

Reiseführer sind für einen gelungenen Urlaub unverzichtbar – das beweisen Sie mit dem Kauf dieses Büchleins. Aber aktuelle Informationen altern schnell und ein veralteter Reiseführer macht wenig Freude.

Sie können helfen, Aktualität und Qualität dieses Buches zu verbessern, indem Sie uns möglichst sofort nach Ihrer Reise mitteilen, welchen unserer Empfehlungen Sie gefolgt sind (freie Stellplätze, Campingplätze, Wanderungen, Gaststätten usw.) und uns darüber berichten (auch wenn sich gegenüber unseren Beschreibungen nichts geändert hat).

Bitte füllen Sie schon während Ihrer Reise das Info-Blatt am Buchende aus!

Als Dank für Ihre Mühe wird Sie unser Verlag stets über alle Neuerscheinungen informieren.

Außerdem gewähren wir Ihnen bei Buchbestellungen direkt beim Verlag (mit beigefügtem, vollständig ausgefülltem Info-Blatt) ein Info-Honorar von 10%.

Zur Beachtung:

Jede Tour, jeder Stellplatz ist von uns bereits mehrfach überprüft worden. Wir müssen jedoch betonen, dass inhaltliche Fehler nie ganz auszuschließen sind. Deshalb erfolgen alle Angaben (speziell über freie Übernachtungsmöglichkeiten) ohne jegliche Verpflichtung oder Garantie von Autor oder Verlag. Beide übernehmen keinerlei Verantwortung bzw. Haftung für mögliche Unstimmigkeiten.

INHALTSVERZEICHNIS

Gebrauchsanleitung

Anreisewege

12 Touren durch Polen

Zeichenerklärungen für die Tourenkarten

Touren / abseits der Touren

- Autobahn
- 4-spurige Straße
- Hauptstraße
- Nebenstraße
- Schotterstraße
- Wanderweg

S WOMO-Stellplatz, Wander-, Picknick-,
W **P** **B** Badeplatz (nicht für freie Übernachtungen)

11 WOMO-Stellplatz, Wander-, Picknick-,
12 **13** **14** Badeplatz (geeignet für freie Übernachtungen)

Alle übernachtungsgeeigneten Plätze sind im Text
und auf den Tourenkarten fortlaufend durchnummeriert.

- ♪ ♪ Kirche, Kloster
- Burg, Schloss, Ruine
- ▲ Berggipfel
  1493 m
- Ausgrabungsstätte
- ✳✳✳ Sehenswürdigkeit
- ➢✳ Aussicht, Rundsicht
- Trinkwasser/Dusche
- Ⓔ Ver-/Entsorgung
- WC Toilette
- ⚠15 empf. Campingplatz

N 50° 36.382'; E 10° 07.125' GPS

Gebrauchsanleitung

„Wie, Ihr wollt nach Polen? Fahrt Ihr denn mit zwei Wohnmobilen, damit Ihr wenigstens noch mit einem zurückkommen
könnt?!? Habt Ihr Verwandte drüben oder stammt einer Eurer
Eltern von dort?" Diese und ähnliche Fragen wurden gestellt,
als wir unsere Neugierde für dieses Land kundtaten. Ihnen als
Leser der WOMO-Reihe wären solche Fragen sicher nie über
die Lippen gekommen, sind wir doch alle offen für neue Ziele!
Und wir werden Sie kreuz und quer durch den nördlichen Teil
dieses seit 2004 zur EU gehörenden Landes mit seiner reich-
haltigen wechselvollen Geschichte führen.

Polen ist, wie es auch in der ersten Zeile der Nationalhym-
ne heißt, ganz bestimmt noch nicht verloren - trotz oder gerade wegen seiner Vergangenheit. Immer wieder mal von der
einen, mal von der anderen Seite erobert, geplündert, zerteilt,
dann die Grauen der deutschen Besetzung, die aus dem Land
ein einziges Konzentrationslager machten, zuletzt der Kom-
munismus, nichts hat das Land wirklich vernichten können.
Ja, sogar der Grundstein für die ersten richtigen Löcher im
Eisernen Vorhang und damit dem Niedergang des Kommu-
nismus wurden hier gelegt: in Danzig, in der ehemaligen Le-
ninwerft, wurde mit der Solidarność die erste freie Gewerkschaft gegründet.

Vielmehr ist Polen ein Land im Auf- und Umbruch. Der Bei-
tritt zur EU hat vielen Dingen einen enormen Schub verliehen.
An allen Stellen, ob im Straßenbau, oder zur Renovierung und
Restaurierung von Straßenzügen und gar ganzen Stadtzent-
ren, wird gewühlt und gegraben. Der Tourismus nimmt stetig
zu, man bemüht sich, die vielen Sehenswürdigkeiten und vor
allem die reichhaltige, zum großen Teil nahezu unberührte
Natur entsprechend hervorzuheben.

Und davon werden Sie auf unseren Touren wahrlich genug zu sehen bekommen! Jeder hat bestimmt schon von den großen masurischen Seen gehört, aber wussten Sie zum Beispiel, dass es in den Urwäldern im Białowieska-Nationalpark nahe der weissrussischen Grenze noch freilebende Wisente gibt?

Machen Sie es den Polen beziehungsweise uns nach und sammeln Sie in den Wäldern Massen von Steinpilzen, Pfifferlingen oder Blaubeeren. Sie wollen im Meer baden? Über 500

km Küstenlinie stehen Ihnen zur Verfügung, wo Sie mit etwas Glück auch noch Bernstein finden können!

Aber wir zeigen Ihnen natürlich nicht nur die Natur und die Landschaften, sondern auch sehenswerte Städte! Posen, Thorn, Warschau, Danzig sind wunderschöne, perfekt restaurierte, geschichtsträchtige Orte mit interessanten Museen, großartigen Kathedralen, einladenden Straßencafés und Restaurants.

perfekt restauriert - Danzig (Gdańsk)

Was bietet Ihnen Polen noch? Eine ganz hervorragende, bodenständige und zudem preiswerte Küche! Bigos (Eintopf

Schmeckt so gut, wie es aussieht!

auf Krautbasis mit Würstchen, Speck und Fleisch), Żurek (saure Suppe auf Basis von speziell fermentiertem Mehl) oder Pierogi (Teigtaschen, gefüllt mit Kraut und Pilzen) müssen Sie einfach probieren; dazu ein frisches, kühles Bier! (Achtung: Promillegrenze 0,2!)

An der Küste werden Sie natürlich mit frischem Fisch verwöhnt; an vielen Orten finden Sie Strandrestaurants, wo Sie - mit Selbstbedienung - für noch nicht einmal EUR 5,- eine komplette Mahlzeit bekommen.

Mit der Sprache werden Sie nicht viele Probleme bekommen. Oft (vor allem natürlich in den touristisch erschlossenen Gebieten) spricht man Deutsch, ansonsten sprechen vor allem jüngere Leute vielfach sehr gutes Englisch. Die Preise in Polen sind, für unsere Begriffe (jedoch nicht gemessen am polnischen Durchschnittseinkommen!) äußerst günstig. Diesel ist um mehr als 1/3 günstiger, der Preis vieler Grundnahrungsmittel beträgt gar nur 1/4 der in Deutschland üblichen!

Typischer Markt - hier in Kulm (Chełmno)

Auch wenn sich - leider - am Rande der Großstädte inzwischen etliche, auch in Deutschland wohlbekannte, Supermarktketten etabliert haben, erfolgt der Großteil der Versorgung noch über (oft täglich stattfindende) Märkte oder über kleine „Tante-Emma-Läden"; achten Sie auf die Schilder „Sklep"; oft sieht man den Geschäften von außen nicht an, welche Vielfalt dort zu kaufen ist. Sie brauchen also gewiss nicht die Staufächer Ihres Womo mit Lebensmitteln von zu Hause vollzustopfen, genießen Sie die frische und preiswerte Vielfalt, die Ihnen das Land bietet!

So, nun wissen Sie also schon in groben Zügen, was es im Allgemeinen alles zu sehen gibt. Kommen wir nun zu einigen Dingen, die speziell für uns Wohnmobilisten interessant und wichtig sind und zu denen wir immer wieder befragt werden. Zunächst zu den Straßenverhältnissen: In Polen gibt es nur wenige Autobahnen - ein paar Kilometer um Stettin (Szczecin) herum sowie die im Bau befindliche und teilweise schon fertiggestellte Strecke, die einmal von Frankfurt/Oder nach Warschau führen soll (und die mautpflichtig ist). Ansonsten rollt der gesamte Verkehr über die Landstraßen - auch der nicht unerhebliche LKW-Transitverkehr Richtung Weissruss-land, Ukraine und die baltischen Staaten rollt über den As-phalt, der teilweise für diese Belastungen nie geplant war. Dementsprechend sind Spurrillen (Straßenschild: Koleiny), Bodenwellen und Schlaglöcher nichts ungewöhnliches. Sind die Landstraßen so breit, dass es rechts neben der eigentli-chen Fahrbahn noch einen mit einer gestrichelten Linie abge-trennten weiteren Bereich gibt, und Sie sind langsam unterwegs: halten Sie den Rückspiegel im Auge! Wenn ein schnelleres Fahrzeug kommt, weichen sie rechts auf diesen Streifen aus, um das Überholen für den nachfolgenden Ver-kehr zu erleichtern (übrigens auch, wenn sich im entgegen-kommende Verkehr überholt wird).

Typische Allee

Abseits dieser Hauptdurchgangsstraßen fahren Sie in der Regel durch wunderschöne Alleen. Aber auch hier ist Aufmerk-samkeit angebracht: durch das Spiel von Licht und Schatten ist der oftmals sehr wechselhafte Straßenbelag nicht immer eindeutig auszumachen, auch können überhängende Äste manchem Alkoven gefährlich nahe kommen - insbesondere, wenn man bei Gegenverkehr (oder wenn man überholt wird) möglichst weit nach rechts ausweichen muss.

Wenn es ganz schlimm kommt (Schotterpisten oder übel-stes Kopfsteinpflaster) weisen wir Sie natürlich im Text darauf hin. Im Allgemeinen halten wir uns jedoch mit der Beurteilung des Straßenzustandes sehr zurück - der Grund ist dass, wie schon zuvor beschrieben das ganze Land im Wandel ist. Man-che Strecke, die ich bei der ersten unserer insgesamt drei

Recherchetouren als hundsmiserabel notiert hatte war ein Jahr später neu asphaltiert und glatt wie der sprichwörtliche Kinderpopo.

Landstraße, unterste Kategorie

Noch ein wenig zu den Geschwindigkeitsbeschränkungen: innerorts 50 km/h, außerorts 90 Km/h (über 3,5 t: 70 km/h), auf einspurigen Schnellstraßen 100 km/h (bzw. 80 km/h üb. 3,5 t).

Bevor Sie nun schimpfen, mit was für einem Fahrzeug der ver... Autor diese Routen wohl abgefahren hat: im ersten Jahr unserer Recherche waren wir mit unserem Laika Ecovip 2i, unterwegs, einem ausgewachsenen Alkovenmobil mit insgesamt 7,60 Meter Länge, 3,30 Meter Durchfahrthöhe und 2,35 Meter Breite (+ Spiegel) und insgesamt 4,2 t Gesamtgewicht - der größte Teil der uns nachfah-

Unser damaliger Laika Ecovip 2i

renden Womos wird wohl kompakter sein und nicht fragen:" Wie in aller Welt sind DIE da wohl durchgekommen?!?"

Da sich unsere Familie verkleinerte - unsere älteste Tochter, inzwischen erwachsen, zog aus, und nur noch unser 13-jähriger Sohn und unsere 16-jährige Tochter begleiteten uns weiterhin auf unseren Womo-Touren - nutzten wir die Gele-

genheit und verkleinerten auch unser Fahrzeug. Unser zweite
und dritte Recherchetour unternahmen wir also mit unserem
Rondo XL von CS-Reisemobile, einem hochwertigen Ausbau

auf Sprinterbasis, der für uns in idealer Weise das Platz- und
Komfortangebot eines ausgewachsenen Wohnmobils mit den
hervorragenden Fahreigenschaften und der schmalen Silhouette eines Kastenwagens verbindet. Auch hier die Abmessun-
gen für Sie zum Vergleich: Höhe 3,20 Meter, Länge 6,60 Meter, Breite 1,95 Meter, ZGG 3,5 t.

Dieses Buch ist, wie alle WOMO-Führer, übersichtlich in
Touren gegliedert. Natürlich konnten wir nicht alle Regionen
bis in den letzten Winkel auskundschaften. Unsere Auswahl
ist sehr subjektiv und reißt viele Dinge, insbesondere Stadt-
besichtigungen und Bau- und Kunstdenkmäler, nur an. Viele
Orte haben bereits Touristenbüros (*it*), die Sie gerne mit wei-
tergehenden ausführlichen Informationen und Veranstaltungs-
terminen versorgen.

Der Hauptgrund für den Kauf dieses Reiseführers ist sicher
Ihre Erwartung von Vorschlägen für Stellplätze. Wir haben uns
viel Mühe gemacht, ruhige und einsame, aber auch solche in
Orts- oder gar Zentrumsnähe für Sie zu finden und deren Ab-
fahrt zu beschreiben. Oftmals haben wir diese Plätze auch
fotografisch festgehalten. Von allen Plätzen haben wir die GPS-
Daten und, wo vorhanden, die Straßennamen notiert, sie finden die Positionsdaten in jedem Stellplatzkasten. Wir haben
sie folgendermaßen eingeteilt und gekennzeichnet: Blau sind
die Badeplätze, grün Wanderparkplätze, rotviolett die Picknickplätze (mit mindestens Bänken und Tischen) und gelb der große Rest, auf denen Sie, wenn nicht ausdrücklich anders in der

Beschreibung erwähnt, übernachten können - woran Sie in Polen auch niemand hindern wird. In den größeren Städten haben wir uns aus Sicherheitsgründen in der Regel entweder 24h bewachte Parkplätze oder Campingplätze ausgesucht.

Weiterhin zeigen wir Ihnen die (in Polen) sehr seltenen Ver- und Entsorgungsmöglichkeiten auf. Es gibt noch keine entsprechende Infrastruktur für Wohnmobile, dementsprechend also auch keine Ver- und Entsorgungsstationen, wie man sie z.B. von Deutschland, Frankreich und Italien her kennt. Frischwasser bekommt man grundsätzlich an Tankstellen. Versäumen Sie aber bitte auf keinen Fall, bevor Sie einen eventuell bereitliegenden Schlauch in Ihren Tankstutzen stecken, zu fragen! Sofern Sie dort sowieso Ihren Dieseltank (Diesel auf Polnisch: ON) auffüllen, wird man Ihnen das Wasser bestimmt nicht verwehren! Falls Ihr Wohnmobil über eine Kassettentoilette verfügt, ist gegen eine (saubere!) Entsorgung in öffentlichen WC's nichts einzuwenden. Wo sich diese Möglichkeit anbietet, haben wir es auch erwähnt.

Noch ein Wort zu einem weiteren wichtigen Punkt: der Gasversorgung. Sie werden mit großer Wahrscheinlichkeit in Ihrem Wohnmobil 2 Flaschen je 11 kg haben. In der Regel wird Ihnen dieser Vorrat, sofern Sie nicht im tiefsten Winter unterwegs sind, für 4 - 6 Wochen reichen. Sollten Sie dennoch aus irgendwelchen Gründen Gasmangel bekommen - kein Problem! Die polnischen Flaschen sind von den Dimensionen und Anschluss mit den deutschen identisch, sie haben nur einen 3/4-Stahlkragen um den Ventilbereich. Diese Flaschen sind an vielen Tankstellen erhältlich - packen Sie in Notfall ihre leere Gasflasche ins Staufach und besorgen eine polnische, die Sie während des Urlaubs auch tauschen bzw. am Ende zurückgeben können.

Wer Campingplätze vorzieht, sollte auf jeden Fall auch z.B. den entsprechenden Wälzer des ADAC mitführen. Die Autoren des WOMO-Verlages haben zwar beschlossen, auch solche Übernachtungs- und Erholungsmöglichkeiten aufzuführen, wir beschränken uns aber darauf, Ihnen lediglich die landschaftlich reizvollen Plätze, ohne besondere Rücksicht auf Sanitärausstattung zu nennen, denn Sie bevorzugen bestimmt auch Ihre eigene Dusche und Ihr WC.

Viele Campingplätze in Polen sind mehr auf Zeltcamper ausgerichtet oder haben kleine Hütten zur Vermietung und sind weniger auf durchreisende Wohnmobile ausgelegt, entsprechend geringer ist die Auswahl. Wo wir, obwohl wir uns mehr dem freien Übernachten verschrieben haben, entsprechendes entdeckt haben, haben wir es in olivgrüner Farbe aus dem übrigen Text hervorgehoben. Vor jede unserer Touren haben wir eine Karte gesetzt, so dass Sie sich leicht orientieren können. Sie kann Ihnen aber keinesfalls den Kauf einer professionellen Straßenkarte (Maßstab 1:200.000) ersetzen.

In der hinteren Umschlagseite finden Sie zudem eine Übersichtskarte über alle Touren, auf der Sie sich einen ersten Überblick über den Verlauf der einzelnen Reisegebiete verschaffen können. Außerdem wird auf die Seitenzahlen der zugehörigen Tourenkarten verwiesen.

Weder der Verlag noch wie selbst können dafür einstehen, dass das Übernachten auf den von uns angegebenen Stellplätzen behördlicherseits erlaubt ist. Das freie Stehen wird in Polen bisher toleriert. Unumgänglich dafür, dass dies auch so bleibt, ist das adäquate Verhalten aller. Vermeiden Sie die Überbevölkerung der Stellplätze! Dass Sie keinen Müll, Abwasser oder gar den Inhalt Ihrer Toilette hinterlassen, ist für Sie bestimmt selbstverständlich.

Sollte ein Stellplatz nicht mehr aktuell sein oder Sie weitere interessante Orte und Übernachtungsmöglichkeiten entdecken, oder wollen Sie einfach nur berichten, dass noch alles so ist, wie wir es beschrieben haben, bitten wir Sie dringend um Ihre Zuschrift an den Verlag oder an:

Helmut Breidenbach
Am Wäldchen 19
D-51469 Bergisch Gladbach
Fax: 02202-940589
e-mail: breidenbach@womo.de

Wir sind auf die Mithilfe unserer Kunden angewiesen! Am Ende dieses Buches finden Sie eine entsprechende vorbereitete Antwortkarte (weitere, auch für andere Bücher des Verlages, schicken Ihnen gerne Verlag oder Autor).

Noch ein Wort zur Nomenklatur: fast alle polnischen Ortschaften haben aus der Geschichte heraus auch deutsche Namen. Der leichteren Aussprechbarkeit (oder können Sie leichter „Szczecin" als „Stettin" entziffern?) nennen wir im Text die deutschen Ortsnamen und setzten die polnischen in Klammern dahinter. Die Tourenkarten haben wir (aus Platzgründen) dann ausschließlich mit den polnischen Namen versehen in der Annahme, dass sie sowleso auch eine professionelle Straßenkarte besitzen, welche mit größter Wahrscheinlichkeit auch nur polnische Bezeichnungen hat, die dann wiederum identisch mit den Straßenschildern und Ortseingangstafeln ist. Somit ist Ihnen eine einwandfreie Orientierung möglich.

Also: **serdecznie witamy** - Herzlich willkommen in Polen!

Da Polen ein direktes Nachbarland von Deutschland ist, erübrigt sich eigentlich eine exakte Beschreibung der möglichen Anreisewege. Aber egal, ob Sie von Norden, Süden oder Westen aus ankommen, der Weg zum Startpunkt unserer Route - der Grenzübergang Frankfurt/Oder an der Autobahn A12 führt großräumig um beziehungsweise über Berlin.

Auf diesem Weg können und wollen wir Sie auf zwei Alternativen aufmerksam machen - sofern Sie die notwendige Zeit dafür mitgebracht haben.

So Sie von Süden über die A8 beziehungsweise von Westen her über die A2 auf BERLIN zukommen, biegen Sie am Autobahndreieck Werder auf die A10 Richtung Norden. An der Ausfahrt POTSDAM NORD verlassen Sie die Autobahn, dann links Richtung POTSDAM, nach gut 2 km wieder links Richtung FAHRLAND auf die Marquarder Straße. Nach 2,5 km erreichen Sie FAHRLAND, insgesamt nach 6 km endet die Straße an der B2. Hier biegen Sie links Richtung SPANDAU ab. Volles Beschleunigen lohnt nicht, nach gut einem Kilometer - Sie haben rechter Hand einen Seitenarm des LEHNITZ-SEE - geht es rechts „drittklassig" ab. Endlich nach 4,3 km liegt zur Rechten der schöne, großräumige, zwischen Bäumen gelegene Parkplatz des **Schlosspark Sacrow**. Dieser Parkplatz eignet sich dann ganz hervorragend zur Übernachtung - aber natürlich gibt es hier noch mehr, sonst hätten wir

Sie nicht hierhin geführt! Direkt vom Parkplatz aus führen Wege durch den malerischen **Schlosspark** bis zum Ufer der Havel,

der wir in östlicher Richtung folgen, und kommen am Ende zur malerisch gelegenen **Heilandskirche**.

Von hier aus hat man auch einen wunderschönen Blick auf die **Glienicker Brücke**, einer schönen Stahlkonstruktion, die Potsdam mit Berlin verbindet - und die zu Zeiten des Kalten Krieges als Austauschplatz für Agenten eine Berühmtheit erlangte.

Nach einer sehr ruhigen Nacht geht es zurück zur B2, wir biegen links nach **Potsdam** ab und erreichen nach gut 6 km direkt nachdem wir an der Kreuzung rechts in den Voltaireweg der Beschilderung „**Sanssouci**" folgend abgebogen sind einen Parkplatz, der sich auch durchaus zur Übernachtung eignen würde. Mo-Fr 15:00 bis 20:00 bzw. Sa/So 08:00 - 20:00 ist er gebührenpflichtig. Ein Stück weiter auf der rechten Seite ist noch ein kleinerer Schotterparkplatz, der eigentlich zu einem Kleingartenverein gehört. Sollte hier noch viel Platz frei sein, könnte man diesen auch noch nutzen.

Sanssouci - ein Muss in Potsdam!

Von Potsdam aus wenden wir uns zurück Richtung Süden auf die Autobahn A10 / später A12 Richtung Frankfurt / Oder.

Wenn Sie Potsdam nicht so sehr reizt und Sie der Meinung sind, dass BERLIN noch viel mehr eine Reise wert ist, kann Ihnen auch geholfen werden:

Sie fahren den südlichen Berliner Autobahnring (A10) Richtung Osten; am Autobahndreieck NUTHETAL wechseln Sie auf die Stadtautobahn A115, bis zum Dreieck FUNKTURM, dort auf die A100 bis zum Ende Richtung Wedding/Seestr. Dann weiter bis zur zweiten großen Kreuzung, dort rechts in die Müllerstraße einbiegen, die dann in die Chausseestrasse übergeht. 1,9 km nach dieser Kreuzung liegt zur Rechten die:

(002) REISEMOBIL-STATION Berlin-Mitte

GPS: N 52° 32.288'; E 13° 22.354'; Chausseestr. **max. WOMOs:** ca.50.

Ausstattung/Lage: kpl. Ver- und Entsorgung, Strom, WC, Dusche, Zentral im Ort, nicht ganz leise, Geschäfte wenige Minuten zu Fuß, U-Bahn 2 min. zu Fuß, Entfernung Brandenburger Tor ca. 30 min. zu Fuß

Zufahrt: siehe Text.

Von hier aus lässt sich die Bundeshauptstadt bequem sogar zu Fuß erkunden.

Nun kommen wir aber endgültig zum Anfang unserer eigentlichen Touren: Autobahn A10 / A12 Richtung Osten, südlich vorbei an Frankfurt / Oder, direkt hinter der Oderbrücke befindet sich der Grenzübergang; Personalausweise bereit halten: wir kommen!!

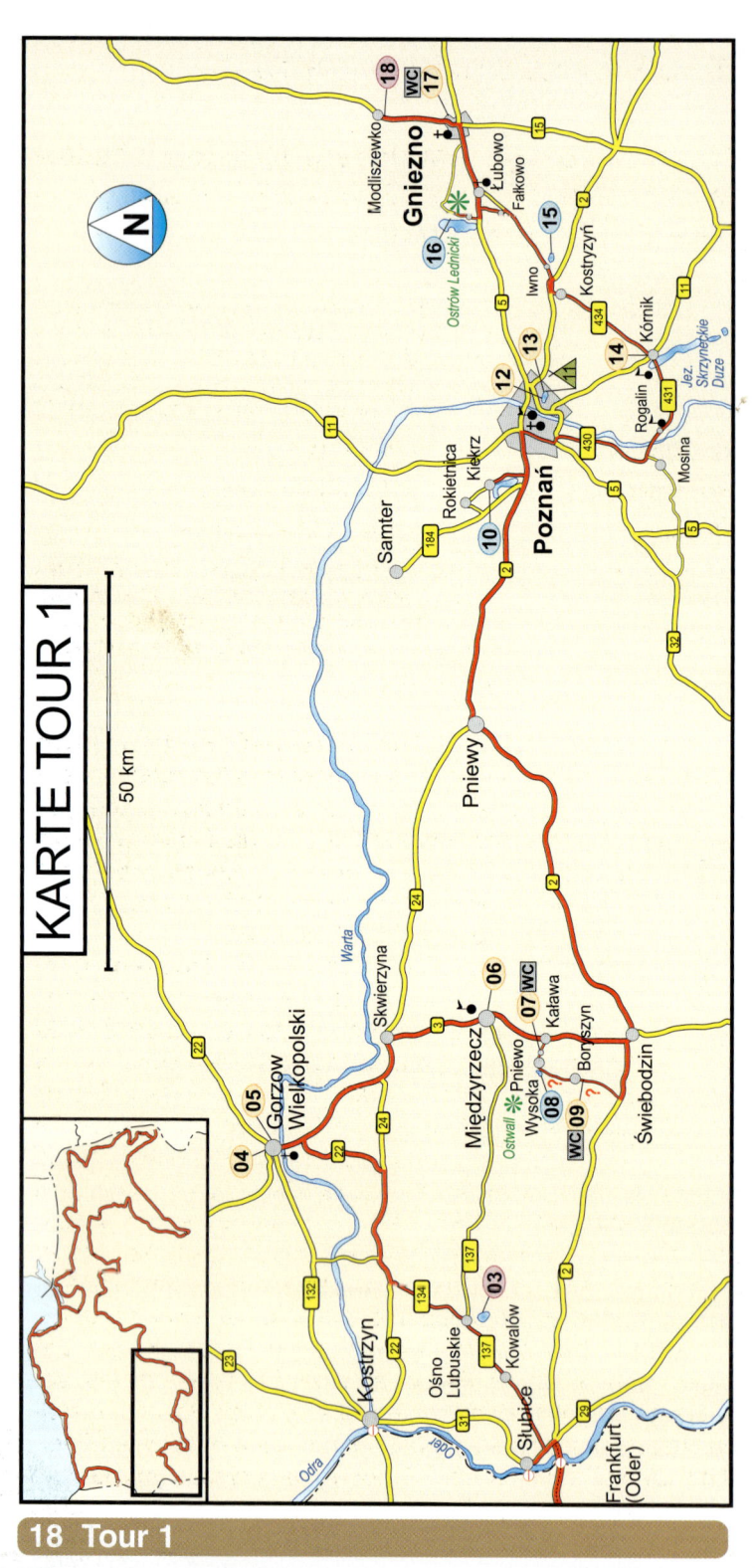

KARTE TOUR 1

50 km

TOUR 1 (ca. 416 km / 3-4 Tage)

Damm (Słubice) - Landsberg (Gorzow Wielko-polski) - Meseritz (Międzyrzecz) - Posen (Poznań)- Gnesen (Gniezno)

Freie Übernachtung:	Bei Ośno Lubuskie am See, in Międzyrzecz nahe der Burg, in Wysoka am Badesee, in Kiekrz am Badesee, in Posen, in Iwno am Badesee, in Ostrów Lednicki am Strand in der Nähe des Freilichtmuseums, hinter Gnesen im Wald
Campingplätze:	„Camping Malta" in Posen.
Ver-/Entsorgung:	an Tankstellen entlang der B2.
Baden:	... siehe „freie Übernachtung".
Besichtigen:	Zentrum von Landsberg, Burg in Meseritz, Ostwall in Pniewa, Altstadt von Posen, Schloßparks von Rogalin und Kórnik, Holzkirche in Łubowo, Freilichtmuseum in Ostrów Lednicki, Stadtzentrum in Gnesen

Es ist soweit: wir rollen auf der A12 die letzten Meter auf die polnische Grenze zu. Schon seit mehreren Kilometern steht auf der rechten Spur ein LKW hinter dem anderen, aber auf der linken Spur geht es zügig weiter über die Oderbrücke bis zum Abfertigungsgebäude. Nur eben den Personalausweis zeigen, schon geht es weiter - seit Polen Vollmitglied der EU ist, gibt es keinen langen Grenzaufenthalt mehr!

Die Bundesstraße 2 Richtung Posen (Poznań) geht zunächst vierspurig weiter, aber da wir nicht im Vollgalopp durch Polen hetzen wollen, biegen wir nach knapp 3 km direkt in die nächste Ausfahrt ab, halten uns ganz rechts und fahren auf der B29 nach DAMM (Słubice). Nicht, dass dieser Grenzort große Sehenswürdigkeiten zu bieten hätte, ich möchte Sie auch nicht zu den vielen Bars und Nachtclubs führen, deren Hinweisschilder nicht gerade dezent links und rechts des Weges stehen, es geht viel mehr um eine polnische Besonderheit in den Grenzorten, die es vielleicht auch nicht mehr ewig geben wird: einen **Basar**. Ungefähr drei Kilometer nachdem wir von der B2 abgebogen sind (wir haben zwischendurch eine Eisenbahnschranke passiert und befinden uns im Ort) folgen wir dem Schild „Bazar" an einer Tankstelle rechts, sehen dann zur linken den riesigen, überdachten Basar und stellen unser Womo schräg gegenüber auf einen bewachten Parkplatz. Einen Euro (alternativ 4 Złoty) kostet dieses gute Gefühl der Sicherheit, welches Sie sich aber durchaus gönnen sollten, zumindest noch hier in Grenznähe.

Typischer polnischer Basar

Hier auf dem Basar, wo Hunderte von Händlern ihre paar Quadratmeter Ladenfläche haben, bekommen Sie wirklich alles billig zu kaufen, was das Herz begehrt: Textilien jeder Art, Fleisch, Wurst, Käse, Spielsachen, Alkoholika, Zigaretten, Musik- und Programm-CD's, DVD's ... Nach letzten Informationen ist der Basar allerdings im Jahr 2006 abgebrannt, es ist nicht sicher, ob er überhaupt wieder aufgebaut wird.

Natürlich nutzen wir auch die vor dem Basar liegende Tankstelle, der Diesel ist um ca. 30% günstiger als zu Hause. So geht es nun, mit gefülltem Kühlschrank und Staufächern, weiter: zunächst wieder auf die B29 zurück Richtung Autobahn. Aber bereits nach 400 m biegen wir links auf die B137 Richtung DROSSEN (Ośno Lubuskie) ab. Nach 14 km erreichen wir KOHLOW (Kowalów), es geht links und direkt wieder rechts. Kurz vor Drossen, wir sind seit Kohlow 7,3 km gefahren, sehen wir rechter Hand der Straße Wasser blitzen - ja, und rechts geht auch ein Waldweg hinunter. Nach wenigen Metern stehen wir idyllisch an einem kleinen See.

(003) WOMO-Picknickplatz: Drossen (Ośno Lubuskie)
GPS: N 52° 26.369'; E 14° 51.249';   **max. WOMOs:** 1-2.
Ausstattung/Lage: Tische und Bänke, Mülleimer, See / außerorts.
Zufahrt: Er liegt an der B137 zwischen Kohlow (Kowalów) und Drossen (Ośno Lubuskie) 7,3 km hinter Kohlow rechts einen kurzen Waldweg hinunter direkt am See.

Malerischer Picknickplatz am See

Der Abend naht, alles hat Hunger - also wird zunächst gekocht, anschließend mit unserem Hund noch eine Runde am See entlang - und da der Platz so schön ist, übernachten wir auch einfach hier. Im Laufe des Abends kommen noch zwei Angler, die mit ihrem Auto noch weiter den Waldweg am See entlang fahren, bis sie eine geeignete Stelle finden.

Am nächsten Morgen geht es weiter über Drossen, wo wir links auf die B134 nach Norden abbiegen. Nach 14 km erreichen wir die recht gut ausgebaute B22, nach weiteren 18 km zweigt links die 22 nach LANDSBERG (Gorzów Wielkopolski) ab, 18 km weiter sind wir im Zentrum angelangt. Die B3, in die die 22 mündet, führt geradewegs auf die **Warta** zu. Direkt an der 90° Linkskurve , die die Straße dann am Ufer entlangführen lässt, halten wir uns rechts und finden eine schönen, gepflasterten Parkplatz am Ufer mit Panoramablick:

(004) WOMO-Stellplatz:
Landsberg (Gorzów Wielkopolski)
GPS: N 52° 43.777'; E 15° 14.716'; Wal Okrezny   **max. WOMOs:** 4-5.
Ausstattung/Lage: Ortszentrum.
Zufahrt: von Süden die B3 kommend bis zum Ufer der Warta, dort rechts

Landsberg an der Warthe

Alternativ können Sie auch noch die 200 Meter bis zur Brücke über die Warta fahren, den Fluss überqueren und direkt wieder rechts am anderen Ufer weiterfahren - nach 350 m links befindet sich ein bewachter Parkplatz, den wir wegen seiner Lage wegen aber nicht unbedingt zum Übernachten empfehlen möchten:

(005) WOMO-Stellplatz: Landsberg a.d. Warthe

GPS: N 52° 43.883'; E 15° 14.710'; Cichonskiego **max. WOMOs:** 2-3.
Ausstattung/Lage: 24h bewacht, kostenpflichtig / zentral.
Zufahrt: Er liegt direkt im Zentrum von Landsberg - von Süden die B3 kommend direkt hinter der Warta-Brücke rechts, nach 350 m links.

Marktplatz von Landsberg

Der Markplatz (**alter Markt**) von Landsberg mit der frühgotischen **Kathedrale**, der Mischung aus teilweise restaurierten und zum Teil neugebauten Häusern und der Außengastronomie hat Atmosphäre! Überquert man die Hauptverkehrsstraße nördlich, kommt man zu einer kleinen Fußgängerzone mit etlichen Geschäften und einem Reststück der alten **Stadtmauer** aus dem 15. Jahrhundert mit vier **Wachtürmen**.

Von Landsberg aus fahren wir weiter Richtung Süden über die B3, POSEN ist ausgeschildert, durchfahren nach ca. 25 km SCHWERIN (Skwierzyna) und erreichen 18 km weiter MESERITZ (Międzyrzecz). An der großen beampelten Kreuzung biegen wir rechts auf die 137 ab. Nach 200 m kommt eine Linkskurve, 150 m später befindet sich zur linken ein schöner, gepflegter großer Parkplatz.

(006) WOMO-Stellplatz: Meseritz (Międzyrzecz)

GPS: N 52° 26.606'; E 15° 34.471'; Mlynska **max. WOMOs:** 4-5.
Ausstattung/Lage: Mülleimer, nicht ganz leise / zentral.
Zufahrt: Er liegt direkt im Zentrum von Meseritz - von Norden die B3 kommend an der Ampel rechts, nach 350 m auf der linken Seite.

Von hier aus gehen wir zur ersten Sehenswürdigkeit der über tausend Jahre alten Stadt, schräg gegenüber unseres

Parkplatzes: dem alten **Schloss** aus dem 16. Jahrhundert beziehungsweise dem, was davon noch übrig ist:

Schloss Meseritz (Międzyrzec)

Anschließend geht es weiter zum schön herausgeputzten **Rathaus** von 1581 mit der dahinterliegenden spätklassizistischen **Heiligen-Adalberts-Kirche** aus dem 19. Jahrhundert. Napoleon verweilte übrigens im Jahre 1806 hier im Ort.

Auch hier fällt uns wieder auf, dass erst vor wenigen Jahren durch Neupflasterung der Plätze, Anlegen von Bürgersteigen, einem

Rathaus und Heiligen-Adalberts-Kirche

frischen Anstrich von Häusern und mit Blumenschmuck ein sehr, sehr schöner Gesamteindruck erreicht wird.

Weiter geht es zu einem richtigen Highlight dieser ersten Tour: dem Meseritzer Befestigungsgebiet. Wir verlassen unseren Parkplatz, halten uns links und kommen auf die B3 zurück, wo wir rechts Richtung ZIELONA GÓRA abbiegen. Nach ca. 8,5 km, wir befinden uns in KAŁAWA, biegen wir rechts Richtung WYSOKA ab. Nach anderthalb Kilometern sind wir in PNIEWO, ein großer Panzer und weitere Militärgerät weisen auf die hiesige Attraktion hin: einen Einstieg in die größtenteils unterirdische Welt des **Ostwalls**. Natürlich gibt es hier auch einen entsprechenden Parkplatz, der sich auch zum Übernachten eignet:

(007) WOMO-Stellplatz: Ostwall Pniewo

GPS: N 52° 22.286'; E 15° 30.378'; Kalawa   **max. WOMOs:** 4-5.
Ausstattung/Lage: Toiletten, Mülleimer, Wiesengelände / ortsnah,
Zufahrt: von der B3 kommend in Kaława nach Pniewo abbiegen, dort bei dem Panzer auf das Gelände abbiegen.

Der Bau des Ostwalls begann in den 20er Jahren des letzten Jahrhundert von den Deutschen zum Schutz der Hauptstadt Berlin Richtung Osten.

Über 100 km lang wurde der Oder/Warta-Bogen mit einer Kette von Geschütztürmen, mit Granatwerfern, Maschinengewehren und Flammenwerfern sowie Panzersperren gebaut. Alle Verteidigungseinrichtungen

Geschützturm des Ostwalls

wurden durch ein unterirdisches Netz von Gängen, in denen sogar elektrisch betriebene Züge zum Munitions- und Warentransport verkehrten, ver-

bunden. Das gesamte Befestigungskonzept wurde in der Hitler-Zeit etwas halbherzig vollendet - die meisten Einbauten wurden mühevoll an den West- und Atlantikwall verlegt, ohne dort noch viel ausrichten zu können. Als dann die Ostfront fiel, war hier weder genug

Einstieg in die Unterwelt

Material noch Besatzung mehr vorhanden, um die Befestigungsanlagen noch wirkungsvoll einzusetzen.

Hier in Pniewo befindet sich nicht nur ein Museum des Ostwalls, sondern es werden auch geführte Touren durch einen Teil des Gängesystemes unternommen. Über 30 km sind erschlossen, der Rest wurde für Menschen versperrt - hier halten Winter für Winter über 30.000 Fledermäuse aus 12 Gattungen ihren Schlaf. Eine einmalige Einrichtung in Europa! Sie sollten auf jeden Fall festes Schuhwerk, warme Kleidung (die Temperatur beträgt unabhängig von der Jahreszeit ca. 10-12°C) sowie eine kräftige Taschenlampe (die bestimmt zur Ausstattung Ihres Womos gehört) mitnehmen. Mit etwas Glück bekommen Sie vielleicht einen Führer, der Ihnen die Erklärungen sogar in deutscher Sprache liefern kann!

Kilometerlange Gänge 50 Meter unter der Erde

Natürlich gab es hier Trafostationen, Elektro- und Wasserinstallationen, Pumpwerke, Quartier- und Befehlsräume - eine Welt für sich!

Nach so langer Zeit unter der Erde waren wir froh, wieder in der sommerlichen Wärme draußen zu sein! Nur noch 3,5 Kilometer trennen uns vom nächsten Urlaubsglück - folgen Sie uns einfach! Vom Parkplatz aus links weiter nach Wysoka. Hier halten wir uns im Ort links und finden am See eine als Zeltplatz ausgewiesene Wiese direkt am Badesee, wo wir unser Womo ideal abstellen können.

(008) WOMO-Badeplatz: Wysoka See

GPS: N 52° 22.431'; E 15° 27.695'; Wysoka **max. WOMOs:** 1-2. **Ausstattung/Lage:** Wiesenstrand, Volleyballplatz / ortsnah. **Zufahrt:** von der B3 kommend in Kaława nach Pniewo abbiegen, in Wysoka links halten, dann rechts zum See abbiegen.

Hier lassen wir uns nieder, packen beruhigt - wie auch die Insassen der hier abgestellten PKW - Tisch und Stühle aus und widmen uns dem Entspannen. Aber nach einiger Zeit packt

Wo geht's hier hin ?!?

mich doch die Neugierde, wo der Weg rechts an der Mauer hinführen mag. Nun, er führt am Seeufer entlang, aber nach wenigen hundert Metern entdecke ich links einen Eingang. Also schnell zurück zum Wohnmobil, Taschenlampe und Kinder holen und weiter erkunden! Natürlich ist auch dies ein Überbleibsel des Ostwalls, und soviel sei verraten: Sie müssen nicht an der gleichen Stelle wieder herauskommen, wo Sie hineingegangen sind...

Wir verbringen auch die Nacht auf diesem Badeplatz, wobei wir uns am nächsten Morgen in dem kleinem Laden von Wysoka, nur 200 m entfernt, versorgen. Das Wetter ist nun leider nicht so schön, wie wir es gerne hätten, also geht es weiter - auf der Suche nach einem weiteren Einstieg in das Labyrinth des Ostwalls - wobei ich Sie vorwarnen möchte: wenn Sie ein sehr ausladendes Wohnmobil haben oder wenn Sie nicht unbedingt über eine Teststrecke für Stossdämpfer und die Festigkeit des Möbelbaus rattern wollen, fahren Sie zurück zur B3, dort südlich nach SCHWIEBUS (Świebodzin) und weiter links auf die B2 Richtung POSEN (Poznań).

Ansonsten folgen Sie uns auf der schmalen Straße am See entlang weiter Richtung BOROSZYN. Zwischen BOROSZYN und ŁAGÓW gibt es ein weiteres Museum mit Einstieg:

(009) WOMO-Stellplatz: Ostwall Boroszyn

GPS: N 52° 21.322'; E 15° 27.961'. **max. WOMOs:** 4-5. **Ausstattung/Lage:** Toiletten, Mülleimer / außerorts. **Zufahrt:** von der B3 kommend in Kaława nach Pniewo abbiegen, weiter bis hinter Boroszyn.

Teststrecke für Wohnmobile

Wir folgen der schmalen Straße weiter südwestlich bis zur B2, wo wir links Richtung POSEN (Poznań) abbiegen.

Nun liegen ca. 130 km auf der Bundesstraße B2 vor Ihnen. Sie können sich immer nach der Beschilderung „Poznań" richten. Die Strecke ist eine der Hauptadern Richtung Osten, dementsprechend ist vor allem der LKW-Verkehr. Die Strecke ist recht gut ausgebaut, jedoch müssen Sie streckenweise mit sehr stark ausgeprägten Spurrillen rechnen (Warnschild: „**Koleiny**"). Entweder halten Sie es wie die PKW und auch die schweren LKW und ziehen ohne Rücksicht auf Verluste mit knapp 100 km/h über die Piste oder aber sie fürchten um Ihr Wohnmobil, Leib und Leben und fahren lieber gemächlicher; dann sollten Sie aber den Rückspiegel im Auge halten und immer, wenn von Hinten ein schnelleres Fahrzeug kommt, mit den beiden rechten Rädern auf den Standstreifen ausweichen, um diesem das Vorbeiziehen (trotz Gegenverkehr) zu erleichtern - und immer damit rechnen, dass auf dem Standstreifen auch Fahrräder, Traktoren oder Fuhrwerke unterwegs sein können. Auch auf der Gegenspur wird dementsprechend agiert, und oft muss man auch deshalb rechts ausweichen, weil dort zwei oder sogar drei Fahrzeuge nebeneinander fahren. Es wird an allen möglichen und unmöglichen Stellen überholt, man muss sehr wachsam sein. Hinzu kommt, dass die Bundesstraße durch viele kleine Dörfer führt - ohne dass die Straße deswegen schmaler oder kurviger wird. Hier herrscht dann natürlich die gewohnte Geschwindigkeitsbeschränkung von innerorts 50 km/h, die auch des öfteren von fest installierten oder mobilen Radaranlagen überwacht wird - und Geschwindigkeitsübertretungen sind nicht billig!

Wie Sie nun auf POSEN zurollen, (wir möchten Ihnen die wundervolle Altstadt wirklich sehr ans Herz legen) sollten Sie sich überlegen, ob Sie direkt in die Stadt fahren wollen oder aber lieber kurz vorher noch einen Abstecher zu einem schönen See mit Bademöglichkeit und einer ruhigen Übernachtungsmöglichkeit machen wollen.

Die letzten 9 Kilometer vor Posen wird die B2 vierspurig, ähnlich einer Autobahn. Achten Sie nun bitte auf das Ortseingangsschild „Poznań" - und nehmen Sie direkt die nächste Ausfahrt 400 m später. Die Rampe führt nach oben, am Ende biegen Sie links ab und überqueren die B2. Die Strecke geht nach 1,5 km durch einen Wald, insgesamt 4 km nach der B2 biegen wir links Richtung ROKIETNICA ab. Keine 400 m weiter, direkt vor einem Fußgängerüberweg biegen wir links ab und entdecken 150 m weiter rechts einen schönen Parkplatz.

(010) WOMO-Badeplatz: Kierskie-See

GPS: N 52° 28.341'; E 16° 47.599'; Nad Jeziorem **max. WOMOs:** 1-2. **Ausstattung/Lage:** Mülleimer, Wiesenstrand mit Picknickbänken ca. 300 m nicht ganz leise / im Ort. **Zufahrt:** nach Ortseing. Posen nächste Ausfahrt, dann links, nach 4,2 km links, hinter Fußgängerweg

Zum Badestrand folgen Sie dann ca. 300 Meter weiter dem schmalen Sträßchen. Sollten Sie sich auf diesem unbewachten Parkplatz unwohl fühlen, können Sie auch auf den hier gelegenen Campingplatz ausweichen.

Von hier aus fahren wir zur B2 zurück, und zwar genau die gleiche Strecke, die wir auch gekommen sind, und setzen unsere Fahrt Richtung POSEN Zentrum fort. Sie richten sich, auch im Zentrum, immer nach der Beschilderung Gnesen („Gniezno"). Irgendwann überqueren Sie die Warta, dann kommt ein großer Kreisverkehr, Ihre Richtung führt nach links (= 3/4 im Kreisverkehr); dann sehen Sie nach ca. 1 km rechts einen großen Regattasee, etwas später kommt wieder ein großer Kreisverkehr. Entweder Sie fahren jetzt wiederum links (= 3/4 im Kreisverkehr) ins Zentrum hinein (noch gut einen Kilometer) und suchen sich hier einen bewachten Parkplatz, oder aber Sie wollen Posen wirklich in aller Ruhe genießen, auch das abendliche Stadtbild, und folgen uns zum Campingplatz „Malta" - also an oben erwähntem Kreisverkehr 90° rechts. Die Straße ist hier vierspurig, auf dem Mittelstreifen verläuft die Straßenbahn. Nach 1,5 km kommt ein Hinweis nach rechts, der Zoo, aber auch Camping Malta sind ausgeschildert. Nach weiteren 500 Metern liegt rechts der Platz in unmittelbarer Nähe des Malta-See (Jez. Maltanskie - kein Badesee!).

(011) WOMO-Campingplatz-Tipp Posen: Malta

Öffnungszeiten: ganzjährig.
GPS: N 52° 24.199'; E 16° 59.050'; Krancowa
Ausstattung/Lage: schön schattig; Gaststätte; Hunde erlaubt; Ver- und Entsorgung; Spielplatz; See für Kajak und Surfen anbei; Straßenbahnhaltestelle Richtung Altstadt (3 km): in 500 m.
Zufahrt: Ab Ortsmitte B2 (Richtng Warschau - Warszawa) der Beschilderung Zoo folgen.

Wenn Sie am Campingplatz vorbeifahren, entdecken Sie ca. 300 Meter weiter auf der linken Seite noch einen Parkplatz, biegen Sie diesem gegenüber rechts ab, folgt nach wenigen Metern links hinter Büschen noch ein weiterer.

(012) WOMO-Stellplatz: Posen Malta-See

GPS: N 52° 24.062'; E 16° 59.395'; Krancowa   **max. WOMOs:** 1-2.
Ausstattung/Lage: ebener Schotterplatz / ortsnah.
Zufahrt: Ab Ortsmitte B2 (Richtung Warschau - Warszawa) der Beschilderung Zoo folgen.

(013) WOMO-Stellplatz: Posen Zoo

GPS: N 52° 24.171'; E 16° 59.370'; Krancowa   **max. WOMOs:** 4-5.
Ausstattung/Lage: Mülleimer, Bänke / ortsnah.
Zufahrt: Ab Ortsmitte B2 (Richtung Warschau - Warszawa) der Beschilderung Zoo folgen.

Wir haben uns für den schönen Campingplatz entschieden, da wir ohnehin ver- und entsorgen müssen, auch die Preise sind sehr angenehm. Zudem fühlen wir uns zumindest in einer Groß-stadt wesentlich wohler, wenn das Womo bewacht steht.

Nostalgische Gefühle...

Nur 500 Meter geht man zurück zur Hauptstraße (B2), dort befindet sich eine Straßenbahnhaltestelle. Für nur wenige Cent pro Person legten wir rumpelnd die ungefähr 3 km bis zur Altstadt zurück und steigen die nächste Station unmittelbar nach der rechts liegenden **Domkirche** bzw. nach dem Überqueren der Warthebrücke aus und wenden uns links zur Fahrtrichtung. Nach rund 350 Metern erreichen wir den **Rathausplatz**.

Das ganze Häuserensemble auf und rund um den **Markt** wurde gegen Ende des zweiten Weltkrieges fast vollständig zerstört und liebevoll wieder aufgebaut. Wandeln Sie auf dem Platz, genießen Sie den Anblick, kehren Sie in eines der vielen Straßencafés ein, hören Sie den Straßenmusikanten zu. In einem der Häuser (Nr. 85) finden Sie auch eine **Tourist Information**, wo Sie sich mit allen nötigen Informationen über die örtlichen Museen, Sehenswürdigkeiten, Veranstaltungen und ähnlichem versorgen können.

Häuserzeile am Marktplatz in Posen (Poznań)

Von den vielen Museen möchten wir Ihnen nur eines besonders ans Herz legen, es liegt gegenüber dem Rathaus: das **Musikinstrumentenmuseum**. Über drei Etagen eines des wunderschön restaurierten Hauses sind Tausende Exponate aller möglichen Musikinstrumente ausgestellt - es lohnt sich!

Bevor wir in die Straßenbahn steigen, überqueren wir noch die Warthebrücke, wechseln auf die andere Seite der Straße und werfen einen Blick in die sehenswerte ehemals romanische, im 14. Jahrhundert gotisch umgebaute Domkirche. Dann geht es mit der urigen Straßenbahn rum-

Domkirche zu Posen

pelnd zurück zum Campingplatz, wo wir im dortigen Restaurant auf der Terrasse den Abend ausklingen lassen.

Am nächsten Morgen verlassen wir den Campingplatz, kehren zurück zur B2 und halten uns dort links Richtung Zentrum Posen. Am Kreisverkehr fahren wir links (=270°), überqueren den nächsten Kreisverkehr geradeaus, am nächsten (rechts befindet sich der Busbahnhof) biegen wir rechts ab (BERLIN ist ausgeschildert). Wir überqueren die WARTA und biegen bei der nächsten Möglichkeit links Richtung Süden ab - wir befinden uns nun auf der B430 Richtung Mosina. Dort, nach 16 km, biegen wir links auf die B431 Richtung KÓRNIK. Nach 6,7 km liegt zur rechten **Schloss Rogalin**.

Schloss Rogalin der Familie Raczynski

Natürlich ist das Schloss selbst (Öffnungszeiten: Mi-So. 10:00 bis 15:00) mit seinem Interieur und dem Kutschenmuseum schon sehr sehenswert, noch beeindruckender aber ist der prächtige **Park** mit seinem **Eichenbestand** - unter anderem drei 1.000-jährige Bäume mit bis zu 9 Meter Umfang!

Die Abteilung „Kutschen" im Schloss

Nach dem Besuch des Schlosses geht es wieder zurück zum Womo und wir fahren die B431 einfach weiter Richtung KÓRNIK, dem nächsten Ziel auf unserer Route. Nach 11 km biegen wir, im Ort angekommen, rechts ab und kommen auf dem bewachten Parkplatz des **Palais Kórnik** an.

> ### (014) WOMO-Stellplatz: Palais Kórnik
> **GPS:** N 52° 14.444'; E 17° 05.381'; Zamkowa   **max. WOMOs:** 2-3.
> **Ausstattung/Lage:** WC / im Ort.
> **Zufahrt:** von der B431 aus Westen kommend an der Vorfahrt-Achten-Straße rechts, am Palais (links) weiterfahren, dann auf der rechten Seite

Auch hier ist das für sich genommen schon sehr beeindruckende **Schloss**, welches vom Stil her auch ohne weiteres in die schottischen Highlands passen würde, mit seiner wertvollen Sammlung von Büchern der Polnischen Akademie der Wissenschaften, Gemälden, Waffen und Rüstungen, nicht die Hauptattraktion des Ortes. Natürlich kann man das Schloss und

Palais Kórnik

die Sammlungen besichtigen, aber vielmehr lädt das 40 ha große **Arboretum**, ein Park im Stil eines englischen Gartens angelegt, zu stundenlangen Spaziergängen ein.

Im Arboretum Kórnickie

Hier findet man sowohl heimische als auch exotische Gehölze, es ist die größte Anlage dieser Art in Polen. Nach zwei Stunden habe wir genug gesehen.

Nach so viel Kunst und Kultur steht uns nun der Sinn nach profaneren Freuden. Es ist sommerlich warm und ein kleiner See wäre genau das, was wir und besonders unsere Kinder sich wünschen. Nun, wir werden die Augen auf unserem Weg offen halten!

Vom Parkplatz aus biegen wir links ab, Richtung Kórnik, dann nach knapp 1 km die zweite Straße rechts auf die B434 KOSTSCHIN (Kostrzyń) ist ausgeschildert. Nach 20 km sind wir dort angekommen, am Stoppschild biegen wir rechts ab, 500 m weiter wieder links und treffen dann auf die B2 / E30 Richtung WARSCHAU (Warszawa). Hinter dem Ortsende, nach ca. 1,8 km, verlassen wir die gut ausgebaute Bundesstraße wieder und biegen links wieder auf die B434 Richtung GNESEN (Gniezno). Dann, nur 1,8 km weiter, entdecken wir rechts genau das, was wir suchen: ein kleiner See, eine Wiese, auf die wir uns stellen können - perfekt!

Perfekter Stopp zwischendurch - auch für Übernachtungen geeignet!

(015) WOMO-Badeplatz: See bei Iwno

GPS: N 52° 24.301' E 17° 16.605'; Lesna   **max. WOMOs:** 1-2.
Ausstattung/Lage: Wiesenstrand, / ortsnah, nicht ganz leise
Zufahrt: Von der B2 Kostrzyń Richtung Warschau hinter Ortsende links auf B434 Richtung Gniezno, nach 1,8 km bei Iwno rechts der Straße

Weiter geht die Fahrt auf der B434 zunächst Richtung GNESEN. Unser Ziel ist das große **Freilichtmuseum Ostrów Lednicki**. Nach 14 km, wir befinden uns in Fałkowo, biegen wir links Richtung DZIEKANOWICE ab. Wir gelangen an die B5, biegen links ab und fahren 2 km Richtung POSEN, bis wir rechts Richtung KOMOROWO abfahren - auch DZIEKANO-WICE ist wieder ausgeschildert.

Das Freilichtmuseum gehört zu den schönsten, die wir in Polen gesehen haben. Liebevoll sind viele Bauernhäuser und

auch drei Windmühlen an ihren Ursprungsorten ab- und hier vollständig restauriert in Form eines kompletten Dorfes, einschließlich Kirche, wieder aufgebaut worden. Sie sind komplett eingerichtet und können natürlich auch von Innen angesehen werden. Aber nicht nur dieses Freilichtmuseum ist in diesem Komplex am

Windmühlen im Freilichtmuseum

östlichen Ufer des Lednica-Sees aufgebaut worden, auf einer Insel ist noch ein bemerkenswerter Fund gemacht worden:

die Reste der ältesten Steinburg Polens aus dem 10. Jahrhundert wurden und werden noch ausgegraben. Aber wie kommt man auf die Insel? Natürlich mit einer Fähre, die rund zwei Kilometer weiter nördlich abfährt. Und zwar mit einer ganz gemächlich, still über einen Seilantrieb bewegten

Personenfähre. Die Insel empfängt einen durch die eingeschränkte Transportkapazität mit einer eigentümlich ruhigen

Atmosphäre. Die Ausgrabungen der Burg sind aus Schutz vor Regen komplett überdacht, bei den momentanen Temperaturen nehmen wir dies jedoch als Sonnenschutz ebenfalls dankbar an! Und das bringt uns dann gleich in Erinnerung, dass wir ja auf der Hinfahrt zur Fähre an einem Badestrand vorbeigekommen ... Wir treten also den Rücktransport an, wenig später sind wir wieder am

Womo. Wir fahren die Straße am östlichen Seeufer einfach wieder zurück und finden rechts den wunderschönen Badestrand, links einen großen Parkplatz!

---

016) WOMO-Badeplatz: Lednica-See

GPS: N 52° 31.470' E 17° 23.135'; Dziekanowice   **max. WOMOs:** 1-2.
Ausstattung/Lage: Sandstrand, Badesteg / außerorts.
Zufahrt: Von der B5 Poznań - Gniezno am rechten Ufer des Lednica-Sees ca. 2,5 km Richtung Norden fahren.

Traumstrand am Lednica-See

Nach dem Bad geht es wieder zurück auf die B5, wir biegen links nach GNESEN (Gniezno) ab. Nach 5 km, wir befin-

Holzkirche von Łubowo

den uns in ŁUBOWO, entdecken wir auf der rechten Seite an der Abzweigung der B434 eine wunderschöne Holzkirche mit einer uralten, eisenbeschlagenen Eichentüre, die glücklicherweise offensteht.

Weiter geht die Fahrt nach GNESEN, unserem nächsten Ziel: dem Ort, wo nach der Legende Lech, der Führer des Stammes der Polanen, im 8. Jahrhundert die Hauptstadt Polens hier gründete. In Gnesen angekommen richten wir uns hinter dem Jelonek-See rechts zum Zentrum hin und finden einen bewachten Parkplatz

---

(017) WOMO-Stellplatz: Gnesen (Gniezno)

GPS: N 52° 32.076'; E 17° 35.538'; Jezioma   **max. WOMOs:** 2-3.
Ausstattung/Lage: WC, Frischwasser / im Ort.
Zufahrt: von der B5 aus Posen kommend den Schildern „Zentrum" hinter dem Jelonek-See rechts folgen, 500 m.

Vom Parkplatz aus richten wir uns bergauf nach Nordosten und kommen nach 400 m auf den großen **Marktplatz** (Rynek) mit den schön restaurierten Häusern. Hier zweigt die Straße „Tumska" mit den herrlichen Bürgerhäusern Richtung Kathedrale ab.

GNESEN - vom Marktplatz Richtung Kathedrale

Dieses Bauwerk mit seiner ganzen Pracht müssen Sie sich ansehen, unter vielem möchte ich auf die einzigartige Bronzetüre aus dem 12. Jhd. in der Vorhalle hinweisen. Das Besteigen des Turms ist auch möglich.

Wenn Sie den Abend in der Stadt verbringen wollen und in einem Restaurants um den Markt Essen gehen möchten, bleiben Sie einfach auf unserem Parkplatz oder wechseln alternativ auf die Parkplätze an der Kathedrale. Wenn Sie jedoch Ruhe suchen und Einsamkeit nicht fürchten, fahren Sie noch ein Stück Richtung Bromberg (Bydgoszcz)! Vom Parkplatz aus wieder zurück auf die B5, und folgen Sie der Beschilderung. Nach 12,5 km, 400 m nach Beginn des Waldes, befindet sich rechts ein Picknickplatz:

(018) WOMO-Picknickplatz: B5 Modliszewko

GPS: N 52° 38.114'; E 17° 36.831'.
max. WOMOs: 2-3.
Ausstattung/Lage: Mülleimer, Tisch & Bank / außerorts.
Zufahrt: B5 von Gniezno nach Bydgoszcz hinter Modliszewko.

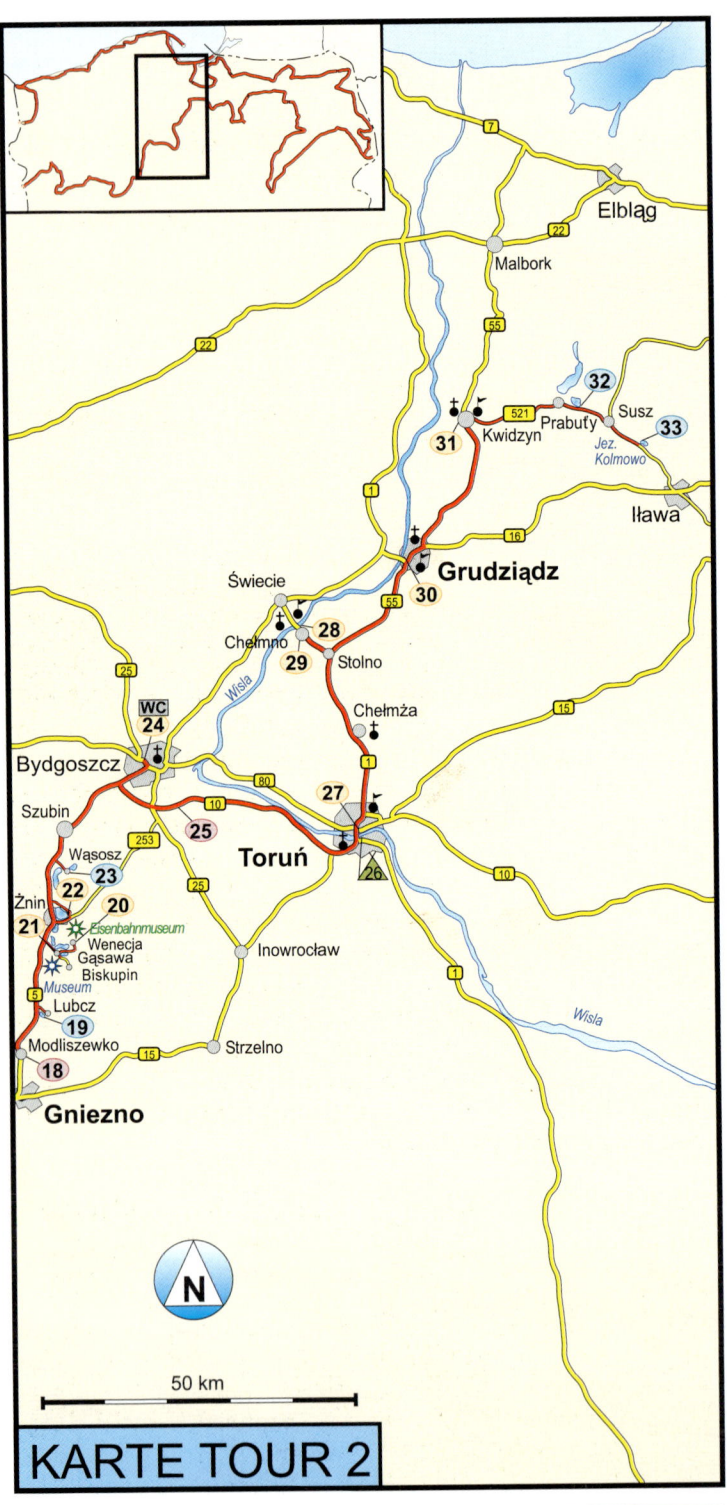

KARTE TOUR 2

TOUR 2 (ca. 330 km / 3-4 Tage)

Gnesen (Gniezno) - Bromberg (Bydgoszcz) - Thorn (Toruń) - Kulm (Chełmno) - Graudenz (Grudziądz) - Marienwerder (Kwidzyn) - Susz

Freie Übernachtung:	Badeplatz Galabki, bei Lubcz, am Museum Biskupin, am Badeplatz in Żnin, auf dem Waldparkplatz südlich von Bydgoszcz, 24h-Stadtparkplatz in Toruń, unterhalb von Chełmno an der Weichsel, auf dem 24h Parkplatz in Chełmno, in Grudziądz an der Weichsel, am Suskie-See
Campingplätze:	Camping in Thorn (Toruń) .
Baden:	... siehe „freie Übernachtung".
Besichtigen:	Eisenbahnmuseum Wenecja, Bronzezeitsiedlung Biskupin, Altstadt von Bromberg (Bydgoszcz), Altstadt von Kulm (Chełmno), Speicher und Festung von Graudenz (Grudziądz), Burganlage von Marienwerder (Kwidzyn) Festung von Graudenz (Grudziądz), Burganlage von Marienwerder (Kwidzyn)

Von unserem schönen Waldparkplatz aus fahren wir nach dem Frühstück weiter auf der B5 Richtung Bromberg. Die Nacht war, trotz der nahen Bundesstraße, recht ruhig - wir hatten uns noch ein paar Meter weiter den Waldweg am Ende des „Wendehammers" hineingesetzt und waren damit weit genug von den Verkehrsgeräuschen entfernt. An diesem Rastplatz kommen immer wieder PKW, es wird ein Happen gegessen, die Thermoskanne ausgepackt, sich ein wenig die Beine vertreten und dann geht es weiter - wobei manch neugieriger Blick in Richtung unseres Womos geht.

Nach 8 km, der Wald ist zu Ende, biegen wir rechts Richtung LUBCZ ab und können uns nach 180 m rechts zu einem kleinen Badeplatz durchschlagen:

(019) WOMO-Badeplatz: See bei Lubcz

GPS: N 52° 41.702'; E 17° 39.941'.
max. WOMOs: 1-2.
Ausstattung/Lage: Mülleimer, Wiesenstrand / außerorts.
Zufahrt: die B5 von Süden kommend hinter COTON rechts nach LUBCZ abbiegen, nach 180 m rechts abbiegen.

Nach einer schönen Abkühlung setzen wir unseren Weg auf der B5 Richtung Bromberg fort. Wir wollen uns als nächstes ein wenig für Altmetall interessieren. Nach 14,3 km in BOŻEJEWICE biegen wir rechts ab, GAŞAWA und MUSEUM BISKUPIN sind ausgeschildert. Nach weiteren 4,2 km biegen wir - es ist die erste Möglichkeit - links ab Richtung Wenecja, wo wir rechter Hand das **Eisenbahnmuseum** finden. Sie können entweder direkt gegenüber des Museums auf dem Seitenstreifen parken oder aber noch an dem Komplex vorbeifahren, dahinter befindet sich eine große Parkfläche.

---

(020) WOMO-Stellplatz: Eisenbahnmuseum Wenecja

GPS: N 52° 47.925'; E 17° 45.176'.   **WOMOs:** >5.
Ausstattung/Lage: unbewacht, gepflastert / ortsnah.
Zufahrt: Von der B5 in Bożejwice Richtung Gaşawa, nach 4,2 km links Richtung Wenecja, hinter dem Eisenbahnmuseum.

Schon auf der Fahrt hierher hat die Landstraße mehrfach eine kleine Bahnlinie gekreuzt - sie ist noch in Betrieb, und

Schnuckeliges Bähnchen!

zwar im Rahmen dieses Museums. Es handelt sich um eine

Schmalspurstrecke - und das ist auch der Grund, warum die Eisenbahnen so niedlich aussehen. Die Linie verkehrt zwischen Żnin, Wenecja, Biskupin und Gaşawa und wird mit wechselnden Zügen aus dem Museum befahren - teilweise sogar mit Dampf!

Vom Museum aus fahren wir wieder zurück und biegen dann nach 2 km links Richtung GAŞAWA ab . Wir haben einen freien Blick über den See von Biskupin und wundern uns schon über einen weithin sichtbaren Bretterzaun.

Der See von Biskupin - und ein seltsamer Holzbau

Das Museum Biskupin ist natürlich ausgeschildert, nach gut einem Kilometer sind wir auf dem großen, gebührenpflichtigen Parkplatz angekommen, der sich natürlich auch zum Übernachten eignet.

(021) WOMO-Stellplatz: Museum Biskupin

GPS: N 52° 47.078'; E 17° 44.598'; Biskupin   **WOMOs:** >5.
Ausstattung/Lage: bewacht, asphaltiert, Mülleimer / außerorts.
Zufahrt: Von der B5 in Bożejwice rechts Richtung Gaşawa fahren, nach 5,7 km links.

Nachdem man sich durch die obligatorische Reihe von Andenken- und Imbissbuden geschlängelt (zumindest der Landschaft angepasst in Holzhütten und -Ständen) und die Schmalspureisenbahnstrecke überquert hat, die auch hier entlang führt, kommen wir auf das Museumsgelände mitten in einem dichten Eichen- und Buchenwald - hier sind Unterkünfte aus der entsprechenden Eisenzeit vor 2.500 Jahren nachgebaut.

Jägerhütte, vor 2.500 Jahren

So gelangen wir schließlich zum Herzstück des Museums, dem Nachbau der 1933 hier entdeckten Eisenzeit-Siedlung.

Der wehrhafte Eingang zur Siedlung der Lausitzer Kultur

Reihenhausbau vor 2.500 Jahren

Die Wandungen bestehen aus Eichenbalken, im Inneren sind die „Straßen" mit Eichen- und Kiefernbalken ausgelegt. In den strohbedeckten „Reihenhäusern" haben die rund 1.000 Einwohner dieser wehrhaften Siedlung gelebt. Die einzelnen Häuser hatten nahezu identische Größe und Ausstattung - als ob die dort lebenden Familien diesbezüglich keine Rangunterschiede gekannt hätten. Alles ist sehr sorgfältig aufgebaut. Feuerstelle, Schlafstätte, Raum für das Kleinvieh - wenn man sich vorstellt, dass pro Haus sieben bis zehn Personen lebten, Tiere dazwischen, keine Sanitärausstattung, dann 1.000 Menschen auf den paar Quadratmetern - so gemütlich die Atmosphäre auch scheint, ich möchte nicht unbedingt hier gelebt haben!

Wir überlegen, ob wir die Nacht hier auf dem Museums-parkplatz verbringen sollen, entscheiden uns aber nach einem Blick auf die Landkarte, unser Glück an einem der beiden Seen südlich und nördlich von ŻNIN zu versuchen.

Also die knapp 6 km zurück zu B5, nördlich Richtung Brom-berg. Nach 2 km taucht rechts der „Jezioro Małe Żniński" (klei-ner See von Żnin) auf, wir können jedoch keine ansprechen-de Übernachtungsmöglichkeit finden, dann kommen wir nach ŻNIN herein. Der Ort ist von Industrie geprägt und bei weitem noch nicht so herausgeputzt wie viele andere, durch die wir schon gekommen sind. Bemerkenswert sind hier im Zentrum nur die Kirche aus dem 15. Jahrhundert sowie der eckige go-tische Rathausturm. Von der B5 aus biegen wir, noch vor der kreuzenden Eisenbahn, rechts auf die B251 ab. Nach 1,4 km passieren wir wieder Gleise, die Straße macht einen Links-knick und wir überqueren wieder Schienen (wir befinden uns immer noch auf der B251), 800 m weiter biegen wir links Rich-tung CHOMETOWO ab. Zu unserer Linken liegt nun der „Je-zioro Żninskie Duże" (großer See von Żnin), links der Straße ist ein breiterer Wiesenstreifen, nach 200 m stellen wir dort unser Womo ab. Wir stehen zwar recht nah am Sträßchen, aber viel Verkehr ist hier nicht zu erwarten.

(022) WOMO-Stellplatz: großer See von Żnin

GPS: N 52° 51.290'; E 17° 45.106'.   **max. WOMOs:** 2-3.
Ausstattung/Lage: Wiesenstreifen direkt am See / ortsnah.
Zufahrt: Von der B5 aus Süden kommend in Żnin vor der Eisenbahnli-nie rechts auf die B251, nach 2,5 km links Richtung Chomętowo.

Abendstimmung am Großen See von Żnin

Am nächsten Morgen geht es ausgeruht weiter. In der Nacht kam wirklich kaum ein Auto vorbei. Wir wollen uns nun auf die Suche nach einer echten Bademöglichkeit aufmachen, bevor wir uns der Stadt BROMBERG annehmen. Natürlich hindert einen nichts daran, auch hier ins Wasser zu springen, aber ein wenig „Ambiente" wäre auch nicht schlecht.

Wir fahren einfach die Straße weiter und umrunden den See, kommen durch das Dorf WILCZKOWO durch, dann zweigt 4,7 km hinter unserem nächtlichen Parkplatz links ein Sträßchen (3. Ordnung) ab, welches uns nach 1,7 km geradewegs zur B5 zurückführt und wir ändern den Kurs rechts Richtung Bromberg . Nach weiteren 8,2 km biegen wir rechts Richtung WASOSZ ab, nach 1,5 km weiter links am Seeufer entlang. Am Ende gelangen wir an ein schönes, gebührenpflichtiges Strandbad und finden einen schattigen Platz zwischen den Bäumen.

(023) WOMO-Badeplatz: See bei Wąsosz

GPS: N 52° 56.768'; E 17° 45.123'; Jeziorowo   **max. WOMOs:** 4-5. **Ausstattung/Lage:** Badestrand, Steg, Tisch & Bank / außerorts. **Zufahrt:** vor der B5 aus Süden kommend rechts nach Wąsosz, dann links am Seeufer entlang.

Nun geht es aber endgültig nach BROMBERG (Bydgoszcz), wieder zurück zur B5 auf dem gleichen Weg wie wir auch gekommen sind, dort rechts. Wir durchqueren den Ort SZUBIN, 15 km weiter gelangen wir an eine große Kreuzung mit der B10. Wir bleiben geradeaus Richtung Bromberg, die B5 geht hier in die B223 über. Wir kommen nun in die Stadt hinein. Nach 6,8 km, wir sind gerade an einem großen Einkaufszentrum links der Straße vorbeigekommen, biegen wir links auf die B25 ab- aber nur für 400 m (Orientierung: Géant-Supermarkt), dann wieder rechts Richtung Zentrum. 500 m weiter überqueren wir zwei Arme der *Brda*, dann kommt rechts das **Opernhaus** und unmittelbar dahinter befindet sich ein bewachter Parkplatz, der sich ideal zur Stadtbesichtigung (und natürlich auch zur Übernachtung) eignet.

(024) WOMO-Stellplatz: Bromberg (Bydgoszcz)

GPS: N 53° 07.463'; E 17° 59.928'; Marsz.Focha 9 **max. WOMOs:** 4-5. **Ausstattung/Lage:** Toiletten, Mülleimer, gebührenpflichtig / im Ort. **Zufahrt:** von der B5/223 kommend zur ersten großen Abzweigung hinter Einkaufszentrum links auf die B25, nach 500 m rechts, nach 750 m hinter dem Opernhaus rechts.

Man steht hier sehr zentral und kann alle Sehenswürdigkeiten zu Fuß erreichen. Wir gehen am Brda-Ufer bis zur Brücke

500 Jahre alte Pfarrkirche auf der Brda-Insel

und überqueren sie. Nach Westen hin fällt die malerische Brda-Insel mit der alten **Pfarrkirche** und den **Getreidespeichern** ins Auge, auf der anderen Seite sehen wir weitere restaurierte ehemalige Getreidespeicher und die Silhouette der **Altstadt** - sowie einen (bronzenen) **Seiltänzer** auf einen quer über dem Fluss gespannten Seil. Wir folgen dieser Straße und kommen

auf den alten **Marktplatz**. Direkt rechts befindet sich die **Tou-risten-Information**, versorgen Sie sich hier mit einem Stadtplan und weiteren Details zu den Sehenswürdigkeiten der Stadt! Auf dem **Marktplatz** befindet sich ein **Denkmal** für die 20.000 Opfer des Nationalsozialismus in Erinnerung an den Bromberger Blutsonntag. Wenn Sie am Rathaus vorbei zur Brda hinunter gehen, kommen sie dort an das „Bromberger Venedig" mit seinen schönen Bürgerhäusern aus dem 19. Jahrhundert. Wir schlendern zurück, drehen unsere Runde durch die Altstadt bis zur Jesuitenkirche, dann am Ufer der Brda zurück und über die Brücke, über die wir auch hineinge-

Backsteinpracht am nördlichen Ufer der Brda

kommen sind. Wir gehen ein Stück rechts, dann zweigt links die prachtvolle Einkaufsmeile - die ul. Gdańska - mit Ihren restaurierten Jugendstilhäusern ab.

Für die weitere Planung haben Sie nun drei Möglichkeiten: entweder Sie bleiben einfach auf dem Parkplatz stehen und genießen den Abend in einem der Restaurants an der Brda - oder aber Sie wollen sich (und gegebenenfalls Ihren Kindern) noch ein paar Stunden im **Kultur- und Erholungspark Mys-lecinek** mit Zoo, Luna- und Skatepark und botanischem Garten gönnen, in diesem Fall fahren Sie einfach die vorhin erwähnte ul. Gdańska bis zum Stadtrand durch - oder, aber zum letzten. Sie haben die Nase voll vom Stadtleben, wollen Ihre Ruhe haben und fürchten die Einsamkeit nicht. Dann folgen Sie uns zu einem Waldpicknickplatz südlich von Bromberg.

Wir verlassen den Parkplatz, wenden uns rechts und am nächsten Kreisverkehr (600 m) wieder rechts und überqueren die Brda. Wir bleiben immer weiter geradeaus, auch über die nächsten Kreisverkehre, die Straße mündet auf die B15 Richtung Süden. Nach insgesamt 8 km kreuzt die B10, wir biegen links Richtung THORN (Toruń) ab. Nach ziemlich genau 4 km finden wir auf der rechten Seite ein kleines Stück im Wald den Parkplatz.

---

(025) WOMO-Picknickplatz:
Wald südlich Bromberg (Bydgoszcz)

GPS: N 53° 03.197'; E 18° 03.340'; Dabrowa   **max. WOMOs:** 2-3.
Ausstattung/Lage: Tisch & Bank, Mülleimer / außerorts.
Zufahrt: Er liegt direkt an der B10 südlich von Bydgoszcz genau 4 km hinter der Kreuzung mit der B5/B25.

Von hier aus führt uns der Weg weiter auf der B10 Richtung Thorn. 41 km bleiben wir auf dieser Straße, dann sehen wir die schöne stählerne Bogenkonstruktion der Brücke über die Wisła, die auch zur Altstadt von Thorn führt.

Brücke von Thorn (Toruń) über die Weichsel (Wisła)

Hier haben Sie zwei Möglichkeiten: Sie können auf den sehr empfehlenswerten Campingplatz am hiesigen (südlichen) Weichselufer einkehren (um dann zu Fuß ca. 1,5 km in die Altstadt zu kommen). Dazu biegen Sie nicht links auf die Brücke, sondern bleiben noch gut einen Kilometer auf der B10, dann überqueren Sie links die Bahngleise in die ul. Kujawska, um nach 400 m wieder schräg rechts zum *Campingplatz Tramp* direkt am Ufer einzubiegen.

Wenn Sie Thorn nur einen kurzen Besuch abstatten wollen, fahren Sie über die Weichselbrücke bis zum nächsten großen Kreisverkehr (1,9 km), dort rechts auf die ul. Odrodzenia, nach knapp 500 m wieder rechts auf die ul. Uniwersytecka und die nächste Straße links. Dort befindet sich nach 150 m auf der linken Seite ein 24 h bewachter Parkplatz.

Westliche Altstadt von Thorn (Toruń) mit Straßenbrücke über die Weichsel

So oder so, sie sollten sich nun in die wirklich sehenswerte **Altstadt** von Thorn begeben - und zur Orientierung kann Ihnen der 40 m hohe Turm des **Altstädtischen Rathauses** dienen. Dieses Gebäude steht mitten auf dem großen Altmarkt umgeben von prachtvollen **Bürgerhäusern**. An der Nordflanke des Platzes befindet sich die **Touristen-Information**. Sollten Sie zufällig ein WLan-fähiges Notebook in der Tasche dabeihaben:

Hier unterhält das Touristenbüro einen kostenfreien offenen Hotspot, sie können sich auf dem Platz einfach einwählen...

Das Altstädter Rathaus von Thorn

Vor dem Rathaus, und zwar an der Ecke, neben dem Turm, steht das 1853 errichtete **Denkmal** des weltberühmten Sohnes dieser Stadt mit der (lateinischen) Inschrift „**Nikolaus Kopernikus** Thorner, bewegte die Erde, hielt die Sonne und den Himmel an" - ein Hinweis auf das von ihm entwickelte Heliozentrische Weltbild. Ein weiteres Denkmal am Marktplatz ist das

Flößerdenkmal auf dem Brunnen mit den 8 Fröschen. Einer Legende nach verzauberte der Flößer mit seinem wunderbaren Geigenspiel die in der Stadt beheimateten Frösche und führte sie in die Vorstadt hinaus (eine ähnliche Geschichte kennt man wohl auch aus einer Stadt in Deutschland Namens Hameln...).

Wir besuchen natürlich auch die am Marktplatz gelegene prachtvolle Heilig-Geist-Kirche und die Marienkirche, dann wenden wir uns wieder dem berühmten

Das Flößerdenkmal

Kopernikus' Geburtshaus

Sohn der Stadt zu. Sein **Geburtshaus** steht noch, und zwar südlich des Rathausplatzes in der parallel zur Weichsel verlaufenden ul. Kopernika Nr. 15/17. Es sind typische Thorner Bürgerhäuser aus der Wende vom 14. zum 15. Jahrhundert. Da es ein tiefes Geheimnis der Geschichte ist, ob er nun im Haus Nr. 15 oder Nr. 17 geboren wurde, hat man beide baulich zusammengefasst und das „**Museum Kopernikus-Geburtshaus**" daraus gemacht, wo unter anderem ein Modell des mittelalterlichen Thorn um das Jahr 1500 zu bewundern ist.

Wenn Sie die ul. Kopernika weiter westlich gehen und dann an den Resten der Stadtmauer links zur Weichsel hinuntergehen, kommen sie an den **Schiefen Turm** von Thorn. Der Sage nach wurde dieser Turm (als Teil der Stadtbefestigung) von zwei Brüdern aufgezogen, die sich miteinander sehr zerstritten hatten. Da sie sich auch während der Arbeit nie ansahen und jeder vor sich hin mauerte, wurde der Turm so schief. Und nun stecken heute noch Ihre Geister in den Mauern und müssen das Gebäude stützen...

Der schiefe Turm von Thorn

Von hier aus gehen Sie einfach weiter zum Weichselufer und folgen der **Uferpromenade**. Nach 500 m kommen Sie zur Ruine der **Deutschordensburg**. Dem Deutschen Orden begegnen wir im Laufe unserer Reise noch häufiger. Er wurde 1190 als Krankenpflegeorden gegründet, 8 Jahre später in einen Ritterorden umgewandelt. Im Rahmen der Missionierung des Baltikums wurde dem Orden 1230 im Vertrag von Kruschwitz „auf ewige Zeit" das Kulmer Land zugesprochen. So entstand hier ein Ordensstaat, auch über Ostpreußen und bis ins heutige Estland und Lettland hinein, der sich bis 1525 halten konnte. Aus dieser Periode finden sich immer noch grandiose Burgen und Ruinen.

Jakobskirche aus dem 14. Jahrhundert

Wir möchten noch auf die prächtige **Jakobskirche** hinweisen, und, wenn Sie nun mehr den weltlichen Genüssen zugetan sind, auf das im weiteren Verlauf am Neumarkt in einem der schönen Bürgerhäuser zu findende Wirtshaus „Zur Blauen Schürze" (pod Modrym Fartuchem) - schauen Sie herein, es lohnt sich!

Vieles haben wir hier noch nicht beschrieben - z.B. das Brückentor, das Klostertor, die Speicherhäuser, das prachtvolle Stadttheater, die Katzenkopfbastei, das volkskundliche Museum; wenn Sie wollen, können Sie noch mehrere Tage in dieser sehenswerten Stadt zubringen!

Wir brechen am Spätnachmittag wieder von Thorn auf. Vom Campingplatz aus fahren Sie über die Weichselbrücke, am nächsten großen Kreisverkehr rechts auf die *Odrodzenia*, hier stoßen auch diejenigen zu uns, die von dem Bewacht-Parkplatz (026) über die *Uniwersytecka* von Süden her kommen. Am nächsten großen Kreisverkehr fahren wir dann links auf die B1 Richtung SCHWETZ/DANZIG (Swiecie / Gdańsk). Die Bundesstraße führt im weiteren Verlauf an KULMEE (Chełmża) vorbei. Wenn Sie keinen Wert auf die Besichtigung der

Domkirche aus dem 13. Jahrhundert legen, können Sie sich den Abstecher hierhin sparen. 39 km hinter Thorn erreichen wir KULM (Chełmno), das Ziel unserer Etappe. Wir fahren jedoch nicht direkt links in die Stadt hinauf, sondern versuchen zunächst, ob es am Ufer der Weichsel nicht schöne Übernachtungsplätze gibt. Wir bleiben also noch ca. 3,5 km auf der B1 und biegen die letzte Straße vor der Brücke links ab. Nach 950 m ändern wir die Richtung auf eine relativ üble Kopfsteinpflasterstraße, die uns binnen eines Kilometers durch eine Schrebergartensiedlung bis zum Ufer der Weichsel führt. Hier finden wir auf der Wiese wunderschöne Stellmöglichkeiten:

(028) WOMO-Stellplatz: Weichselufer Kulm (Chełmno)

GPS: N 53° 21.886'; E 18° 25.258'; Powisle · · · **max. WOMOs:** 2-3
Ausstattung/Lage: mehrere Möglichkeiten auf Wiese /Feldweg / Betonplatte am Weichselufer / Ortsrand.
Zufahrt: B1 aus Süden, letzte Straße vor Brücke links, dann die nächste Möglichkeit rechts bis zum Ende durchfahren

Im Strömungsschatten eines ehemaligen Fähranlegers hat sich ein kleiner Sandstrand gebildet, einige Kinder aus der Schrebergartensiedlung baden hier. Später am Abend kommen Paare ans Ufer geschlendert, eine Familie baut einen Grill auf - eine schöne Uferidylle!

Abendstimmung an der Weichsel bei Kulm (Chełmno)

Am nächsten Morgen machen wir uns mit dem Womo auf den Weg in die Altstadt. Wir fahren die Kopfsteinpflasterstrecke zurück und bleiben dann einfach geradeaus, steil den Berg hoch. Die nächste rechts, dann wieder links, wir folgen der Beschilderung „P 24 h Streżony" und werden auf einen geräumigen Bewacht-Parkplatz am Rand der Stadtmauer geführt, der sich natürlich auch zum Übernachten eignet.

(029) WOMO-Stellplatz: Kulm Zentrum

GPS: N 53° 20.807'; E 18° 25.542'; Walowa   **max. WOMOs:** 1-2.
Ausstattung/Lage: ebener Schotterplatz, bewacht, kostenpflichtig, Mülleimer, Frischwasser / im Ort.
Zufahrt: Siehe Text.

Von hier aus starten wir unseren Rundgang durch die Stadt, der uns zunächst zum zentralen großen Rathausplatz führt, auf dem täglich Markt stattfindet.

Rathausplatz von Kulm

Der Reiz von Kulm liegt in seinem geschlossenen Gesamteindruck. Noch von der mittelalterlichen Stadtmauer umgeben, im zweiten Weltkrieg nicht zerstört, ist hier vieles aus der Zeit des Deutschen Ordens erhalten - auch wenn noch viele Straßenzüge der Restaurierung harren. Rund um der Marktplatz stehen viele schöne klassizistische Bürgerhäuseraus dem 19. Jahrhundert, Biergärten und Straßencafés laden zum Verweilen ein. Wir schlendern durch die Straßen innerhalb der Stadtmauern und sind begeistert von der schönen Backsteinarchitektur. Auf der Fläche von 500 x 700 Meter, die die historische Altstadt einnimmt, befinden sich alleine fünf Kirchen und ein ehemaliges Zisterzienserkloster!

Backsteinarchitektur in Kulm

Von Kulm aus fahren wir zurück zur B1 und zunächst ein Stück Richtung Süden. In STOLNO biegen wir links auf die B55 Richtung GRAUDENZ (Grudziądz) ab, 20 km weiter erreichen wir die Stadtgrenze. Lassen Sie sich nicht von der unansehnlichen Bebauung stören, es wird noch schöner! Wir bleiben auf der Straße überqueren die Eisenbahn und biegen wenig später links auf die ul. Marcinkowskiego ab, die im Bo-

gen zum alten Hafen führt. Nicht beeindrucken lassen, die Straße ist miserabel, die Häuser nicht schön. Die Straße führt noch über einen kleinen Fluss, dann geht es auf Pflaster weiter und mündet auf ein großes Wiesengelände am Ufer der Weichsel, während rechts

(030) WOMO-Stellplatz:
Graudenz (Grudziądz) am Ufer der Weichsel

GPS: N 53° 29.513'; E 18° 44.830'; Spichrzowa 6   **max. WOMOs:** 4-5.
Ausstattung/Lage: ebenes Wiesengelände am Ufer der Weichsel / im Ort.
Zufahrt: B55 von Südwesten kommend, über die Eisenbahnschienen, links halten, parallel zum Weichselufer weiterfahren.

Traum-Stellplatz am Ufer der Weichsel in Graudenz (Grudziądz)

sich die Stadtmauer von Graudenz auftürmt. Auf dem hinteren Teil der Wiese findet gerade ein Volksfest statt, eine Bühne, mehrere Bierzelte und Imbissstände mit Tisch und Bänken sind aufgebaut. Trotzdem ist hier noch mehr als genug Platz für uns und die Frage, was es heute Abend zu Essen gibt, hat sich damit auch erledigt.

Wir stehen hier am Fuße der Speicher, ursprünglich aus dem 14. Jahrhundert, die nahezu uneinnehmbar in die Stadtbefestigung integriert waren. Auch Graudenz hat seinen Ur-

Ehemaliges Jesuitenkollegium in der oberen Altstadt

sprung im Deutschen Orden. Zuletzt fielen 1903 einige der **Speicher** einem Brand zum Opfer, hier wurde dann statt dessen eine großzügige Treppe in die **Altstadt** gebaut, die wir auch benutzen. Oben angekommen liegt links das ehemalige **Jesuitenkloster** mit barocker Kirche, dahinter liegt der kleine **Marktplatz** mit dem **Rathaus** und der **St. Nikolauskirche**. Wir gehen durch die Gassen in südliche Richtung und kommen zu weiteren Resten der alten **Stadtmauer**.

Wie schon geschrieben, das Abendessen und die passenden Getränke sind am Stellplatz gegeben, die Musik von der Bühne endet auch gegen 22:00 Uhr. Ausgeruht fahren wir am nächsten Morgen zu einem weiteren Höhepunkt im Wirken des Deutschen Ordens. Wir verlassen unseren Stellplatz, fahren geradeaus vom Ufer weg, kommen nach 650 m an einen Kreisverkehr und fahren links (=270°) Richtung Malbork. Nach ca. 30 km kommen wir nach MARIENWERDER (Kwidzyn). Die Straße geht in feinstes Kopfsteinpflaster über, am zweiten Kreisverkehr biegen wir links ab und überqueren die Eisenbahn („Kathedra" ist ausgeschildert). Nach 900 m geht es scharf rechts, die Kathedrale ist schon sichtbar. Vor dem Gebäude finden wir genügend Parkraum.

> ### (031) WOMO-Stellplatz: Marienwerder (Kwidzyn)
> **GPS:** N 53° 44.150'; E 18° 55.342'; Na Skarpie   **max. WOMOs:** 1-2.
> **Ausstattung/Lage:** Asphaltplatz, unbewacht, kostenfrei / im Ort.
> **Zufahrt:** Siehe Text.

Dom und Burg sind aneinander gebaut, im Anschluss an die Burg befindet sich imposant der sogenannte Danzker (Ablass), durch einen Gang mit der Burg verbunden. Dieser Danzker (über einem nun ausgetrockneten Flussbett gelegen) war früher einmal tatsächlich ein Sanitärgebäude - im 19. und 20. Jahrhundert auch als Gefängnis genutzt. Ansonsten ist in der Burg ein Heimatmuseum eingerichtet. Aber das beeindruckendste ist eigentlich die gewaltige Dimension dieser Burganlage, die den zweiten Weltkrieg unbeschädigt überstanden hat. Im Dom sind, in der Oberkirche, noch Fresken und Mosaiken aus dem 14. Jahrhundert zu sehen.

Vom Parkplatz aus fahren wir nun zunächst den gleichen Weg bis über die Eisenbahn zurück, den wir auch gekommen sind. Dort wenden wir uns dann links, der Beschilderung nach

Gewaltige Burganlage!

Ordensburg und -Dom mit Danzker in Marienwerder (Kwidzyn)

Malbork folgend. Am zweiten Kreisverkehr biegen wir rechts auf die B521 Richtung IŁAWA. Nach 20 km gelangen wir nach PRABUTY, wir bleiben auf der 521. Ca. 1 km hinter Prabuty finden wir auf der linken Seite einen sehr schönen See mit Parkplatz und Badesteg - Zeit für eine Abkühlung! Da die Straße aber recht nah ist, möchten wir den Platz für eine Übernachtung nicht unbedingt empfehlen.

Badesee hinter Prabuty

(032) WOMO-Badeplatz: Prabuty Sowica-See
GPS: N 53° 44.832'; E 19° 14.173'   **max. WOMOs:** 1-2.
Ausstattung/Lage: Kieselstrand, Badesteg / Ortsrand.
Zufahrt: B521 von Prabuty aus kommend nach 1 km südlich des Ortes auf der linken Seite.

Wir fahren weiter die 521 entlang, kommen durch SUSZ, 10 km später entdecken wir auf der linken Seite noch eine weitere sehr schöne Bade- und Übernachtungsmöglichkeit :

(033) WOMO-Badeplatz: Kolmowo-See
GPS: N 53° 39.704'; E 19° 28.240'   **max. WOMOs:** 1-2.
Ausstattung/Lage: Wiese zwischen Bäumen / außerorts.
Zufahrt: B521 von Susz aus kommend nach 10 km auf der linken Seite.

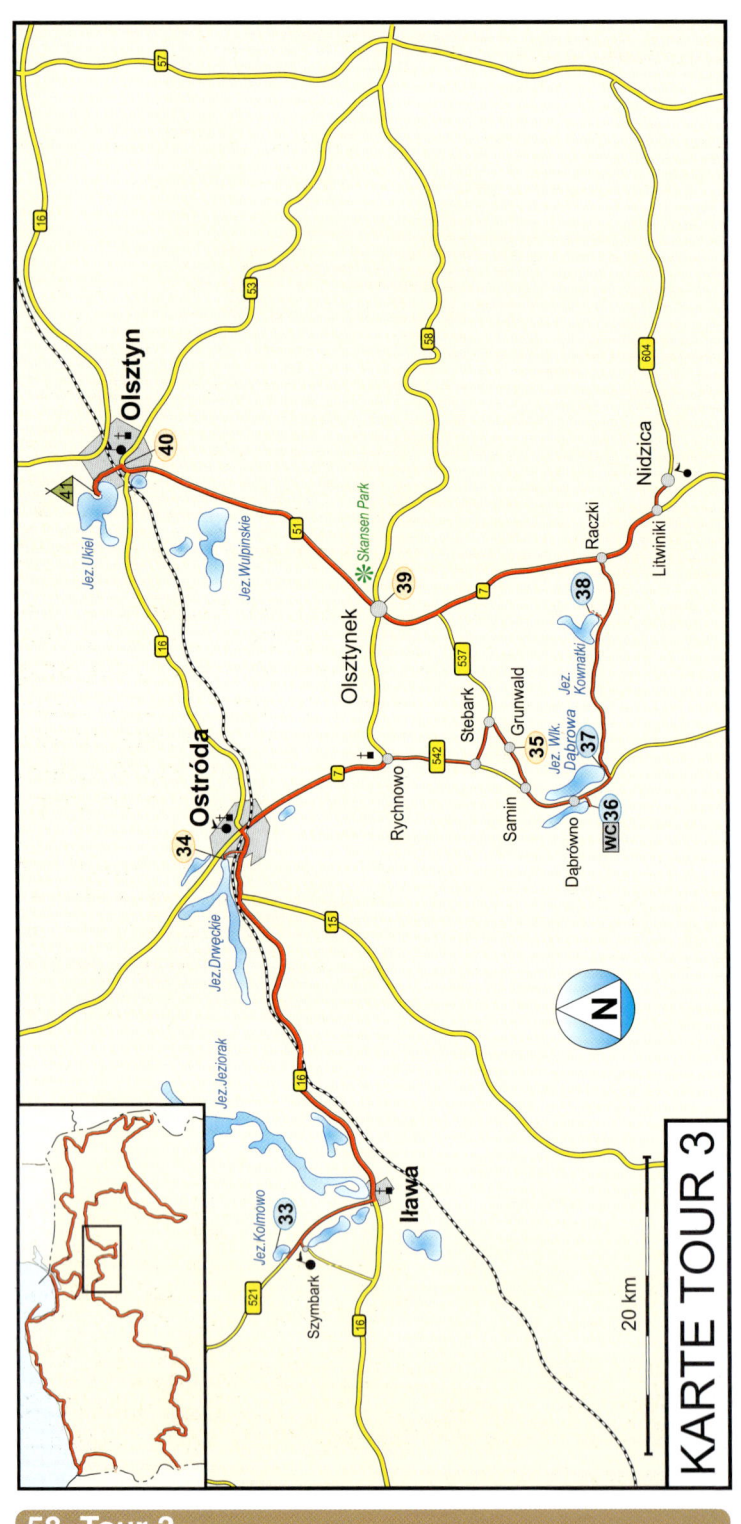

KARTE TOUR 3

Olsztyn

Jez. Ukiel

Jez. Wulpinskie

Skansen Park

Olsztynek

57

16

53

58

604

Nidzica

Litwinki

Raczki

Jez. Kownatki

Stebark

Grunwald

Jez. Wlk.
Dąbrowa

Samin

Dąbrówno

WC 36

Ostróda

Rychnowo

Jez. Drwęckie

Jez. Jeziorak

Iława

Jez. Kałmowo

Szymbark

20 km

N

16

51

7

557

542

7

53

16

521

16

34

35

37

38

39

40

41

33

TOUR 3 (ca. 183 km / 2-3 Tage)

Osterode (Ostróda) - Neidenburg (Nidzica) - Hohenstein (Olsztynek) - Allenstein (Olsztyn)

Freie Übernachtung:	Ostróda am Stadtsee, Badeplatz am Jez. Wilka Dąbrówa, Badeplatz am Jez. Kownatki, Skansenpark Olstynek, Stadtparkplatz Olsztyn
Campingplätze:	Camping in Allenstein (Olsztyn) am Jez. Ukiel .
Baden:	in Dąbrówno, Jez. Wilka Dąbrówa, Jez. Kownatki, Allenstein am Jez. Ukiel.
Besichtigen:	Stadtzentrum von Osterode (Ostróda), Grunwald-Denkmal, Deutsch-Ordensburg in Neidenburg (Nidzica), Freilichtmuseum in Olsztynek, Stadzentrum von Allenstein (Olsztyn)

Von unserem Stellplatz am Kolmowo-See fahren wir am nächsten Morgen die 521 in südlicher Richtung nach IŁAWA. Keine zwei Kilometer weiter kommen wir nach SZYMBARK, hier finden wir die Ruine einer im 14. Jahrhundert erbauten Ordensburg, die 1699 zu einem schönen Backsteinschloss umgebaut wurde. Dieses wurde im 2. Weltkrieg größtenteils zerstört, aber einige Mauern und Türme sind noch übrig - genug, dass sich das Anschauen lohnt!

Wir befinden uns nun im Westen der Region **Ermland und Masuren**. Die Landschaft ist hügelig, in der Eiszeit entstanden und, womit der Landstrich berühmt wurde, von mehr als tausend Seen durchzogen - wobei ich die Hoffnung direkt zer-

Typische Landschaft in Ermland

stören muss, dass es dementsprechend Tausende Stellplatz-möglichkeiten geben muss! Viele der Seen sind (glücklicherweise) nicht zugänglich, und wo keine Straße oder kein Feldweg hinführt, haben wir natürlich auch keine Chance! Außerdem sind oft über 90% der Ufer von Schilf bewachsen und bieten auch alleine von daher keine Bademöglichkeit. In Verbindung mit der recht geringen Bevölkerungsdichte ergibt sich daher erfreulicherweise eine intakte Umwelt, zumal die Landwirtschaft größtenteils auf ökologische Produkte umgestellt wurde, wohingegen die Industrie hier keine große Rolle spielt. Auch der Tourismus hat natürlich angezogen. Viele Seen sind durch Kanäle miteinander verbunden, ganz Masuren ist ein regelrechtes Wassersportparadies - für Segler und Motorbootfahrer. Aber auch für uns ergibt sich auf den nächsten Touren eine interessante Mischung aus ruhigen Badeplätzen, schönen Ortschaften und jahrhundertealter Kultur!

Von Szymbark aus fahren wir die B521 weiter südlich, 6,5 km später treffen wir in IŁAWA auf die B16, der wir links Richtung ALLENSTEIN (Olsztyn) folgen.

IŁAWA hat rund 30.000 Einwohner und liegt am Südende des Jez. Jeziorak, dem längsten See Polens, und wurde im 14. Jahrhundert vom Deutschen Orden gegründet. Das einzige historisch interessante Gebäude ist die **Ordenskirche** aus dieser Zeit mit einem Rokokoaltar. Ansonsten ist der Ort über die Grenzen hinaus berühmt für seine jedes Jahr im August stattfindende Internationale **Festival des traditionellen Jazz**. Leider haben wir im Ort keinen erwähnenswerten Stellplatz gefunden, auch sind - außerhalb dieses Festivals - hier keine besonderen Attraktionen.

Weiter geht die Fahrt auf der B16 Richtung Osten, nach knapp 30 km erreichen wir den Ort OSTERODE (Ostróda). Links von uns liegen die Eisenbahnschienen, dahinter sehen wir schon den „Jez. Drwęckie" blau hervorblitzen. Von rechts trifft die B15 aus Thorn auf unsere B16, nach 500 m verlassen wir die Bundesstraße, die nun nach rechts abknickt, links und bleiben parallel zu den Bahnschienen. Nach 1 km überqueren wir die Eisenbahn an einer Schranke, fahren dann links der Gleise weiter und halten uns danach links, der Uferlinie des Sees folgend. Nach ca. 500 m sehen wir auf der linken Seite ein Sträßchen, welches unter die Bäume zwischen See und Straße führt, auch eine kleine Skaterbahn ist zu entdecken - ja, wir passen ohne Probleme durch, irgendwelche Durchfahrtsverbote gibt es auch nicht. Wir suchen uns eine schöne, ebene Stelle mit Seeblick - unser dunkelgrünes Womo ist hier fast nicht zu entdecken und trotz der Straße ist es nicht zu laut! Der Platz ist ideal, die **Seepromenade** mit Restaurants und Biergärten sind nur 100 m entfernt, auch das Zentrum von Osterode ist bequem zu Fuß zu erreichen!

---

(034) WOMO-Stellplatz: Osterode (Ostróda)

GPS: N 53° 42.348'; E 19° 57.510'; Mickiewicza a. **max. WOMOs:** 1-2.
Ausstattung/Lage: Wiese unter Bäumen am See / im Ort.
Zufahrt: B16 von Westen kommend, in Osterode immer an den Bahnschienen entlangfahren, dann weiter der östl. Uferlinie folgen, zwischen Straße und See.

Uferpromenade in Osterode

Sollte hier alles belegt sein oder Sie möchten noch eine große **Schiffstour** durch den **Oberländer Kanal** nach Elbląg unternehmen und das Fahrzeug nicht die 11 Stunden alleine lassen wollen: fahren Sie einfach die Straße noch ein Stück weiter durch, dann die nächste links, nach ca. 500 m kommt links ein großes Hotel, welches auf seinem Parkplatz in Ufernähe auch Wohnmobile willkommen heißt!

Hier in Osterode starten die Ausflugsdampfer über den Oberländer Kanal, der einige Seen miteinander verbindet, so dass sich eine Wasserstraße bis nach Elbląg am Frischen Haff ergibt. Der Kanal wurde 1860 gebaut, und das Besondere daran sind die fünf schiefen Ebenen, auf denen die Schiffe den Höhenunterschied von fast 100 Meter zum Meer hinab überwinden! Wir empfehlen Ihnen diese 11-stündige Tour, die auch einen sehr schönen Eindruck über die

Schiffe an Land

Seenlandschaft bietet. Sollten Sie sich nur die schiefen Ebenen anschauen wollen, verpassen Sie nichts - in einer der späteren Touren werden wir Sie dorthin führen!

Osterode selbst hat natürlich auch noch einiges zu bieten, unter anderem (fast würde man in dieser Region sagen: natürlich) eine **Deutsch-Ordensburg**, in der sich auch Napoleon für einige Tage während seines Russland-Feldzuges aufhielt. Diese ehemalige Burg ist allerdings nur von außen zu besichtigen. Zwei

Deutsch-Ordensburg in Osterode

durchaus sehenswerte Kirchen gibt es im Ort, die Orientierung anhand der Türme ist kein Problem. Auch der dreieckige Marktplatz (einzigartig in Polen) verdient Erwähnung. Die Innenstadt ist sehr schön herausgeputzt, die meisten Häuser und die Geschäfte erstrahlen in frischen Farben, die Gehwege sind neu gepflastert, alles macht einen sehr gepflegten und sauberen Eindruck, auch die gesamte Uferpromenade am See ist neu angelegt worden. Den Abend verbringen wir in einem der Restaurants am Ufer, von hier aus sind es ja nur ein paar Meter bis zu unserem Stellplatz.

Stadtpanorama von Osterode

Wir setzen unsere Fahrt, diesmal Richtung Süden, fort, und verlassen unseren Stellplatz. An der Straße biegen wir rechts ab und überqueren die Eisenbahngleise, bleiben geradeaus und richten uns dann nach der Beschilderung WARSCHAU (Warszawa). Wir gelangen schließlich auf die B7. Hinter dem Ortsausgang von Ostróda befindet sich auf der rechten Seite ein schöner See mit einer ansprechenden Badestelle. Wegen der Nähe zur sehr stark befahrenen B7 möchten wir Ihnen diese aber nicht unbedingt empfehlen. Nach gut 14 km gelangen wir nach RYCHNOWO, hier biegen wir rechts auf die B542, auch ein weißes Hinweisschild zu unserem nächsten Ziel, Grünfelde (Grunwald), steht an der Abzweigung. Achtung! Auf der anderen Straßenseite, ein paar Meter weiter, befindet sich etwas versteckt zwischen Bäumen auf der Kuppe ein richtiges Kleinod:

Holzkirche von Rychnowo

Nun geht es weiter nach **Grünfelde**, DEM Schlachtfeld Polens - eines der Denkmäler, welches man in diesem Land besucht haben muss. Nach knapp 9 km, in FRYGNOWO, biegen wir links ab auf die 537, nach weiteren 3,7 km, in STEBARK, rechts - immer den Hinweisschildern *GRUNWALD* folgend. Bald sehen wir auf der linken Seite schon den Siegeshügel. Auch der große Parkplatz (gebührenpflichtig) mit den Andenkenläden und Imbissbuden ist nicht zu übersehen.

(035) WOMO-Stellplatz: Grünfelde (Grunwald)

GPS: N 53° 29.423'; E 20° 07.160'   **WOMOs:** >5.
Ausstattung/Lage: Asphaltiert / geschottert, Großparkplatz / außerorts.
Zufahrt: von der B7 Osterode nach Warschau in Rychnowo rechts abbiegen, ab dort der Beschilderung folgen.

Der Siegeshügel von Grünfelde

Welche bedeutende Schlacht wurde nun hier wann und von wem geschlagen? Am 15. Juli 1410 standen sich insgesamt 60.000 Mann der Armee des Deutschen Ordens der vereinigten Armeen von Polen, Litauen, Russland, der Tataren und Böhmen gegenüber, und nach dieser Schlacht war die Macht des Deutschen Ordens gebrochen. Natürlich gibt es hier nicht nur den Siegeshügel mit seinen imposanten Masten sondern auch noch ein neues Denkmal aus Granit sowie das Erste Grunwald-Denkmal, welches ursprünglich in Krakau stand, im zweiten Weltkrieg zerstört und dann hier wiederaufgebaut wurde. Auch ein Museum mit Waffen aus der Zeit der Schlacht sowie Schautafeln und Modellen zum Ablauf ergänzen die Gedenkstätte.

Wir machen uns nun, nach der ausgiebigen Besichtigung,

Ein ganz normales Transportmittel

auf eine Tour durch die Provinz. Vom Denkmal aus fahren wir einfach die Straße, die wir gekommen sind, weiter Richtung SAMIN. Dort biegen wir links auf die 542 nach DABRÓWNO ab, wo wir nach 5 km ankommen. Sowohl links als auch rechts der Straße ist ein See, vielleicht gibt es ja hier irgendwo eine gute Bademöglichkeit? Die Erste kommt sogleich! Am Ende von DABRÓWNO zweigt rechts ein Sträß-chen ab Richtung See - und dort finden wir den:

(036) WOMO-Badeplatz: Agroturystyczne OSTOJA

GPS: N 53° 25.641'; E 20° 02.182; Dabrowno

max. WOMOs: 1-2.
Ausstattung/Lage: Wiesenstrand, Tisch & Bank, Grillstelle, WC, Frischwasser, Steg, Volleyballfeld / Ortsrand.
Zufahrt: von der B7 aus Osterode kommend in Rychnowo rechts auf die 542 abbiegen, nach 19 km in DABRÓWNO rechts Richtung WAD-ZYN abbiegen, 50 m weiter rechts auf das Wiesengelände.

Ein idealer Ort, um ein, zwei Tage richtig auszuspannen! DABRÓWNO ist Ihnen noch zu belebt? Dann fahren Sie die 50 m zurück auf die 542 und noch 3 km weiter Richtung Sü-den. Dort biegen wir links Richtung RACZKI ab und entde-cken 300 m weiter links einen kleinen Waldweg am See. Sie können sich auf ein kleines Wiesenstück stellen (bitte den Weg für Angler freihalten) oder aber (mit einem nicht zu großen Fahrzeug) noch 50 Meter den Weg hineinfahren und einen kleinen „Privatstrand" finden.

(037) WOMO-Badeplatz: Jez. Dąbrowa Wielka

GPS: N 53° 24.667'; E 20° 04.095'; Kalbornia   **max. WOMOs:** 1.
Ausstattung/Lage: Sand- / Wiesenstrand, sanft abfallend / außerorts.
Zufahrt: von der 542 aus Norden kommend 3 km hinter DABRÓWNO links Richtung RACZKI abbiegen, nach 300 m links.

Hier finden Sie Ruhe, soviel Sie möchten. Der Strand fällt ganz sanft in den See ab. Wir packen unser Schlauchboot aus und genie-ßen die Ruhe vom Wasser aus-auch wenn das Wetter noch nicht ganz wieder un-seren Wünsche entspricht. Daher ziehen wir nach einer Weile noch ein Stück gen Os-ten auf der Suche nach neuen Stell-

Privatstrand am Jez. Wielka Dąbrowa

plätzen. Wir fahren das Sträßchen einfach weiter, nach 1 km in Leszcz kommt ein scharfer Rechtsknick, nach 13,5 km - wir sind am Ortsausgang von KOWNATKI - fahren wir links ein Sträßchen entlang des Jez. Kownatki. Nach wenigen Metern wechselt der Belag auf Schotter, rechts kommt ein kleiner Campingplatz (auf dem Sie auch willkommen sind!). Wir fahren noch einige hundert Meter weiter und finden einen schönen Platz direkt am Ufer.

(038) WOMO-Badeplatz: Jez. Kownatki

GPS: N 53° 25.187'; E 20° 16.266'   **max. WOMOs:** 1-2.
Ausstattung/Lage: Sandstrand, sanft abfallend / außerorts.
Zufahrt: von der 542 aus Norden kommend 3 km hinter DABRÓWNO links Richtung RACZKI abbiegen, nach 13,5 km am Ortsende von KOW-NATKI links abbiegen, dann nach 700 m Stellplätze am Ufer.

Bald wird es Zeit, dass wir uns wieder ein wenig der Kultur zuwenden! Wir fahren zurück zur Straße, biegen links Richtung Rączki ab. Dort treffen wir wieder auf die B7, es geht rechts Richtung NEIDENBURG (Nidzica) beziehungsweise Warschau ab. Nach 5 km, in LITWINKI, können wir schon links nach NEIDENBURG abbiegen. Nach 3 km hinter dem Bahnübergang (Achtung! Wie oft im ganzen Land sind die Übergänge wegen extremen Unebenheiten sehr mit Vorsicht zu genießen!) wieder links, dann sehen wir die **Burg**, die dem Ort den Namen gibt, in 700 m schon liegen. Dort finden wir auch einen gebührenpflichtigen, bewachten Parkplatz, den wir natürlich aufsuchen. Von hier aus sind es nur ein paar Schritte bis zum Weg zur ehemaligen Deutschordensburg aus dem 13. Jahrhundert. Heute findet man hier im Gebäude neben

Die Deutschordensburg in Neidenburg (Nidzica)

einem kleinen Museum die Stadtbibliothek, ein Kunstatelier mit Sammlung, ein Restaurant und ein Hotel. Der Gesamteindruck des Bauwerkes ist aber, obwohl man nicht in alle Teile hineinkommt, sehenswert.

Im Innenhof

Viel mehr als die Burg hat die Stadt nicht zu bieten. Wir nehmen den gleichen Weg zurück zur B7, den wir auch hierher gekommen sind und fahren nördlich Richtung Danzig. 25 km später sind wir bereits in HOHENSTEIN (Olsztynek), biegen wir rechts auf die 51 Richtung ALLENSTEIN (Olsztyn) ab. Nach 1 km folgen wir links dem Hinweisschild zum „**Skansen Park**" und erreichen nach einigen hundert Metern links den großen Parkplatz.

---

(039) WOMO-Stellplatz: Skansen Park Hohenstein (Olsztynek)

GPS: N 53° 35.426'; E 20° 17.344'.   **WOMOs:** >5.
Ausstattung/Lage: Großparkplatz, gebührenpflichtig / im Ort.
Zufahrt: von der B7 aus Süden nach Warschau in Hohenstein rechts auf die 51 Richtung Olsztyn, nach 1 km links der Beschilderung folgen.

Holzkirche im Skansen Park Hohenstein

Hier im **Freilichtmuseum Ermland und Masuren** hat man auf einer Fläche von 39 ha vierzig Objekte aus der ganzen Region zusammengetragen - sie wurden am Ursprungsort in die Einzelbestandteile zerlegt, akribisch nummeriert und hier wieder aufgebaut und restauriert. Bauernhäuser, Holzkirche, eine Ölmühle, Spritzenhaus, Schmiede, Gasthof - kein Gebäudetyp fehlt hier. Alle Objekte sind aus dem 17. bis 19. Jahrhundert und natürlich der Zeit entsprechend eingerichtet, können selbstverständlich auch von Innen besichtigt werden. Alte Webstühle und Schreinereien sind in Betrieb, die nach alten Methoden hergestellten Artikel werden auch verkauft. Ställe und Scheunen fehlen nicht, auch die passenden Tiere hierzu hat man nicht vergessen. Ziegen und Hühner laufen herum und geben einem das Gefühl, in einem wirklich bewohnten, alten Dorf umherzulaufen.

Alte Bockwindmühle

Stundenlang halten wir uns hier auf, bis wir am Spätnachmittag wieder ins Womo zurückkehren. Man könnte natürlich
auch auf dem großen Parkplatz vor dem Park übernachten -
wenn die Besucherströme abreisen, wird es sehr ruhig hier.
Wir beschließen trotzdem, aufzubrechen. Entweder finden wir
auf den 22 km bis ALLENSTEIN (Olstzyn) noch am Wulping-
See (Jezioro Wulpinskie) noch einen schönen Stellplatz,
ansonsten ist der Abend auch eine gute Zeit, in eine größere
Stadt hineinzufahren!

Also die 500 m zurück bis zur 51, dann links Richtung AL-
LENSTEIN! Nach 14 km taucht auf der linken Seite der Wulping-See auf. Wir fahren sowohl das südliche sowie das östliche und nördliche Ufer ab, können aber nirgendwo eine annehmbare Parkmöglichkeit entdecken. Ein großer Teil des See-
ufers ist von Wochenend- und Ferienhaussiedlungen belegt,
jedes mit eigenem Seezugang - da ist für uns kein Plätzchen
übriggeblieben! Daher fahren wir einfach nach ALLENSTEIN

Das Rathaus von Allenstein (Olstzyn)

weiter. Wir bleiben, auch in Allenstein selber, immer weiter
geradeaus. Dann führt die Straße den Berg hinauf, wir fahren
geradewegs auf das **Rathaus** zu. Unmittelbar vor dem Rathaus biegen wir links ab, nach 140 m wieder rechts in eine
Einbahnstraße - hier haben wir ein Hinweisschild auf einen
bewachten Parkplatz gesehen. Es geht wieder etwas bergab,
dann taucht nach 100 m auf der linken Seite der Platz auf, der

zumindest für Fahrzeuge bis 6,5 m gut geeignet ist. Die am Parkplatz vorbeiführende Straße ist keine stark befahrene Hauptverkehrsader, zur anderen Seite befindet sich ein kleiner Stadtpark. Es verspricht, nicht allzu laut zu werden.

Aber vor der Nacht kommt ja erst der Abend, und der ist noch nicht zu Ende. Wir befinden uns hier direkt unterhalb des **Hohen Tors**, einem Rest der Stadtbefestigung aus dem

Das Hohe Tor

14. Jahrhundert. Also gehen wir die paar Schritte hinauf und bewundern bald die hübsch restaurierten Bürgerhäuser der Altstadt, die hier als Fußgängerzone ausgewiesen ist. Ganze 175 m sind es bis zum Marktplatz - wir suchen uns das erste Restaurant auf der rechten Seite, das *Staromiejska*, und beenden hier den Abend mit einem hervorragenden Mahl.

Der nächste Tag gilt natürlich der Besichtigung der schönen **Altstadt** von Allenstein. Ein unbedingtes Muss ist das **Schloss**, in dem auch von 1516 bis 1521 **Nikolaus Kopernikus** residierte und die Verteidigung gegen den Deutschen Orden organisierte. Im Turm machte er seine Himmelsbeobachtungen. Natürlich befindet sich hier auch ein Museum mit nachgebauten hölzernen astronomischen Instrumenten, wie Kopernikus sie benutzte. Ebenfalls in der Altstadt liegen die **St-Jacobi-Kathedrale**, das **alte Rathaus** und die **evangelische Kirche** direkt am Schloss. Unser Sohn nutzt die Gelegenheit, hier in Allenstein einen Friseur aufzusuchen und für umgerechnet 8 Euro einen erstklassigen Schnitt zu erhalten.

Wir möchten noch ein, zwei Tage richtig ausspannen und finden auf dem Stadtplan am nordwestlichen Ufer einen Hinweis auf einen Campingplatz - den wollen wir ausprobieren!

Das Schloss zu Allenstein

Wir verlassen unseren Parkplatz die Straße hinunter, halten uns links und kommen auf die „ul. Grunwaldzka", die, nachdem sie die Bahnlinie unterquert hat, „ul. Baltycka" heißt. 4,8 km nach der Unterführung biegen wir links ab, dem Campingplatz-Hinweisschild folgend, und sind nach knapp 2 km, am:

(041) WOMO-Campingplatz-Tipp: Ukiel in Allenstein

GPS: N 53° 47.187'; E 20° 23.909'; Mlodziezowa
Öffnungszeiten: Ostern bis Herbst. **Ausstattung/Lage:** wenig Schatten; Wiesengelände oberhalb des Ukiel-Sees; einfache Sanitärausstattung; Hunde erlaubt; Ver- und Entsorgung; Allenstein: 6 km.
Zufahrt: Ab Ortsmitte ausgeschildert.

Wir werden sehr freundlich empfangen, Platz ist in Hülle und Fülle. Es handelt sich um ein großes Wiesengelände, natürlich unparzelliert, man stellt sich einfach hin, wo und wie man Lust hat. Durch die Lage oberhalb des Sees gibt es relativ wenig Mücken, zum Badeplatz führen Stufen hinunter. Hier ist genau der richtige Ort, um in der Natur ein wenig auszuspannen, bevor es weiter zu den Großen Masurischen Seen geht.

Badefreuden am Jez.Ukiel

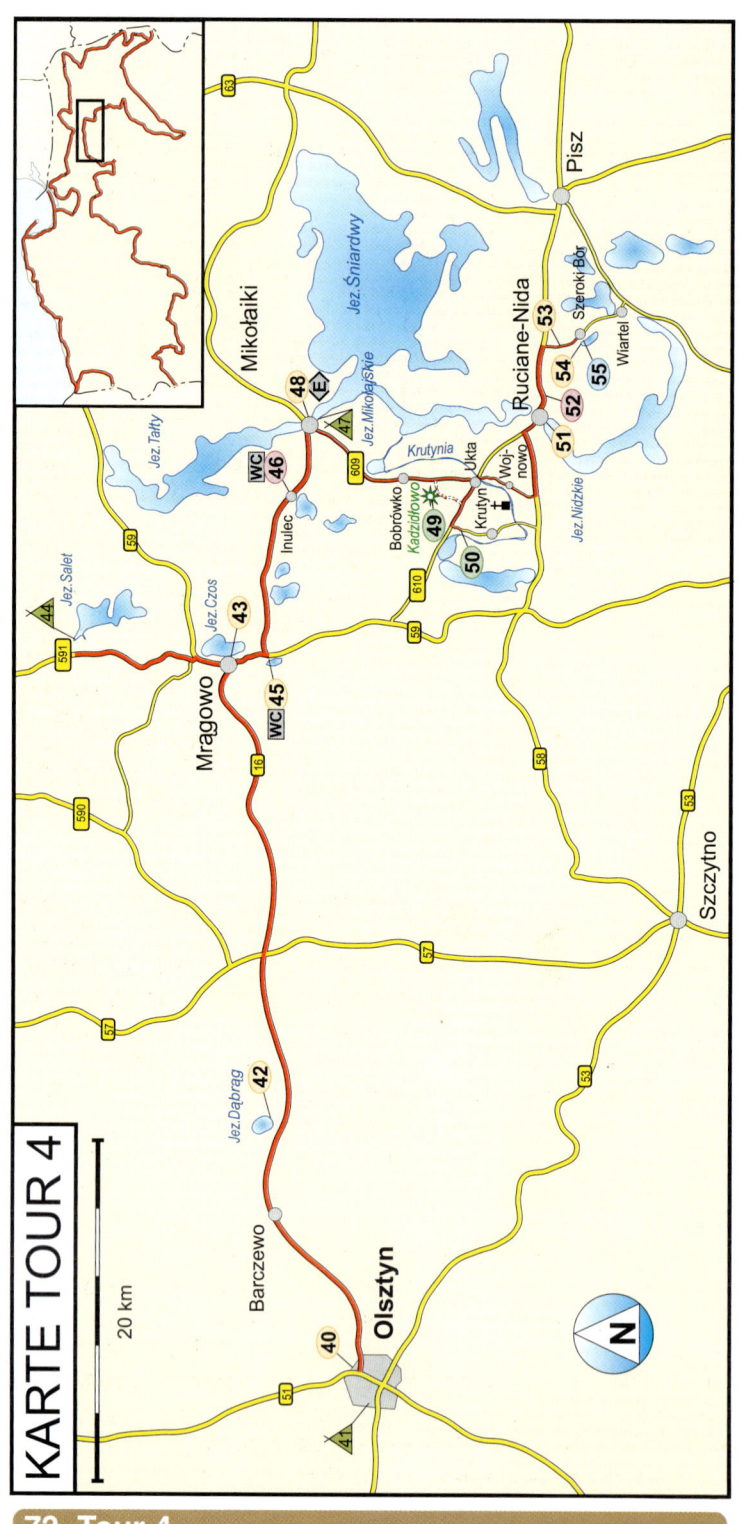

KARTE TOUR 4

20 km

TOUR 4 (ca. 147 km / 3-4 Tage)

Sensburg (Mrągowo) - Nikolaiken (Mikołajki) - Krutinnen (Krutyn) - Niedersee-Nieden (Ruciane-Nida) - Szeroki Bór

Freie Übernachtung:	Stadtparkplatz Sensburg (Mrągowo), Wohnmobil-Hafen Nikolaiken (Mikołajki), Tierpark Dzikich Zwierzat Kadzidłowo, Waldparkplatz bei Krutinnen (Krutyn), im Jachthafen von Niedersee-Nieden (Ruciane-Nida), in Szeroki Bór am Wald und am See
Campingplätze:	Camping „Seeblick" in Ruska Wies bei Sensburg (Mrągowo); Camping „Wagabundo" in Nikolaiken (Mikołajki).
Ver- und Entsorgung:	am Wohnmobil-Stellplatz in Nikolaiken.
Baden:	im Jezioro Wierzbowskie bei Sensburg (Mrągowo), im Jezioro Jaśkowo Duze bei Ruciane Nida
Besichtigen:	Stadtzentrum von Sensburg (Mrągowo) mit Rathaus, Wichert-Museum; Zentrum von Nikolaiken (Mikołajki) mit St.-Nikolauskirche, Kanutour bei Krutinnen (Krutyn), Kloster der Raskolniki bei Wojnowo

Nach anderthalb Tagen der Entspannung auf dem Camping Ukiel - gerne denken wir an die gemütlichen Stunden am abendlichen Lagerfeuer zurück - brechen wir auf zur Weiterfahrt Richtung Osten. SENSBURG (Mrągowo) ist unser nächstes größeres Ziel. Vom Platz aus also zurück zur 527, dann rechts wieder nach Allenstein (Olsztyn) Zentrum zurück. Wir unterqueren die Eisenbahn, in 800 m erreichen wir eine große Kreuzung, wo wir links abbiegen. Nach 600 m kommen wir am Rathaus vorbei, 300 m weiter biegen wir rechts ab und sind nach 750 m an einem großen Kreisverkehr und fahren rechts Richtung Mrągowo/Giżycko auf die B16. 17 km später passieren wir Barczewo, zur Linken liegt nach 4 km der Dabrag-See (Jez. Dąbrąg). Hier entdecken wir auf der linken Straßenseite einen Grill-Imbiss mit Parkplatz, den man auch noch 150 m in den Wald hineinfahren kann und wo man oberhalb des Sees eine Möglichkeit zum Rasten findet. Zum Baden eignet sich dieser Platz nicht, auch das Übernachten könnte hier wegen der stark befahrenen B16 recht laut werden - aber um in aller Ruhe einen Kaffee zu trinken oder sich am Grill ein Mittagessen zu besorgen ist es sehr annehmbar.

(042) WOMO-Stellplatz: Dabrag-See

GPS: N 53° 49.964'; E 20° 46.528'; Dobrag   **max. WOMOs:** 1-2.
Ausstattung/Lage: schattig, am See; Mülleimer / außerorts.
Zufahrt: B16 von Allenstein kommend 4 km hinter Barczewo, am linken Straßenrand Grill-Imbiss, dahinter Parkplatz.

Frisch gestärkt fahren wir weiter Richtung Osten. 36 km später erreichen wir SENSBURG (Mrągowo), wir fahren die Straße bis zum Ende durch und halten uns dann links in Richtung Zentrum. Nach 750 m entdecken wir ein Schild „P 30 m" - ein idealer Platz für kleinere Womos, um ein wenig durch den Ort und am See entlangzuschlendern, zumal die Uferpromenade direkt vorbeiläuft - auch zum Übernachten geeignet!

(043) WOMO-Stellplatz: Sensburg (Mrągowo)

GPS: N 53° 52.328'; E 21° 18.311'; Krakowska   **max. WOMOs:** 2-3.
Ausstattung/Lage: Rasengitter, kostenlos, unbewacht / im Ort.
Zufahrt: von der B16 aus Westen kommend in Sensburg bis zum Ende fahren, dann links Richtung Zentrum, nach 750 m Hinweis „P 30 m".

Ein Kinderspielplatz befindet sich in unmittelbarer Nähe. Wir machen einen Spaziergang an der **Uferpromenade** des Sees. Auch der örtliche **Badestrand** ist nahe am Parkplatz. Bis zu

Raubtierfütterung am Ufer des Jez. Czos in Sensburg

einer **Parkanlage**, die vom Ufer zum **Wiechert-Museum** führt, ist es nicht weit. Sensburg ist wieder ein sehr gepflegter Ort, Blumenrabatte, frisch gemähter Rasen und neu verlegtes Pflaster tragen zu diesem Eindruck bei. Vor dem Museum befindet sich eine Statue von Johannes-Paul II, der natürlich hier im ganzen Land verehrt wird.

Wiechert - Museum in Sensburg

Sie erinnern sich an den großen Platz hier im Ort, wo wir am Ende der B16 links Richtung Zentrum abgebogen sind? Auf diesem Platz findet täglich Markt statt, kurz davor ist das Rathaus mit der **Touristen-Information**. Wir hatten das Glück, bei unserem Besuch einem großen Volksfest mit Bühne beizuwohnen. Auch an das leibliche Wohl wurde hier gedacht.

Die Gegend hier gefällt Ihnen, sie möchten aber ausgiebig baden und noch ein wenig mehr Natur erleben? Dann fahren Sie von unserem Parkplatz aus rechts, halten sich wieder rechts, fahren in nördlicher Richtung durch den Ort, der Beschilderung KETRZYN/RHYN folgend. Sie kommen an eine Kreuzung, rechts zweigt die B59 nach RHYN ab. Wir fahren weiter geradeaus Richtung KETRZYN, biegen nach ca. 8 km rechts ab und erreichen 500m weiter den direkt am nördlichen Ufer des Salet-See gelegenen Campingplatz:

**(044) WOMO-Campingplatz-Tipp:
„Seeblick" bei Ruska Wies**

GPS: N 53° 56.531'; E 21° 19.321'   **Öffnungszeiten:** ganzjährig
Ausstattung/Lage: terassiert; am Wiesenstrand; Gaststätte; Terrasse; Ver- und Entsorgung; Bootsverleih.
Zufahrt: B591ca. 8 km nördlich von Mrągowo am Ufer des Salet-See.

Von hier aus - oder aber von unserem Parkplatz in Sensburg aus - fahren wir südlich der Beschilderung „Suwałki" folgend. Hinter dem Ortsausgang unterqueren wir eine Eisenbahnstrecke. Unmittelbar hinter dieser Unterführung ist eine Abzweigung links nach AUGUSTOW /NIKOLAIKEN, und ge-

nau gegenüber befindet sich ein Picknickplatz direkt am Ufer des Jez. Sutapie Wlk. - auch eine kleine Bar hat sich hier breitgemacht. Nichts spricht dagegen, dass man hier stehen, sich etwas ausbreiten und auch baden kann!

(045) WOMO-Stellplatz: Jez. Sutapie Wlk. bei Sensburg
GPS: N 53° 50.500'; E 21° 18.539'; Wojska Polskiego **max. WOMOs:** 2.
Ausstattung/Lage: Bar, WC, Bänke, Feuerstelle / außerorts.
Zufahrt: an der B16 von Sensburg Richtung Nikolaiken am Ortsende hinter der Eisenbahnunterführung direkt rechts.

Zur Übernachtung würden wir diesen Platz nicht unbedingt empfehlen - sowohl die nahe Straße als auch die Eisenbahnlinie verheißen diesbezüglich nichts Gutes.

Wir setzen unsere Fahrt nun auf der B16 Richtung NIKOLAIKEN fort. Die Straße schlängelt sich recht kurvenreich durch das Hügelland. Nach ca. 14 km finden wir rechts am Straßenrand einen netten Picknickplatz am Inulec-See.

(046) WOMO-Picknickplatz: Inulec-See vor Nikolaiken
GPS: N 53° 48.671'; E 21° 29.412';   **max. WOMOs:** 1-2.
Ausstattung/Lage: Tisch & Bank, Mülleimer, WC / außerorts.
Zufahrt: Er liegt direkt an der B16 zwischen Sensburg und Nikolaiken.

Die Straße liegt etliche Meter zurück, hinter einer kleinen Kuppe - hier könnte man auch übernachten! Aber eigentlich besteht dazu keine Notwendigkeit, bis Nikolaiken sind es ja nur noch 6 km! Die Bahnlinie kreuzt noch mehrmals, und durchaus öfter in diesem Land üblich auch ohne jede Schranke. Wie in der Fahrschule: langsam herantasten, stehenbleiben, sehen, ob wirklich kein Zug kommt, und dann erst weiterfahren! Wenn Sie nach Nikolaiken hereinkommen, sollten Sie entscheiden, ob sie hier auf einen sehr ruhigen, gepflegten Campingplatz fahren möchten und dann ca. 1,5 km vom Zentrum entfernt sind, oder ob Sie lieber mittendrin (aber auch ruhig) stehen wollen. Im ersten Fall biegen Sie 500 m nach dem Ortseingang rechts auf die 609 Richtung Niedersee-Nieden (Ruciane-Nida), anschließend nach 500 m links zum:

Ansonsten fahren Sie einfach weiter geradeaus, überqueren die Brücke über die Verbindung von dem oberen J*ezioro Tałty* mit dem unteren *Jezioro Mikołajskie*, biegen dann den

Schildern folgend nach 300 m rechts ab und stehen nach 150 m vor dem Eingang zum **offiziellen Wohnmobil-Stellpatz** von Nikolaiken. Man hat einen Teil dieses Großraumparkplatzes mit Rasen versehen, abgetrennt und für Wohnmobile reserviert.

Offizieller Stellplatz in Nikolaiken

Hier steht man ideal, um den ganzen Ort zu Fuß abklappern zu können. Die Stadt bietet an eigentlichen klassischen Sehenswürdigkeiten außer der Kirche im nördlichen Teil nicht viel, aber es ist ein - milde ausgedrückt - touristisch sehr erschlossener Ort. Ein Restaurant ist

Abendstimmung an der belebten Uferpromenade

neben dem anderen, Geschäfte, Boutiquen, Juweliere, Straßenverkäufer, Imbissstände, dazu jede Menge Besucher. Wir machen uns am Abend auf, etwas passendes zu Essen zu finden. Die Auswahl und damit auch die Konkurrenz ist groß, es ist überhaupt kein Problem, ein Restaurant zu finden, in dem wir zu 4 Personen für weniger als EUR 30,- einschließlich Getränke hervorragend speisen können. Die Nacht auf dem Stellplatz ist angenehm ruhig. Am nächsten Tag, nach einem guten Frühstück (ein Lebensmittelgeschäft mit Bäcker befindet sich direkt am Marktplatz mit dem großen Brunnen nur 300 m vom Stellplatz entfernt), möchten wir ein wenig mehr von der Landschaft um die großen Seen erkunden - und wie kann man das besser als auf dem Wasser selbst? Vom Hafen in Nikolaiken fahren mehrere Ausflugsboote zu unterschiedlich langen Rundreisen über den Jez. Mikołajskie.

Schöne Aussichten auf dem Jez. Mikołajskie

Hier in Nikolaiken können Sie alle Arten von Wassersport betreiben. Leihen Sie ein Segel- oder Motorboot, Sie können Wasserski laufen oder Tretboot fahren, sogar eine Tauchschule gibt es hier. Wir haben es genossen, auch einmal in dem „Touristenrummel" abzutauchen!

Aber wir möchten uns nun wieder ein wenig der Natur zuwenden. Wir verlassen den Stellplatz, fahren wieder links zurück über die Brücke und biegen nach 400 m links auf die 609 Richtung UKTA ab. Wir kommen am Abzweig zum *Camping Seeblick* vorbei, die Straße führt dann durch ein Waldgebiet. Nach 12,5 km - wir haben das Örtchen BOBRÓWKO hinter uns gelassen - kommt ein Hinweis nach rechts in den Wald zum **Park Dzikich Zwierzat Kadzidłowo**. Wir lassen uns von dem sehr holprigen Waldweg nicht abschrecken. Nach 900 m kommen wir auf eine große Lichtung und haben schon die Tiergehege auf der rechen Seite erspäht. Wir biegen links ab, nach 100 m stehen wir auf einem geräumigen Schotterparkplatz direkt vor einem Freigehege.

(049) WOMO-Wanderparkplatz: Kadzidłowo

GPS: N 53° 42.695'; E 21° 29.317'; Kadzidlowo **max. WOMOs:** 2-3. **Ausstattung/Lage:** Mülleimer, geführte Wanderung durch Gehege, Naturlehrpfad (40 min.) keine Übernachtung! / außerorts. **Zufahrt:** von Nikolaiken die 609 kommend n.12,5 km rechts in den Wald (Hinweis), nach 950 m links.

Es gibt große Tiergehege mit Hirschen, Rehen, sogar Elche sind hier zu finden, zusätzlich noch etliche Vogelvolieren mit einheimischen Arten. Natürlich fehlt auch Meister Adebar nicht - wir entdecken mehrere Storchennester, mit etwas Glück steht man solch einem Exemplar auch Auge in Auge gegenüber. Weiterhin hat man im Wald einen Naturlehrpfad angelegt, man benötigt ungefähr 40 Minuten für die Runde.

Der ist echt!

Zu guter Letzt hat noch eine rührige Kommune ein altes Bauernhaus liebevoll restauriert und mit alten Möbeln als Heimatmuseum ausgestattet. Alle Räume sind komplett eingerichtet, es sieht aus, als ob alles noch normal bewohnt ist. Unter ande-

So gemütlich war es früher

rem hat man ein komplettes Klassenzimmer eingerichtet, einschließlich deutschsprachigen Büchern, sogar mit anschließender Lehrerwohnung. Stundenlang kann man sich in diesem Reservat aufhalten, auch Kindern wird es hier bestimmt nicht langweilig.

Der Parkplatz würde sich auch vortrefflich zum Übernachten eignen, was aber leider nicht gestattet ist. Aber wir haben noch eine weitere Attraktion in dieser Gegend zu bieten, und dafür müssen wir schon heute etwas vorplanen...

Falls Sie ein sehr kompaktes und auch niedriges Fahrzeug haben, können Sie prinzipiell auch den Waldweg, den wir hineingekommen sind, noch einen Kilometer weiterfahren, dann links abbiegen und kommen nach weiteren fürchterlichen anderthalb Kilometern auf die 610, wo Sie dann rechts abbiegen - wir haben uns das mit unserem CS nicht getraut und fahren zurück auf die 609 wie wir gekommen sind. Dort biegen wir rechts ab und treffen nach 2,8 km in Ukta auf die 610, wo wir rechts Richtung SENSBURG (Mrągowo) fahren. Nach 4,5 km biegen wir links die Straße nach KRUTINNEN (Krutyn) ab, 400 m weiter, in der Linkskurve befindet sich an der rechten Seite ein Waldparkplatz, den wir auch aufsuchen.

(050) WOMO-Kanu-Wanderparkplatz: Krutinnen
GPS: N 53° 42.140'; E 21° 26.350'.
max. WOMOs: 2-3.
Ausstattung/Lage: nur reine Natur / außerorts.
Zufahrt: von der 610 aus Ukta kommend nach 4,5 km links Richtung Krutyn, nach 400 m rechts.
Sonstiges: Kanuverleih am Platz.

Und hier, am Ende des Parkplatzes, treffen wir auf das Objekt unserer Begierde: ein Kanuverleiher. Wir befinden uns jetzt unmittelbar an einem Fluss, der *Krutynia*, der zu den schönsten Kanurevieren Polens gehört. Wenn man will, kann man über 120 km dem Fluss sogar durch mehrere Seen folgen, aber auch kleinere Abschnitte sind möglich und genau so etwas wollen wir morgen machen. Wir buchen zwei Zweierkanus, die Strecke bis Ukta sind rund 18 Flusskilometer, und wenn man nicht sportlich, sondern landschaftsbetrachtend unterwegs ist, braucht man schon ca. 4 Stunden hierzu Natürlich übernachten wir auf dem Parkplatz, sind uns aber bewusst, dass wir mitten in einem Naturschutzgebiet sind. Also liebe Leser, wenn Sie es uns gleichtun wollen: auf gar keinen Fall irgendwelchen Müll hinterlassen und auch kontrollieren, ob wirklich alle Abwasserhähne zu sind!

Am nächsten Morgen wird es ernst. Ein Kanu ist für die beste Ehefrau von allen und den bescheidenen Autor gedacht,

das zweite Kanu für unseren Sohn und unseren Hund - in der Hoffnung, dass dieser zwar nicht unbedingt mitpaddeln wird, aber vielleicht doch Spaß an der ganzen Sache hat. Nun, unser reiseerfahrener Vierbeiner ist schon viel von uns gewohnt, auch

Noch kann sie lächeln ...

hier fügt er sich dem Unausweichlichen und besteigt das schwankende Boot - das Abenteuer beginnt. Die Krutynia ist jedoch ein ganz sanft fließendes Gewässer. Es gibt keine Stromschnellen, Untiefen oder andere Gemeinheiten und ist auch ohne weiteres von absoluten Laien zu befahren. Lediglich die Koordinierung der Ruderschläge zwischen vorn- und hintensitzenden, speziell wenn es um Biegungen geht, kann

den Zustand auch der besten Ehe an den Rand einer Krise bringen. Aber nach dem ersten Kilometer spielt sich Alles ein, und wir können den Flusslauf durch die nahezu unberührte Natur in vollen Zügen genießen. Erfreulicherweise läuft keine

Fauler Hund

Straße auch nur in der Nähe vorbei, bis auf die Geräusche der eintauchenden Paddel und dem Schreien der Vögel ist nichts zu hören. Manche Strecke werden wir von Enten oder Schwänen begleitet, wenn Sie Glück haben, können Sie sogar Biber sehen! Der Flusslauf ist natürlich nicht kultiviert, also liegen auch oft umgestürzte (oder auch umgenagte) Bäume im Wasser, um die man seinen Weg suchen muss.

Flussidyll auf der Krutynia

Selbstverständlich gibt es auf der Strecke auch mehrere Möglichkeiten, eine Rast an einer Grillhütte bei frischem Fisch und anderen Köstlichkeiten einzulegen.

Nach nun insgesamt 5 Stunden kommen wir am Anlegepunkt in Ukta an. Wie vereinbart, rufen wir mit unserem Handy beim Verleiher an, nach kurzer Wartezeit kommt ein Kleinbus mit Anhänger, lädt die Kanus auf und uns ein und in wenigen Minuten sind wir wieder wohlbehalten zurück auf dem Parkplatz.

Natürlich ist dies nicht der einzige Kanuverleiher in Krutinnen. Wenn Sie die Straße bis zum 1,5 km entfernten Ort weiterfahren, finden Sie noch weitere, die natürlich auch über bewachte Parkplätze verfügen. Aber wir fanden den Platz im Wald am schönsten!

Wir fahren zurück zur 610 und folgen den Schildern rechts nach Ukta. Dort biegen wir direkt hinter der Brücke über die Krutynia rechts Richtung ECKERTSDORF (Wojnowo) ab. Dieses Dorf erreichen wir nach rund 3,5 km. Seit 1832 lebt hier eine Gruppe von Altgläubigen, einer Sekte der russisch-orthodoxen Kirche, die damals in Russland gnadenlos verfolgt wurden. In diesem damals nahezu unbewohnten Landstrich in den Masuren erhielten sie von König Friedrich Wilhelm III günstig Land und man garantierte ihnen volle Religionsfreiheit. Im Jahr 1847 bauten sie südwestlich des Dorfes ein **Klos-**

ter mit Kirche, in der vor allem wertvolle **Ikonen** und Kreuze zu bewundern sind. Der Großteil der Einwohner verließ das Dorf nach Ende des zweiten Weltkrieges. Jetzt leben hier noch etwa zehn Familien und versuchen die

Kloster Raskolniki in Wojnowo

alten Sitten und Bräuche der Altgläubigen und vor allem ihre Religion weiter bestehen zu lassen.

Wir folgen der Straße und kommen nach 1,5 km auf die 58, wo wir links Richtung JOHANNISBURG (Pisz) abbiegen. Nach 5 km gelangen wir nach NIEDERSEE-NIEDEN (Ruciane-Nida),

Am Jachthafen von Niedersee-Nieden

einem weiteren (kleineren) Zentrum des Wassersports in Masuren. Wir halten uns rechts, fahren die Hauptstraße entlang finden links am Jachthafen einen Stellpatz:

(051) WOMO-Stellplatz: Niedersee-Nieden

GPS: N 53° 38.722'; E 21° 34.140'; Nadbrzezna   **max. WOMOs:** 2-3.
Ausstattung/Lage: bewacht, gebührenpflichtig / im Ort.
Zufahrt: von der 58 aus Nordwest kommend durch den Ort, dann links am Jachthafen.

Von hier aus fahren auch wieder Ausflugsschiffe bis nach Nikolaiken und sogar nach Johannisburg - von dort kann man

dann mit der Bahn zurück. Die Seen in diesem Teil Masurens sind nicht so großflächig wie in Nikolaiken, man hat viel mehr das Gefühl, sich an großen, breiten Flüssen zu befinden. Niedersee-Nieden bietet natürlich alles, was ein touristisch erschlossener

Kanal zw. Jez.Guzianka Wielka und Jez.Nidzkie

Ort braucht: viele Restaurants, Einkaufsmöglichkeiten, einen Markt, Schnellimbiss. Auch Kanus kann man hier leihen, um die Seenlandschaft ein wenig auf eigene Faust zu erkunden.

Wir verlassen den Ort in östliche Richtung auf der 58. Nach 500 m hinter dem Ortsausgangsschild kommt links ein Hinweis auf einen Seecamping-Platz. Nach weiteren 1,4 km finden wir auf der rechten Seite einen Waldparkplatz:

(052) WOMO-Picknickplatz: Niedersee-Nieden

GPS: N 53° 38.856'; E 21° 36.724'.   **max. WOMOs:** 2-3.
Ausstattung/Lage: Tisch & Bank, Mülleimer / außerorts.
Zufahrt: Er liegt an der B58 1,5 km östlich von Niedersee-Nieden.

Im Verlauf der Straße kommen zur linken Seite noch mehrere Parkmöglichkeiten im Wald, die auch teilweise so weit von der Straße entfernt liegen, dass man ohne weiteres auch dort übernachten kann. Viele Polen nutzen diese Plätze, um hier ihr Auto abzustellen und in den Wäldern sehr erfolgreich nach Pilzen und Blaubeeren zu suchen.

Nach weiteren 3,5 km biegen wir rechts von der 58 ab, SZEROKI BÓR ist ausgeschildert. Wir überqueren die Eisenbahnschienen, die Straße ähnelt einem asphaltierten Waldweg. Nach 1,5 km finden wir links einen schönen Parkplatz:

(053) WOMO-Stellplatz: Wald bei Szeroki Bór

GPS: N 53° 37.529'; E 21° 38.854'.
max. WOMOs: 1-2.
Ausstattung/Lage: Mülleimer, Blaubeeren und Pilze / außerorts.
Zufahrt: von der 58 aus Nordwest kommend rechts nach Szeroki Bór, nach 1,5 km links im Wald.

Wir nutzen die Gelegenheit und sammeln eine Schüssel Blaubeeren - für das heutige Abendessen! Weiter geht es nach Szeroki Bór, wo wir nach 800 m ankommen und uns dort rechts am „P" - Schild orientieren. Wir werden zu einem schönen, ruhigen Parkplatz am Rand des Dorfes zum Wald geleitet.

(054) WOMO-Stellplatz: Szeroki Bór

GPS: N 53° 36.929'; E 21° 38.503'; Szeroki Bor **max. WOMOs:** 2-3.
Ausstattung/Lage: Mülleimer, Pilze, Badesee 200 m / im Ort
Zufahrt: von der 58 aus Nordwest kommend rechts nach Szeroki Bór, im Ort ausgeschildert.

Von hier führt ein Weg zum See und einer kleinen Badestelle, die wir natürlich auch gerne nutzen.

Badesee in Szeroki Bór

Zum Abendessen gibt es dann Pfannkuchen mit den vorhin gesammelten Blaubeeren - köstlich!

Wir verbringen eine sehr ruhige Nacht hier auf dem Stellplatz, nur das Kläffen der Hunde, die wohl der Mond stört, ist zu vernehmen. Einen Laden gibt es hier in Szeroki Bór, welches vielleicht aus 10 Häusern besteht, nicht - wir müssen also auf frische Brötchen verzichten. Beim Frühstück beobachten wir, wie viele Einheimische in den Wald spazieren und nach einer guten Stunde mit Plastiktüten voller Pilze wieder herauskommen. Dies weckt unseren Ehrgeiz, denn wir haben in Vorbereitung unseres Urlaubes auch ein Fachbuch zur Bestimmung von Pilzen eingepackt. Mit dessen Hilfe wollen wir uns nun auch unser Mittagessen heranschaffen! Dem Buch entsprechend sollte es hier in diesem lichten Mischwald mit vielen Kiefern vor allem Steinpilze geben. Nach anderthalb

So kommt man zu einem guten Essen!

Stunden war unser Ausbeute schon so reichlich, dass wir von

Ein Teil der Beute...

der Idee einer Pilzsauce Abstand nehmen konnten und schon an eine reichhaltige Suppe denken konnten. Und wenn die Dame des Hauses schon so fleißig beim Sammeln gewesen ist, obliegt es dem Hausherrn, daraus etwas Schmackhaftes zuzubereiten! Also werden die Pilze geputzt und zerkleinert, anschließend zwei Zwiebeln geschält und kleingehackt, dann alles in einer Pfanne angebraten, in einen Topf damit, mit etwas Rotwein ablöschen, Milch hinzugeben, dann abbinden - fertig ist ein köstliche Steinpilzsuppe! Sie ist allen sehr gut bekommen, also war unser Buch mit seinen Abbildungen doch nicht verkehrt!

... Das Ergebnis!

Bei unserer Pilzsuche ist mir der Eindruck gekommen, dass hier irgendwo der Ort wäre, einen Schatz zu hinterlassen:

Falls Sie das neue Spiel „Geocaching" noch nicht kennen sollten: Man nimmt eine stabile Plastikschachtel (Tupper o.ä.), füllt sie mit allerlei Dingen (Schätzen) und versteckt sie irgendwo auf diesem Globus. Dann braucht man nur noch die GPS-Daten bekannt zu geben und die „Geocacher" machen sich auf die Suche. Hat man einen „Schatz" gefunden, dann darf man etwas herausnehmen und sich als Finder eintragen. Dann steckt man selbst eine Kleinigkeit in die Schachtel und versteckt sie wieder an der gleichen Stelle. Besonders nett wäre es, wenn man dem, der den Schatz vergraben hat, ein Foto der „Entdeckungsaktion" senden würde.
Nähere Infos findet man im Internet unter: www.geocaching.de

WOMO-Cache Nr. 16

Position: N 53° 36.689'; E 21° 38.608'.   **Schwierigkeitsgrad:** leicht

Wir verlassen unseren Parkplatz, fahren zurück zur „Hauptstraße" und biegen rechts in Richtung WIARTEL ab. Unmittelbar hinter dem Ortsende findet man auf der rechten Seite noch einen wunderschönen Parkplatz direkt am See mit Picknickbänken, Mülleimer, Liegewiese und Strand - also wird die Weiterfahrt noch eine Nacht verschoben!

(055) WOMO-Badeplatz: Jez.Jaśkowo Duże

GPS: N 53° 36.663'; E 21° 39.118'; Szeroki Bor   **max. WOMOs:** 1.
Ausstattung/Lage: Wiesenstrand, Bänke, Mülleimer / außerorts, viele Pilze im Wald!
Zufahrt: Von Szeroki Bór Richtung Wiartel, direkt hinter dem Ort Szeroki Bór rechts.

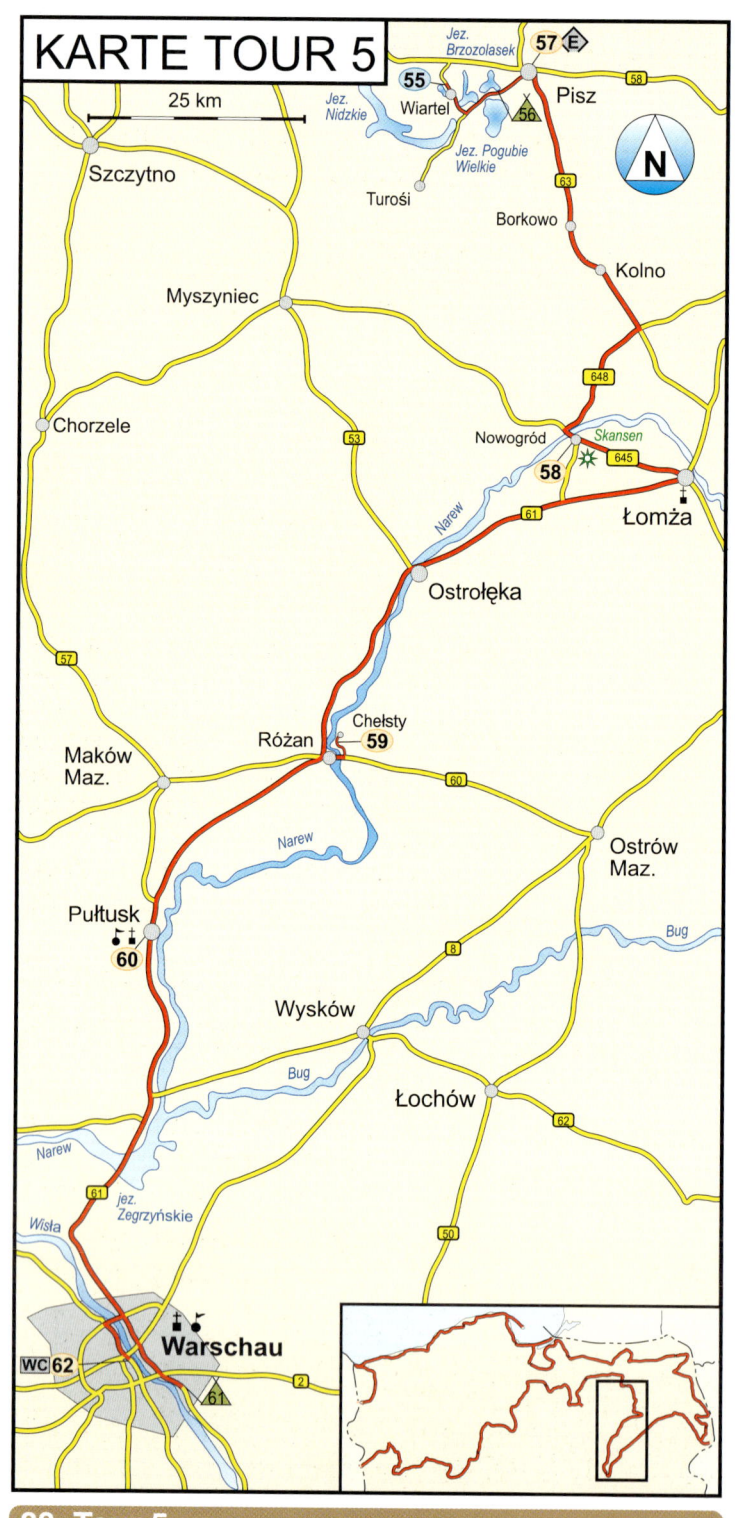

KARTE TOUR 5

25 km

Jez. Brzozolasek

57 E

55

Jez. Nidzkie

Wiartel

56

Pisz

58

Jez. Pogubie Wielkie

Szczytno

Turośi

Borkowo

63

Kolno

Myszyniec

648

Chorzele

53

Nowogród

Skansen

645

Łomża

58

Narew

61

57

Ostrołęka

Chełsty

Różan

59

Maków Maz.

60

Narew

Ostrów Maz.

Pułtusk

60

8

Bug

Wysków

Bug

Łochów

62

Narew

61

jez. Zegrzyńskie

50

Wisła

WC 62

Warschau

61

2

TOUR 5 (ca. 250 km / 3-4 Tage)

Johannisburg (Pisz) - Nowogród - Łomża - Różan - Pułtusk - Warschau (Warszawa)

Freie Übernachtung:	Stadtparkplatz Johannisburg (Pisz), Freilichtmuseum Nowogród, in den Auen der Narew bei Różan, Stadtparkplatz in Pułtusk, Stadtparkplatz in Warschau (Warszawa)
Campingplätze:	Camping „Jabłón" vor Johannisburg; Camping „Wok" in Warschau
Ver- und Entsorgung:	Orlen-Tankstelle in Johannisburg.
Baden:	am Jez. Brzozolasek vor Johannisburg
Besichtigen:	Zentrum von Johannisburg, Freilichtmuseum Nowogród, Kathedrale in Łomża, Schloss und Basilika in Pułtusk, Warschau

Wir machen uns nach einer nicht ganz so ruhigen Nacht - die Straße ist hier doch näher und das ist dementsprechend lauter als auf dem Parkplatz am anderen Ufer des Sees - wieder auf, die Provinz etwas hinter uns zu lassen und uns Schritt für Schritt der sehr reizvollen Hauptstadt Polens zuzuwenden. Wir verlassen den Parkplatz am See, biegen rechts Richtung WIARTEL ab, durchqueren den Ort und halten uns in etwa 4 km links Richtung JOHANNISBURG. Nach weiteren 4 km liegt links von uns der *Jez. Brzozolasek*, und hier befindet sich auch der:

(056) WOMO-Campingplatz-Tipp: Jabłón

Öffnungszeiten: 01.05. bis 30.09. **Ausstattung/Lage:** schön schattig; am Seeufer; Restaurant; Hunde erlaubt; Ver- und Entsorgung; Kanus **Zufahrt:** an der B234 zwischen Wiartel und Johannisburg (Pisz).

Nach wenigen Kilometern erreichen wir JOHANNISBURG. Wir fahren weiter, bis wir an die 58 gelangen, wo wir rechts Richtung AUGUSTÓW beziehungsweise BIAŁYSTOK abbie-

(057) WOMO-Stellplatz: Johannisburg (Pisz)

GPS: N 53° 37.620'; E 21° 48.502'; Jozefa Pilsudskiego **max. WOMOs:** 2. **Ausstattung/Lage:** am Flussufer / im Ort. **Zufahrt:** B58 von Westen kommend in Pisz letzte Straße vor Brücke rechts, hinter Rathaus links.

gen. Nach 350 m fahren wir noch vor der Brücke über die *Pisa* rechts, am Rathaus vorbei und biegen dahinter links ab, um direkt die nächste Möglichkeit wieder rechts zu fahren. Hier gelangen wir auf einen großen Parkplatz direkt am Flussufer, schön ruhig gelegen.

Das Rathaus von Johannisburg

Johannisburg ist ein richtig nettes Städtchen. Vor dem **alten Rathaus** befindet sich der **Daszyňskiplatz** mit seinem kleinen Park, umsäumt von Linden, und den umgebenden **Häusern aus dem 19. Jahrhundert**. Hier können wir auch in kleineren Geschäften unsere Lebensmittelvorräte auffrischen. Ge-

Johanniskirche

genüber, auf der anderen Seite der 58, befindet sich die **Johanniskirche**, in die wir auch einen Blick hineinwerfen und uns den goldenen Altar ansehen. Nun geht es wieder zurück zum Wohnmobil, es sind noch einige Kilometer bis zum nächsten Ziel unserer Route. Wir fahren zurück zur 58, halten uns rechts, überqueren die Pisa und biegen 100 m weiter am Kreisverkehr rechts auf die 63 Richtung ŁOMŻA. Nur 950 m weiter entdecken wir auf der linken Seite eine ORLEN-Tankstelle, die eine für Polen ganz seltene Einrichtung hat: eine **Ver- und Entsorgungsstelle**! Sie ist zwar eigentlich für Reisebusse gedacht, aber Wohnmobile haben schliesslich die gleichen Bedürfnisse! Da wir sowieso tanken müssen, frage ich beim Bezahlen, ob wir die Station auch benutzen dürfen, was uns auch gerne gestattet wird. Mit frisch geleerten beziehungsweise gefüllten Tanks geht es nun weiter Richtung Süden. Nach rund 30 km erreichen wir KOLNO, anschließend fahren wir durch BORKOWO und biegen rechts auf die 648 Richtung NOWOGRÓD. Die Straße ist, wegen einer später zu überquerenden Holzbrücke über die Pisa, nur für Fahrzeuge bis 3,5 t zugelassen. Kurz darauf stößt die Straße auf die 645, wir biegen links Richtung ŁOMŻA ab. Nach 750 m, wir haben gerade auf einer Brücke die *Narew* passiert, entdecken wir rechts einen großen Parkplatz. Eine Bunkeranlage und ein Kriegerdenkmal mit einem darunter platzierten Panzer erinnern an die Kämpfe des zweiten Weltkrieges. Von der Brücke aus hat man einen schönen Blick auf die Häuser des **Freilichtmuseums von Nowogród**:

Skansen-Park Nowogród

850 m weiter, in dem kleinen Ort NOWOGRÓD, biegen wir links ab und folgen der Beschilderung Skansen. Es geht links an der Kirche vorbei, dann wieder links, nach 250 m entdecken wir auf der rechten Seite den kleinen Parkplatz des Freilichtmuseums. Gegenüber befindet sich der Eingang zum weit über die Region hinaus bekannten Skansen-Park, welcher

---

(058) WOMO-Stellplatz: Skansen-Park Nowogród

GPS: N 53° 13.668'; E 21° 52.579'; Nowogrod   **max. WOMOs:** 1.
Ausstattung/Lage: Asphalt, kostenlos, unbewacht / im Ort.
Zufahrt: von der 645 aus Nordwesten kommend in Nowogród 1. Kreuzung links fahren, links an der Kirche vorbei, danach links, nach 250 m P

Typische Volkskunst

bereits seit 1920 besteht. Die wunderschöne Lage der 18 Häuser und vieler weiterer kleinerer Objekte, die alle aus dieser Kurpie-Region stammen, ist genauso bemerkenswert wie die in den Häusern gezeigte Volkskunst. Sehr farbenfrohe Trachten, die zahlreichen Scherenschnitte an den Deckenbalken und Wänden der Häuser sind typisch für diese Region. Wundern Sie sich nicht über die

Baukunst aus Holz

vielen ausgestellten, kunstvoll geschnitzten Bienenstöcke, die sogenannte Zeidlerei, die Waldbienenzucht, war eine Besonderheit der Kurpier - eine weitere können Sie am Ende des Rundganges im kleinen Restaurant des Museums genießen. Es handelt sich um das fast alkoholfreie Wacholderbier, welches neben anderen typischen Spezialitäten hier ver-

Ausblick auf die Narew

köstigt wird. Vom Museum aus steuern wir wieder zurück auf die 645 und dort links Richtung ŁOMŻA, wo wir nach 11 km ankommen. Wir fahren die Straße bis zur Einmündung auf die 61 durch, dort links und kommen nach 100 m an einen großen Kreisverkehr, wo wir die erste Möglichkeit rechts abfahren, dann nach 100 m wieder links. Wir befinden uns nun auf der ul. Dworna, wo wir nach 400 m vor der gotischen **Kathedrale** von Łomża stehen.

Die sehenswerte Kathedrale (ohne Turm) von Łomża

250 m weiter die ul. Dworna entlang liegt noch das **Kapuzinerkloster** mit der eher schlichten Kirche. Sehenswert ist auch das klassizistische Rathaus von Łomża. Viel mehr hat die Stadt nicht zu bieten, auch die Hauptgeschäftstraße reizt uns nicht besonders. Wir verzichten darauf, hier im Ort einen Stellplatz für den Abend zu suchen und fahren lieber weiter Richtung Warschau. Bis dorthin haben wir noch einige Kilometer vor uns und vertrauen darauf, unterwegs bestimmt noch eine schöne Übernachtungsmöglichkeit zu finden! Wir fahren zurück zu dem großen Kreisverkehr

Kapuzinerklosterkirche Łomża

und sehen zu, dass wir dort auf die 61 Richtung Warschau (Warszawa) kommen. Nun liegen etliche recht ereignislose

Kilometer auf der recht gut ausgebauten 61 vor uns. Nach 35 km kommen wir durch OSTROŁEKA, die hier ansässige Petrochemie veranlasst uns, schnell alle Fenster zu schließen und auf Umluftbetrieb umzustellen - es stinkt fürchterlich. Nach weiteren 25 km haben wir die nächste größere Ortschaft erreicht: RÓŻAN. So langsam geht es auf den Abend zu, große Lust weiterzufahren haben wir nicht. Die Stadt sieht nicht sehr reizvoll aus, aber auf unserer Landkarte ist der nahe, breite Flusslauf der *Narew* sehr gut zu sehen - vielleicht ergibt sich hier eine Möglichkeit! Wir biegen also in RÓŻAN links auf die 60 Richtung OSTRÓW MAZ. und überqueren auf einer langen Brücke die Narew-Auen, es sieht hier recht vielversprechend aus. Die nächste Straße biegen wir links ab, der Ort CHEŁSTY ist ausgeschildert, und schon entdecken wir nach 500 m auf der linken Seite einen Feldweg, der in die Flusslandschaft führt. Wir fahren 150 m hinein und finden eine lauschige Ecke, wo wir hinter den Sträuchern von der Straße aus nicht mehr zu sehen sind.

(059) WOMO-Stellplatz: Narew-Auen bei Różan

GPS: N 52° 53.551'; E 21° 25.276'.
max. WOMOs: 1-2.
Ausstattung/Lage: Wiese in der Flusslandschaft / außerorts.
Zufahrt: in Różan auf die 60 nach Ostrów, nach 2 km links Richtung Chełsty, 500 m links in die Auen.

Unser Hund freut sich über einen ausgiebigen Spaziergang durch die sumpfige Auenlandschaft. Die Narew hat sich hier richtig breitgemacht und verläuft durch ein Netz von Nebenar-

men. Wir verbringen eine ruhige Nacht, bis auf die Geräusche der Natur ist nichts zu hören.

Am nächsten Morgen fahren wir die 2,5 km zurück, bis wir in Różan wieder links auf die 61 Richtung WARSCHAU abbiegen. Nach knapp 30 km erreichen wir PUŁTUSK, und diese Stadt lohnt wirklich einen Zwischenstopp. Wir fahren die 61 bis zum Ende, biegen dort links Richtung Zentrum ab und kommen nach gut 300 m auf den großen Rathausplatz. Dort wenden wir uns nach rechts und finden auf dem großen Parkplatz zwischen Rathaus und Schloss einen Platz.

(060) WOMO-Stellplatz: Pułtusk

GPS: N 52° 42.278'; E 21° 05.569'.
max. WOMOs: 4-5
Ausstattung/Lage: gepflasterter Marktplatz / im Ort.
Zufahrt: in Pułtusk von der 61 links abbiegen, nach 300 m rechts, dann 200 m weiter links Parkplatz zwischen Rathaus und Schloss.

Zunächst gehen wir in nordwestliche Richtung zurück, am wunderschön restaurierten barocken Rathaus mit seinem gotischen Wehrturm (hier befindet sich ein Regionalmuseum) vorbei und schlendern über den täglich stattfindenden Markt. Hier in Pułtusk ist übrigens der mit 400 m längste Marktplatz Polens! Neben Kleidung, Stoffen und vielem Anderen werden hauptsächlich die regional angebauten Produkte frisch verkauft. Auch wir versorgen uns hier mit Obst und Gemüse.

Der sehr usrprüngliche Markt in Pułtusk

An der Nordseite des Markplatzes befindet sich die zunächst gotische, dann von dem Italiener Giovanni Battista Veneziano im Renaissance-Stil umgebaute heutige **Pfarrkirche St. Matthäus** aus dem 15. Jahrhundert, die Sie sich

Die Pfarrkirche St. Matthäus

unbedingt ansehen sollten. Der **Innenraum** wirkt trotz des vielen verwendeten Blattgoldes eher schlicht als überladen.Wir schlendern wieder zurück Richtung Womo, schließlich haben wir vor dem **Schloss** geparkt - der ursprünglichen Burg der Bischöfe von Plock, mit seinem stilvoll angelegten **Garten**, heute teilweise als Hotel,

Gold mal in Renaissance statt Barock

aber auch als „Haus der Auslandspolen", dem Treffpunkt für Polen aus aller Welt, genutzt.

Nun geht die Reise aber endgültig zur reizvollen Hauptstadt Polens! Wir fahren zurück auf die 61 und folgen der Beschilderung WARSCHAU (Warszawa). Wir kommen durch SEROK, und dann unmittelbar hinter LEGIONOWO, nach insgesamt 41 km, zweigt die Bundesstraße links ab. 2,5 km später erreichen wir den Ortseingang von WARSCHAU. Wir bleiben noch die nächsten 8,5 km auf dieser Straße, bis wir an den Abzweig kommen, wo rechts die erste Brücke über die *Weichsel* (Wisła) führt. Hier, liebe Leser, müssen Sie sich entscheiden, ob sie auf einen weiter außerhalb gelegenen Stadtcampingplatz (natürlich mit Busanbindung an die City) fahren möchten. In diesem Fall fahren Sie hier einfach weitere 4,2 km geradeaus, biegen rechts für 500 m Richtung Weichsel ab, dann links, und bleiben die nächsten 13,5 km immer weiter am östlichen Flussufer, bis zum Ende der Straße. Machen Sie nun eine Volldrehung und fahren 600 m zurück, biegen rechts in die *ul. Odrebna* ein und schon stehen Sie nach 260 m rechts vor der Einfahrt zum:

---

(061) WOMO-Campingplatz-Tipp:
WOK in Warschau (Warszawa)

GPS: N 52° 10.687'; E 21° 08.823'; Odrebna   **Offen:** Mai bis September
Ausstattung/Lage: schön schattig; Gaststätte; Grill; Internet-Zugang; Ver- und Entsorgung; Busverbindung in die City.
Zufahrt: in Warschau das östliche Weichselufer in südlicher Richtung, bis zum Ende der Straße, drehen, 600 m zurück, dann rechts abbiegen in die ul. Odrebna, nach 260 m auf der rechten Seite.

Wenn Sie lieber auf einem 24 h bewachten, ganz zentralen Parkplatz stehen wollen, fahren Sie (siehe weiter oben) die Brücke rechts über die Weichsel. Unmittelbar hinter der Brücke nehmen wir die Rampe rechts, die uns in einem Bogen direkt auf die linke Uferstraße in südliche Richtung führt. Nach 3,2 km kommt der erste, 500 m danach der zweite rund um die Uhr bewachte und eingezäunte Parkplatz:

(062) WOMO-Stellplatz:
Warschau Zentrum

GPS: N 52° 15.056'; E 21° 00.903'; Wodna   **max. WOMOs:** 2-3.
Ausstattung/Lage: bewacht, gebührenpflichtig, Mülleimer, Toilette / im Ort.
Zufahrt: am linken Weichselufer aus Norden kommend, direkt unterhalb der historischen Altstadt an der Uferstraße.

Hier stehen wir so zentral, dass wir zunächst die historische Altstadt komplett zu Fuß erkunden können. Unbesorgt

Der Marktplatz der Altstadt von Warschau

lassen wir unser Womo stehen und steigen die Treppe zur **Altstadt** hinauf. Wir halten uns rechts und gehen die zweite

Angenehme Art der Besichtigung

Gasse links, nach wenigen Metern stehen wir auf dem großen **Marktplatz** mit seinen sehr geschmackvoll wiederaufgebauten Häusern. Der zweite Weltkrieg hat hier große Spuren hinterlassen (wir kommen an anderer Stelle noch darauf zurück) und Warschau war fast vollständig zerstört. Die Altstadt wurde aber schon zu kommunistischen Zeiten sorgfältig wieder rekonstruiert und wiederaufgebaut. Seit 1980 gehört sie, zusammen mit dem angrenzenden **Königsschloss**, zum Weltkulturerbe der UNESCO.

An dieser Stelle zunächst aber noch ein Hinweis in eigener Sache: als WOMO-Reiseführer können und wollen wir kein kompletter Stadtführer sein. Wir möchten Ihnen nur unseren eigenen, ganz subjektiven Weg zu den Hauptsehenswürdigkeiten aufzeigen und Ihnen anhand der Bilder die Schönheit und den Reiz dieser Stadt näherbringen. Wir empfehlen Ihnen dringend, sich an der **Touristeninformation** gegenüber des Königsschlosses Ihr Material zusammenzustellen und selber Schwerpunkte Ihrer Besichtigung zu suchen!

Wir verlassen den Marktplatz an der Nordwestecke, durch

eine enge malerische Gasse, werfen schon einmal in Vorfreude auf den Abend einen Blick auf die Restaurants und die überall aufgestellten Speisekarten und kommen zum **Stadttor.** Dahinter gelangen wir auf der linken Seite zum **Rac-**

Lädt zum Verweilen ein

zyñski-Palais, heute Staatsarchiv, ein Stückchen weiter auf der rechten Seite kommt zunächst das **Dominikanerkloster** und daneben das **Geburtshaus** der berühmten Physikerin **Marie Curie**. In diesem Haus befindet sich auch ein Museum über ihr Lebenswerk. Wir gehen nun zunächst zurück Richtung Altstadt, biegen aber vor dem Raczyñski-Palast rechts in die ul. Dluga ein. Nach ungefähr 300 m stehen wir dann vor dem **Denkmal des Warschauer Aufstandes**. Hier wird man in eindrucksvoller Weise

über die grausame Geschichte des 63 - tägigen letzten Kampfes des Krieges mit mehr als 200.000 Toten informiert.

Wir wenden uns von hier aus wieder zur historischen Altstadt, durch malerischen Gassen hin zum Königsschloss, nicht ohne vorher mindestens einen Blick in die Johanneskathedrale zu werfen. Im Schloß, 1971 prachtvoll wiederaufgebaut, welches auch besichtigt werden kann, befindet sich ein Museum.

Das Königsschloss

Auf dem großen **Schlossplatz** steht noch das älteste Monument Polens: die 22 m hohe **Sigismundsäule** von 1644. Von hier aus geht es weiter südlich auf den so genannten **Königsweg** - der Achse, die von sage und schreibe drei Warschauer Schlössern gebildet wird, wovon wir das erste ja vorhin schon besichtigt haben. Die Straße **Krakowske Przedmieście** führt uns natürlich noch an vielen anderen Sehenswürdigkeiten vorbei - zum Beispiel am Kloster und **Kirche der Visitantinnen**, an dem **Hotel Bristol** mit seiner prunkvollen Fassade, an der **Heiligkreuzkirche**, wo in einer Urne das Herz von Frédéric Chopin steht, kurz dahinter das **Staszic-Palais** (heute Abteilungen der Polnischen Akademie der Wissen-

Visitantinnen-Kirche

schaften) mit dem davor aufgestellten **Kopernikus-Denkmal**. Auch die runde **Alexanderkirche** sollte man gesehen haben. Schliesslich kommen wir zum großen Garten des **Łazienki-Palastes**, einer der wertvollsten Anlagen Europas. Alleine der

Der Łazienki-Palast

Park mit dem **Observatorium**, der **Alten Orangerie**, dem **Weißen Haus**, dem **Amphitheater** auf der Insel und natürlich der Palast selber sprengen jede nähere Beschreibung im Rahmen dieses Führers. Im Park steht auch ein **Denkmal** Frédéric Chopins, wo im Sommer Freilichtkonzerte mit seiner Klaviermusik stattfinden.

Sind wir bis hierher noch zu Fuß gegangen, sollte man für die Strecke zum letzten der drei Königsschlösser, dem **Wilanów**, auf öffentliche Verkehrsmittel zurückgreifen. Immerhin liegt eine Strecke von nahezu 7 km vor uns! Vielleicht haben Sie Glück und kommen auch in den Genuss einer Oldtimer-Fahrt! Der Palast heißt nicht umsonst „polni-

.. normales Verkehrsmittel!

sches Versailles" mit den Repräsentationsräumen im Erdgeschoss und der strengen Architektur des **italienischen Gartens** aus dem 17. Jahrhundert. Auch dieses Schloss kann besichtigt werden. Hinweisen möchten wir auch noch auf das sehenswerte **Plakat-Museum** in der ehemaligen Manege.

Schloss Wilanów

Für den Rückweg von hier bis zur Altstadt nehmen wir natürlich auch wieder den Bus. Zunächst kehren wir zurück zum Womo, um den müden Füßen nach der recht langen Tour etwas Erholung zu gönnen, dann geht es zum Abendessen wieder hinauf in die Altstadt, die bei Dunkelheit nochmal so schön wirkt wie im Sonnenschein!

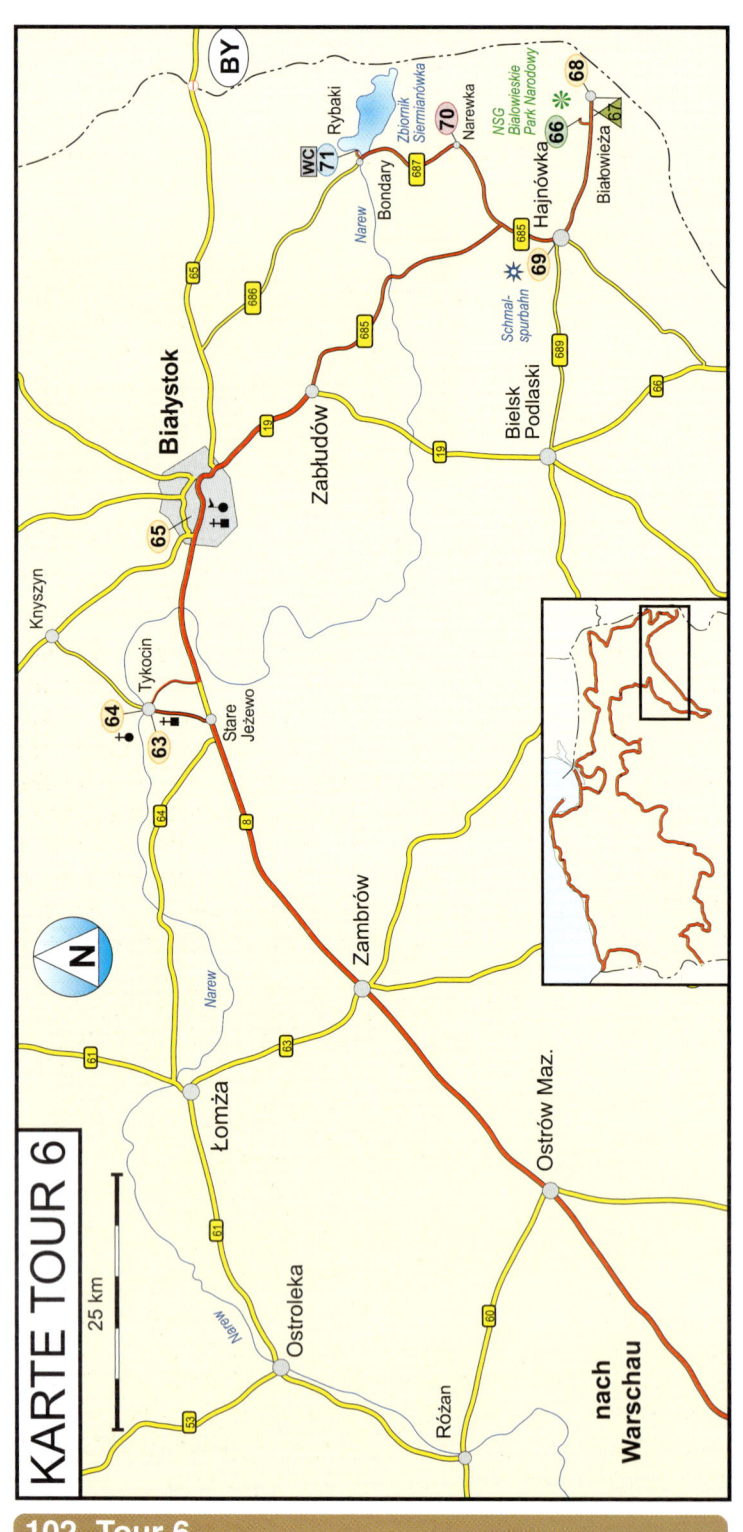

KARTE TOUR 6

N

25 km

TOUR 6 (ca. 335 km / 3-4 Tage)

Tykocin - Białystok - Białowieża - Hajnówka - Rybaki

Freie Übernachtung:	in Tykocin an der Narew oder an der alten Synagoge, am Stadtparkplatz in Białystok, am Nationalparkzentrum oder am Informationszentrum in Białowieża, am Badeplatz in Rybaki.
Campingplätze:	Camping „U Michala" in Białowieża
Ver- und Entsorgung:	Camping „U Michala" in Białowieża
Baden:	am Jez. Brzozo Siemianówka
Besichtigen:	Kirche, Synagoge und Klosteranlage in Tykocin, Rathaus, Pfarrkirche und Schloss Branicki in Białystok, Nationalpark Białowieża, Fahrt mit der Schmalspurbahn Hajnówka

Nach der wie erwartet nicht ganz ruhigen Nacht auf dem Stellplatz unterhalb der historischen Altstadt Warschaus beschließen wir am nächsten Morgen, einen großen „Satz" Richtung Nordosten zu machen und uns diesen Regionen Polens zuzuwenden. Leider können wir Ihnen nun für viele Kilometer kaum etwas bieten, aber seien Sie unbesorgt - das ändert sich wieder! Wir bezahlen (rund EUR 10,- / 24 h) und fahren in südlicher Richtung weiter - unsere grundsätzliche Route führt nun über die B8 in Großrichtung Białystok. Bevor wir die Strecke in Angriff nehmen, möchten wir vorher aber noch eine Gedenkstätte aufsuchen: das „Denkmal der Helden des Ghettos", an dem 1970 Willy Brand mit seinem legendären Kniefall ein Zeichen für die Aussöhnung zwischen Ost und West setzte. Rund 300 m unterhalb des Parkplatzes führt die Brücke „Most Śląsko-Dąbrowski" über die Weichsel. Wenn Sie nicht mit zum Denkmal kom-

Denkmal der Helden des Ghettos

men wollen, überqueren Sie die Brücke und werden automatisch auf die B8 geführt. Ansonsten biegen wir vor der Brücke rechts ab, fahren durch die Unterführung. Nach 1,3 km kreuzen wir die *ul. Andersa*, wo wir uns rechts halten. Nach 1 km führt unser Weg nach links in die *ul. Stawki*, hier direkt die nächste wieder links - wir passieren dabei ein Mahnmal mit einem Eisenbahnwaggon - und 400 m später sind wir an einem Park, mitten in einem Wohngebiet, in dem sich das Mahnmal befindet.

Der Einfachheit halber fahren wir von hier aus den gleichen Weg zurück, den wir auch gekommen sind und bleiben hinterher einfach geradeaus, überqueren auf der Brücke „*Most Sląsko-Dąbrowski*" die Weichsel und gelangen auf die B8 Richtung BIAŁYSTOK. Die Strecke führt an RADZYMIN vorbei, durch WYSZKÓW, über OSTRÓW und ZAMBRÓW. Nach ungefähr 140 km sind wir in RUTKI, 21 km später in JEŻEWO. Hier biegen wir links auf die 671 Richtung TYKOCIN, unserem nächsten Ziel. Nach 7,2 km sind wir am Ortseingang und werden von den Kopfsteinpflasterstraßen durchgeschüttelt.

Typische Dorfstraße in Tykocin

Die Straße macht einen Rechtsknick, wenige Meter weiter biegen wir an der Tankstelle links ab, nach weiteren 300 m die zweite rechts in die *ul. Zlota* und sehen schon die mächtige Dreifaltigkeitskiche vor uns. Wir finden einen angenehmen Platz direkt an der **Narew-Brücke** links der Kirche:

(063) WOMO-Stellplatz: Tykocin an der Narewbrücke

GPS: N 53° 12.487'; E 22° 46.398'; **max. WOMOs:** 1-2.
Ausstattung/Lage: am Flussufer / im Ort.
Zufahrt: von der B8 in Jeżewo auf die 671 nach Tykocin, dem Verlauf der Straße folgend Richtung Knyszyn, vor der Kirche an der Brücke.

Die barocke Dreifaltigkeitskirche

Die **Dreifaltigkeitskirche** aus der Mitte des 18. Jahrhunderts ist reich ausgestattet und der Grund für den Ruf Tykocyns als „Perle des polnischen Barock". Sehens- und vor allem hörenswert ist auch die **Orgel von 1750**. Links neben der Kirche, direkt an unserem Parkplatz, steht das Militärwohnheim von 1643 für pensionierte Soldaten, heute ein gutes

... mit stilvollem Innenraum

Restaurant und Hotel. Gegenüber der Kirche befindet sich das **Denkmal** von Stefan Czarnecki, das nach der Sigismundsäule in Warschau zweitälteste weltliche Denkmal Polens. Tykocin ist ein Ort mit einer großen jüdischen Vergangenheit. Zu Beginn des 19. Jahrhunderts lebten hier 3.600 Menschen - 70% davon waren Juden, und selbst zu Beginn des zweiten Weltkrieges betrug ihr Bevölkerungsanteil hier noch 50%. Die Mehrzahl wurde ermordet, der Rest ins Ghetto nach Warschau gebracht. Trotz des 2. Weltkrieges blieb die **Synagoge** erhalten, es war die zweitgrößte Polens. In den 70er Jahren wurde sie renoviert und als Außenstelle des Museums Białystok geführt. Der Innenraum mit Altar wurde wiederhergestellt, es sind Leuchter, Balsame, Torakronen und andere Gegenstände des

Die Synagoge von Tykocin

jüdischen Glaubens ausgestellt. Natürlich kann man von der Dreifaltigkeitskirche aus die 400 Meter (die 671 einfach zurück und immer geradeaus bleiben) zu Fuß gehen, aber auf der Rückseite der Synagoge befindet sich ein größerer Parkplatz, der uns durchaus eine wesentlich ruhigere Nacht verspricht, als die Stelle an der Narew-Brücke unmittelbar an der Landstraße. Wir fahren also die *u. Zlota* zurück, folgen dann links dem Verlauf der 671 und direkt die nächste wieder rechts. Nach 50 m stehen wir auf diesem Parkplatz:

---

(064) WOMO-Stellplatz: Tykocin an der Synagoge

GPS: N 53° 12.375'; E 22° 46.030'.　　　　　**max. WOMOs:** 1-2.
Ausstattung/Lage: gepflastert / im Ort.
Zufahrt: von der B8 in Jeżewo auf die 671 nach Tykocin, dem Verlauf der Straße folgend rechts, dann an der Tankstelle links, nächste links.

Am nächsten Morgen setzen wir die Fahrt Richtung BIAŁYSTOK fort - vom Parkplatz aus zurück zur 671, an der Tankstelle jedoch nicht rechts nach JEŻOWO, sondern links auf der Nebenstrecke Richtung Osten. Nach 200 m befindet sich auf der rechten Seite die Klosteranlage der Bernhardiner mit der

Die Klosterkirche der Bernhardiner

sehr sehenswerten Kirche. Nach einem kurzen Stopp setzen wir unsere Fahrt weiter fort. Das Nebensträßchen führt über die Felder, wir kommen noch durch 2 kleine Dörfer und sind nach ca. 14 km wieder an der gut ausgebauten B8. Hier biegen wir links ab und sind nach 6,5 km am Ortseingang von BIAŁYSTOK. 2,5 km weiter kommen wir an einen Kreisverkehr, wir biegen links (=270°) ab. Nach einem weiteren Kilometer kreuzen wir die ul. *Antoniuk Fabrycny*, und sehen nach 300 m auf der rechten Seite eine sehr beeindruckende Kathe-

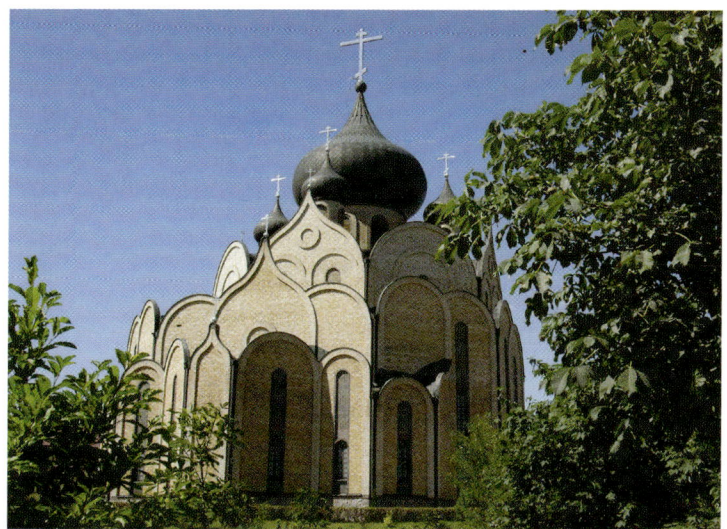
Die neue russisch-orthodoxe Heiliggeist-Kirche

drale. Wir fahren die *Antoniuk Fabrycny* weiter und unterqueren nach 1,6 km die Einfallstraße *Solidarno*ść, biegen sofort rechts auf die Rampe hinauf und fahren dann östlich Richtung Zentrum. Nach 500 m, schon fast im Zentrum, sehen wir zur rechten die imposante, modernistische **St.-Rochus-Kirche**. Hier befindet sich ein Kreisverkehr, wir fahren schräg rechts, unmittelbar danach am nächsten Kreisverkehr schräg links weiter Richtung Zentrum. Nach 600 m am mondänen Hotel Cristal biegen wir links in die *ul. Malmeda* und unmittelbar danach wieder links in die *ul. Białowny* - nach 100 m stehen wir auf dem bewachten Parkplatz von Białystok, auf dem man auch übernachten kann.

St. Rochus-Kirche

---

(065) WOMO-Stellplatz: Białystok Zentrum

GPS: N 53° 08.062'; E 23° 09.280'. Bialowny 11   **max. WOMOs:** 2-3.
Ausstattung/Lage: asphaltiert, eben, relativ ruhig / im Ort.
Zufahrt: von der B8 aus Westen kommend Richtung Zentrum, 600 m nach St.Rochus.-Kirche links, nächste wieder links, nach 100 m.

Von hier aus gehen wir zurück Richtung **Hotel Crystal** zur Hauptstraße. Nach 50 m rechts liegt die sehr schöne klassi-

zistische **russisch-orthodoxe Nikolaus-Kirche** mit einer sehenswerten Ikonostase. Wieder zurück in Richtung Osten kommt man zur **Fußgängerzone**, etliche Restaurants und Bars laden zum Verweilen ein. 200 Meter weiter sind die Zwillingstürme der **Pfarrkirche** zu sehen. Gegenü-

Hauptstraße in Białystok

ber der Kirche befindet sich der dreieckige **Marktplatz** mit dem **ehemaligen** Rathaus aus dem 18. Jahrhundert, welches im

Das ehemalige Rathaus mit Glockenturm

2. Weltkrieg zerstört, 1958 wieder aufgebaut wurde. Hier ist das **Regionalmuseum** untergebracht. Wenige hundert Meter entfernt in südlicher Richtung geht man durch das Stadttor auf den prachtvollen **Branicki-Palast** zu. Dieser barocke Schlosskomplex hat eine wechselvolle Geschichte hinter sich. In den ältesten Teilen aus dem 17. Jahrhundert, 1772 gründlich umgebaut und erweitert, während der Napoleonischen Kriege zerstört, Ende der 30er Jahre des 19. Jahrhunderts als Institut

Der barocke Branicki-Palast - die Rückseite

für adlige Mädchen wieder aufgebaut, im 1. Weltkrieg als deutsches Kriegskrankenhaus genutzt, 1944 von den abziehenden Truppen abgebrannt und letztlich 1962 wieder aufgebaut. Heute dient es als Sitz der polnischen Akademie für Medizin. Sehr schön angelegt und von der Bevölkerung als Erholungsgebiet genutzt ist der große **Schloss-** und angrenzende **Stadtpark**. Auch in Białystok wurde im zweiten Weltkrieg die Hälfte der Bevölkerung vernichtet - sie waren Juden. Die Synagoge wurde ebenfalls völlig zerstört. Heute erinnern zwei Denkmale an die lange jüdische Geschichte der Stadt.

Wir kehren zurück zum Womo und fahren vom Parkplatz aus wieder zur *ul. Malmeda*, dort links und bis zum Ende, wo wir an eine Hauptverkehrsstraße gelangen. Es ist die *ul. Pilsudskiego*, wir biegen rechts ab und folgen der Beschilderung LUBLIN. Nach 5,5 km ist die Stadtgrenze erreicht, aus der Straße ist die B19 geworden. Die **Urwälder des Białowieża-Nationalparks** sind unser Ziel. Bereits nach 13 km, in Zabludów, verlassen wir die B19 wieder und biegen an der Kirche links auf die 685 Richtung BIAŁO-WIEŻA ab.

Die Gegend ist landwirtschaftlich geprägt, wir kommen durch einige Dörfer mit den im Osten Polens so typischen

Schmucke Holzhäuser

Holzhäusern. Man hat das Gefühl, dass die Zeit stehengeblieben oder zumindest viel langsamer vergangen ist. 40 km sind es, bis zum Ortseingang von HAJNÓWKA - eine Stunde sollten Sie für diese Strecke schon einkalkulieren. Dort richten wir uns nach der Beschilderung BIAŁOWIEŻA und wechseln auf die 689. Direkt am Ortsausgang beginnt der dichte Urwald, durch den die Straße führt. 14 km weiter weist ein Schild nach links in den Wald zum Nationalpark-Zentrum. Wir fahren knapp 1 km Waldweg und suchen uns einen schönen Platz zwischen den Bäumen.

(066) WOMO-Wanderpark-platz: Białowieża

GPS: N 52° 42.203'; E 23° 47.740'.
max. WOMOs: 2-3.
Ausstattung/Lage: Wanderwege im Urwald, kl. Zoo / außerorts.
Zufahrt: Landstraße 689 von Hajnówka nach Białowieża, nach 14 km links in den Wald - Hinweis Nationalpark-Zentrum.

Im **Nationalpark-Zentrum** kommen wir zunächst an den unvermeidlichen Verkaufsständen vorbei. Hier bekommen Sie,

Produkte der Region

neben einigem Ramsch, auch durchaus preiswerte und gute handwerkliche Arbeiten wie Korbwaren oder Holzschnitzereien aus der Region. Und natürlich Wisente in allen Variationen und Größen - sie sind das Symbol dieses streng geschützten Parks und kommen inzwischen auch wieder frei lebend vor, ebenso wie Wölfe, Luchse und Biber. Der Park besteht aus drei Zonen -

dem streng geschützten Bereich, den man ausschließlich in kleinen Gruppen mit einem autorisierten Führer betreten darf (es gibt dort einen 4 km Wanderweg), den geschützten Bereich Hwożna, wo man

sich nur auf den beiden Wegen von 6,5 bzw. 11,5 km Länge bewegen darf und dem normalen Bereich. In der streng geschützten Zone sind seit 1921 keinerlei Forstarbeiten mehr durchgeführt worden, es gibt über 50 m hohe Fichten

Der Eingang zum Reservat

und mehr als 400 Jahre alte Eichen. In diesem Zentrum befindet sich ein kleiner Zoo, wo man die typischen Tiere des Parks betrachten und beobachten kann. Der gesamte Park gehört gemeinsam mit dem angrenzenden weissrussischen Nationalpark „Beloweher Wald" zum UNESCO Biosphärenreservat und ist als Weltkulturerbe eingetragen.

Der Urwald Podlasiens

Wir fahren zurück zur 689 und halten uns links Richtung Białowieża. Nach 2 km endet der Wald am Ortseingang, 250 m weiter auf der rechten Seite befindet sich der:

(067) WOMO-Campingplatz-Tipp: Białowieża „U. Michala"

GPS: N 52° 41.644'; E 23° 49.843'. **Öffnungszeiten:** 01.05. bis 30.09.
Ausstattung/Lage: wenig Schatten; am Bachufer; Hunde erlaubt; Ver- und Entsorgung; Fahrräder zu mieten
Zufahrt: an der B689 von Hajnówka nach Białowiża, 250 m nach Ortseingang auf der rechten Seite.

Wir biegen nach 150 m links ab, fahren noch 1 km und kommen zum großen Parkplatz des **Informationszentrums Białowieża-Nationalpark**. Hier kann man auch eine geführte Wandertour durch den streng geschützten Teil des Parks buchen oder mit Pferdekutschen die Sehenswürdigkeiten der Umgebung Białowieżas erkunden.

(068) WOMO-Stellplatz: Białowieża

GPS: N 52° 42.036';E 23° 50.558'; Zastawa **max. WOMOs:** 2-3.
Ausstattung/Lage: gepflasterter Parkplatz; Mülleimer / im Ort.
Zufahrt: an der B689 von Hajnówka nach Białowieża, 400 m nach Ortseingang links halten, nach ca. 1 km am Informationszentrum.

Mit Vorfreude sehen wir am Parkplatz gegenüber des Informationszentrums ein kleines Restaurant - wir wissen schon, das heute Abend im Womo die Küche kalt bleibt. Die Besichtigung des Nationalparks sollte mit dem Schlosspark aus dem Ende des 19. Jahrhunderts begonnen werden. Früher stand oberhalb des Parks natürlich noch das zugehörige Gebäude - der ehemals gewaltige Palast des russischen Zaren aus dem 18. Jahr-

Restaurant am Parkplatz

hundert mit seinen 134 Zimmern in zwei Etagen. Im ersten Weltkrieg wurde das Gebäude schwer beschädigt. Nach der polnischen Unabhängigkeit wiederaufgebaut, diente er der Distriktverwaltung, als Museum und später auch als repräsentative Unterkunft für hochgestellte Persönlichkeiten zu Jagden in den umliegenden Wäldern. Im zweiten Weltkrieg besetzte die Deutsche Armee das Gebäude, während der Kämpfe 1944 brannte alles aus. In den 60er Jahren wurden die Steine der Ruine zum Häuserbau verwendet, heute sind nur noch ein Hotel und das Naturkundemuseum in Teilen des ehemaligen Palastes übrig. Andere Gebäude, wie das Marschall-Haus, das Chauffeurhaus, Badehaus und auch die sehr schöne hölzerne Jagdhütte stehen noch und beherbergen Institutionen der Nationalparkverwaltung. Weiter ins Auge fällt noch der große

Die Jagdhütte des Zaren

Obelisk am Rande des Weges zwischen den beiden Seen - er ist das älteste Denkmal im Wald von Białowieża. 1752 wurde er zum Ruhme der Jagden von König August von Sachsen errichtet - und ist zweisprachig, in Deutsch und Polnisch, beschriftet.

Nach so viel Kultur haben wir uns unser Abendessen redlich verdient, und noch zwei, drei Biere genießen wir noch auf den Bänken vor dem Restaurant. Am nächsten Morgen nach einer sehr, sehr ruhigen Nacht auf dem Parkplatz machen wir uns auf den Weg zurück über die 689 nach Hajnówka. Direkt hinter dem Ortseingang biegen wir die erste Straße rechts ab, fahren am Friedhof vorbei, nehmen den nächsten Abzweig links und stehen am Tor eines, wie es auf den ersten Blick aussieht, verrottenden Industriegeländes. Hier befindet sich aber der Startpunkt eines **Schmalspureisenbahnnetzes durch den Nationalpark**, und an bestimmten Tagen (Aus-

kunft erteilt das Nationalparkzentrum in Białowieża) fährt ein liebevoll restaurierter Zug eine insgesamt dreistündige Strecke durch die Urwälder - mit einem Zwischenstop. Der kleine Bahnhof ist inzwischen sehr schön hergerichtet. Das gesamte Schmalspurnetz

Funktioniert noch!

Mit 100 Diesel-PS durch die Urwälder

wurde 1916 unter deutscher Besatzung als Transportmöglichkeit gebaut, um das für industrielle Nutzung geschlagene Holz aus den Wäldern zu holen. 360 km lang war dieses Netz, 24 Dampfzüge versahen ihren Dienst. 1974 begann hier die Zeit der Dielloks, seit 1991

See am Ziel bei Topilo

wird das Schienennetz für Touristenzüge genutzt - es gibt keine schönere Methode, als mit ca. 20 km/h vor sich hintuckernd, in den teils offenen Waggons, die Urwaldlandschaft an sich vorbeiziehen zu lassen! Und am Zielort in Topilo wird Ihnen in einer grandiosen Freiluftküche ein hervorra-

gendes, einfaches Essen geboten! Wir können Ihnen diese Tour nur wirklich ans Herz legen.

Nach der Rückkehr fahren wir nach Hajnówka herein, richten uns nach der Beschilderung BIAŁYSTOK und kommen auf die 685. In NOWOSADY, 4 km hinter Hajnówka, folgen wir nicht links der Strecke, sondern wechseln geradeaus auf die 687 nach NAREWKA. 8,9 km von dieser Abzweigung entfernt finden wir einen sehr schönen Picknickplatz:

---

(070) WOMO-Picknickplatz: bei Narewka

GPS: N 52° 49.494'; E 23° 44.072'; Swinoroje   **max. WOMOs:** 2-3.
Ausstattung/Lage: Tisch & Bank, Grillhütte, Mülleimer / ortsnah.
Zufahrt: B687 von Nowosady, nach 8,9 km rechts kurz vor Narewka.

Eigentlich könnte man ja hier bleiben, aber der Siemianówka-See ist doch recht nahe, die Sonne brennt... also weiter der 687 folgen, nach 14 km biegen wir in BONDARY rechts ab und finden 1,5 km weiter ein richtiges Paradies: Sand-Badestrand, Volleyballplatz, viele Polen, die hier Wohnwagen oder Zelt unmittelbar am See aufgestellt haben (wir sind an einem Samstag hier). Unbesorgt packen wir, wie die anderen auch, Tisch und Stühle aus. Später werden Lagerfeuer oder Grill angezündet, wir erleben hier einen sehr schönen langen Abend und eine ruhige Nacht.

(071) WOMO-Badeplatz: Rybaki

GPS: N 52° 56.965'; E 23° 46.153'. **max. WOMOs:** 4-5.
Ausstattung/Lage: Wiesenplatz; Sandstrand; Dixi-Klo / außerorts.
Zufahrt: an der B687 von Narewka Richtung Bondary; dort rechts zum See abbiegen, nach 1,5 km am Ende rechts zum Parkplatz.

KARTE TOUR 7

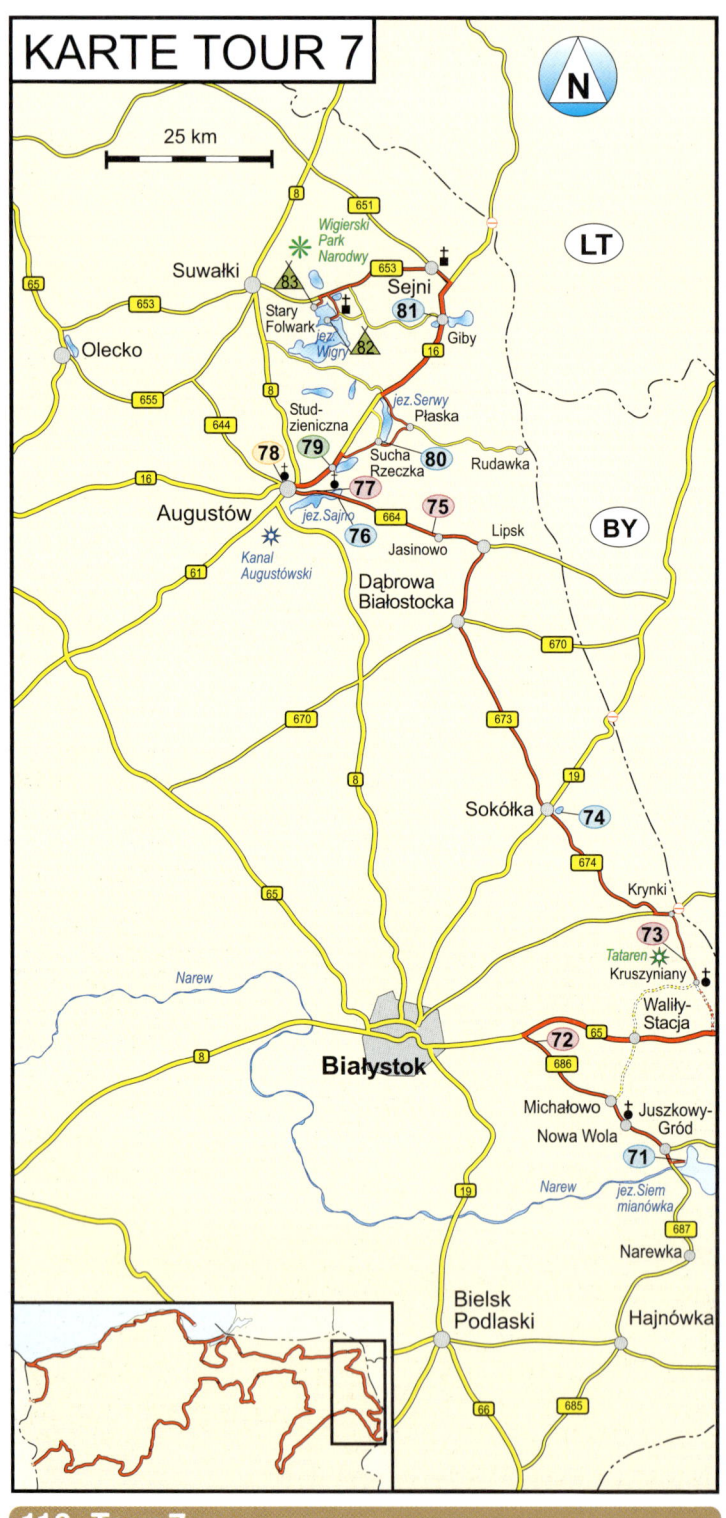

25 km

N

LT

Wigierski Park Narodwy

Suwałki
83
Sejni
81

Stary Folwark
jez. Wigry
82
Giby

Olecko

Studzieniczna

jez. Serwy
Płaska

79
Sucha Rzeczka
80
Rudawka

78
77

BY

Augustów
jez. Sajno
76
664
75
Lipsk

Jasinowo

Kanal Augustówski

Dąbrowa Białostocka

670

670
673

Sokółka
74

674
Krynki

73
Tataren
Kruszyniany

Narew

Waliły-Stacja

72
65
686

Białystok

Michałowo
Juszkowy-Gród
Nowa Wola
71

Narew
jez. Siemmianówka

687
Narewka

Bielsk Podlaski
Hajnówka

66
685

TOUR 7 (ca. 268 km / 3-4 Tage)

Rybaki - Kruszyniani - Sokółka - Augustów - Studzieniczna - Augustów-Kanal - Sejny - Wigry - Stary Folwark

Freie Übernachtung:	Waldparkplatz an der 686, Picknickplatz in Krynki, Waldparkplatz Jasinowo, Badeplatz Jez. Sajno, Stadtparkplatz Augustów, Ablasskirche Studzieniczna, am Badeplatz Jez. Servy, am Badeplatz in Giby
Campingplätze:	Agro-Turystika „ U Haliny" in Wigry , Camping „Stary Folwark" am Wigry-See
Baden:	in Sokółka, am Jez.Sajno, am Jez. Servy, in Giby, in Stary Folwark
Besichtigen:	Tatarendorf Kruzyniany mit hölzerner Moschee, Zentrum Augustów, Ablasskirche in Studzieniczna, Dominikanerkloster und Synagoge in Sejny, Kamadulenserkloster Wigry
Wandern u. Radfahren:	am Jez. Studzieniczna

Am nächsten Morgen können wir uns noch nicht so schnell von dem wunderschönen Badeplatz trennen, bis zum Mittag gehen wir noch einige Male in das angenehm warme Wasser. Aber wir möchten ja noch mehr schöne Plätze erkunden, so fahren wir die 1,5 km zurück zur 687 und biegen dort rechts ab. Nach 4 km, in Juskowy-Gród, wechseln wir auf die 686

Russisch-orthodoxe Holzkirche in Nowa Wola

Richtung Białystok. In NOWA WOLA, wir sind weitere 7,5 km gefahren, macht die Straße einen Rechtsknick - und gegenüber steht eine wunderschöne, **russisch-orthodoxe Holzkirche**! Leider ist sie verschlossen, so müssen wir uns mit einigen Außenansichten zufrieden geben. Die Fahrt geht nun in Richtung Norden. Unser nächstes Ziel ist Kruszyniani, ein kleines Tatarendorf unweit der weissrussischen Grenze oberhalb der B65. Laut Karte zweigt in Michałowo schräg rechts eine Straße ab, die uns eigentlich in genau die richtige Richtung führen würde - aber der erbärmliche Zustand dieser Schotterstraße hält uns ab, wir bleiben auf der 686. Noch 16 km, dann treffen wir auf die von Białystok kommende B65. Rund 200 m vorher ist auf der rechten Seite ein schöner **Picknickplatz** im Wald, wo man sich gleich auf die Suche nach frischen Pilzen machen kann:

---

(072) WOMO-Picknickplatz: bei Zajma vor der B65

GPS: N 53° 07.250'; E 23° 25.317'.   **max. WOMOs:** 2-3.
Ausstattung/Lage: Tisch & Bank, Mülleimer / außerorts.
Zufahrt: B686 aus Michałowo Richtung Norden kommend, ca. 200 m vor der B65 rechts in den Wald.

Weiter geht es zur B65, wir biegen rechts Richtung Osten nach BOBROWNIKI, dem Grenzort nach Weissrussland, ab. Nach ca. 17 km kommt das Dorf Waliły-Stacja. Nun können wir Ihnen für die letzten Kilometer nach KRUSZYNIANI die Wahl zwischen Pest und Cholera überlassen: hier links ist der erste Wegweiser dorthin - es erwarten Sie, wie wir später erfahren, rund 15 km sehr schlechte Schotterstraße. Als ob wir dies ahnen, bleiben wir noch weiter auf der B65 und hoffen auf den Abzweig links in 15 km Entfernung, der sich nur wenige hundert Meter vor der Grenze befindet - von dort aus sind es nur 8,5 km bis KRUSZYNIANI, selbstverständlich auch auf Schotter. Was wir aber nicht wussten und Ihnen nicht verschweigen möchten: die letzten Kilometer der B65 vor der Grenze sind aus Kopfsteinpflaster... Wir haben aber feststellen können, dass unser Kastenwagenausbau ohne allzu schlimme Geräuschkulisse bis 80 km/h mitspielt. Die Waschbrettschotterstrecke nach Kruszyniani kann allerdings nur mit 40 bis 50 km/h befahren werden, dementsprechend sollte man für diese Etappe etwas Zeit (und Nerven) einplanen. Das kleine, beschauliche Dorf entschädigt aber vollkommen für die Strapazen für Mensch und Maschine. Hier leben die Nachkommen der vor über 300 Jahren angesiedelten, moslemischen Tataren - die Kriegereinheiten erhielten in Podlasien von König Jan III. Sobieski als Entschädigung für noch ausstehenden Sold Land. In diesem äußersten Osten Polens ist da-

Die hölzerne Moschee in Kruszyniani aus der Wende vom 17. zu 18. Jhd.

mit durchaus ein Hauch des Orients zu verspüren. Auf der „Kirchturmspitze" ist der Halbmond zu sehen, es handelt sich also um eine **Moschee**, und zwar um eine Holzmoschee! Den Innenraum betritt man, wie üblich, OHNE Schuhe. Er ist dreigeteilt: der Hauptgebetsraum für die Männer, ein abgetrennter Raum für die Frauen und eine Art Balkon für die Kinder. Der Boden ist mit Teppichen ausgelegt, an der Wand, die Richtung Mekka weist, die Mihrab-Nische und die Mimbar, eine Art Kanzel. An den Wänden hängen Bilder und Muhire - mit Zier-

Der Gebetsraum der Moschee

rahmen versehene arabische Inschriften, Zitate aus dem Koran. Zweihundert Meter von der Moschee entfernt den Hügel hinauf ist der **Tatarenfriedhof**, mit dem ältesten Grabstein aus dem Jahre 1704.

Wenn man die Hauptstraße von der Moschee aus ein paar Meter Richtung Süden fährt, steht auf der rechten Seite unübersehbar ein gelbes Schild „HISTORIA TRADYCJA TATARSKIE JADLO" - fahren Sie rechts hinein und seien Sie Gast bei der tatarischen Familie Bogdanowicz! Sie unterhalten einen **Agroturystika**. Hier wird original tatarisch gekocht,

Zu Gast bei Familie Bogdanowicz

und das sollten Sie sich wirklich nicht entgehen lassen, zumal es sehr, sehr preiswert ist. Auf der Wiese neben dem Tatarenzelt ist auch genug Platz für Ihr Wohnmobil!

Wir verlassen Kruszyniany Richtung Krynki, die Straße ist wieder asphaltiert. Genießen Sie wie wir die Fahrt durch das dünn besiedelte Hügelland, fernab jeglicher Hektik. 1,5 km hinter Kruszyniany finden wir rechts der Straße einen:

(073) WOMO-Picknickplatz: nördlich von Kruszyniany
GPS: N 53° 12.319'; E 23° 47.839'.   max. **WOMOs:** 1-2.
Ausstattung/Lage: Tisch & Bank, Feuerstelle, Mülleimer / außerorts.
Zufahrt: von Kruszyniany aus Richtung Krynki, 1,5 km nach Ortsende.

8,5 km sind es bis Krynki, wo wir für 2 km links auf die 676 Richtung Białystok fahren, um dann rechts zur 674 nach SOKÓŁKA abzubiegen. Dieser Ort ist auch eng mit der tatarischen Kultur verbunden, die meisten Tataren aus den umliegenden Dörfern sind hierher gezogen. Im **städtischen Kul-**

turzentrum ist ein **Museum** mit einer Abteilung, die ganz der Tatarentradition und dem Islam gewidmet ist. Wertvolle Manuskripte, eine alte Koran-Ausgabe, liturgische Gegenstände und Gewänder gehören zu den Exponaten. Aber Sokółka hat

nicht nur Tatarenkultur, sondern auch Badefreuden zu bieten. Ein kleiner See befindet sich mitten im Ort, und 1,5 km nach dem Ortseingang ist auf der rechten Seite ein Betonplateau, auf dem wir unser Womo abstellen können. Entweder legt man sich di-

Badesee in Sokółka

rekt auf die Wiese und genießt das schöne Wetter und ein Bad im See oder man geht von hier aus die 200 m nach links am Ufer entlang zu einem Strandbad mit Sandstrand, Badesteg und Sprungturm.

---

(074) WOMO-Badeplatz: Sokółka

GPS: N 53° 23.972'; E 23° 31.185'.   **max. WOMOs:** 1-2.
Ausstattung/Lage: Wiesenstrand , ca. 200 entfernt Strandbad mit Sandstrand, Badesteg und Sprungtrum / im Ort.
Zufahrt: 674 von Süden nach Sokółka, 1,5 km hinter dem Ortseingang rechts der Straße.

Weiter geht die Fahrt auf der 673 Richtung Norden, rechts von uns die Eisenbahnschienen. Wir passieren nach 33 km DABROWA BIAŁOSTOCKA, nach weiteren 11 km, hinter LIPSK, biegen wir links Richtung AUGUSTÓW ab - unserem nächste Etappenziel. Die Straße ist reichlich mit Schlaglöchern versehen - also vorsichtig fahren! Nach ca. 7,5 km zweigt rechts ein Sträßchen nach JASINOWO zu einem Kriegerdenkmal ab, etwa 1 km weiter befindet sich rechts ein schöner Picknickplatz mitten im Wald:

(075) WOMO-Picknickplatz: bei Jasinowo

GPS: N 53° 46.388';E 23° 17.337'.
max. WOMOs: 1-2.
Ausstattung/Lage: Tisch & Bank, Mülleimer, Pilze und Blaubeeren anbei / außerorts.
Zufahrt: von Lipsk aus auf die 664 links Richtung Augustów abbiegen, 1 km hinter Abzweig Jasinowo rechts

---

Die 664 führt die nächsten 14 km schnurstracks geradeaus durch den Wald, rechterhand kommen noch weitere Picknickplätze. Die Straße macht einen Linksknick, wir kreuzen die Bahnlinie, dann geht es rechts weiter und nach 400 m ist auf der linken Seite ein wunderschöner Badeplatz!

(076) WOMO-Badeplatz: Jez. Sajno

GPS: N 53° 49.754';E 23° 05.294'.
max. WOMOs: 2-3.
Ausstattung/Lage: Wiesenstrand, Mülleimer, Kanuverleih / außerorts; nahe Bahnlinie, dadurch etwas laut
Zufahrt: 664 von Osten kommend Richtung Augustów, 15 km hinter Jasinowo 400 m nach dem Kreuzen der Eisenbahn links am Jez. Sajno

Wir nehmen diese 1a Einladung gerne an und kühlen uns im Wasser ab. Der Stellplatz wäre absolut perfekt, wenn nicht in 50 m Entfernung die Bahnlinie nach Augustów vorbeiführen würde! In den nächsten Stunden fahren schon einige Züge

Badeplatz am Jezioro Sajno

vorbei, und die dabei entstehende Geräuschkulisse veranlasst uns dann doch zur Weiterfahrt. Nach 2,5 km können wir Ihnen rechts im Wald noch einen Picknickplatz bieten:

(077) WOMO-Picknickplatz: östlich von Augustów

GPS: N 53° 50.100'; E 23° 03.173'.   **max. WOMOs:** 2-3.
Ausstattung/Lage: Tisch & Bank, Mülleimer / außerorts.
Zufahrt: von Osten auf der 664 Richtung Augustów, 2,6 km hinter dem Badeplatz Jez. Sajno.

3 km weiter sind wir endgültig in AUGUSTÓW angekommen und richten uns nun zunächst nach der Beschilderung Suwałki. Nach 500 m, an einem Kreisverkehr, biegen wir links ab Richtung Zentrum und stehen nach ein paar hundert Metern vor der **Herz-Jesu-Kirche** - Besichtigung lohnt! Ein Stück die Straße entlang kommt das Zentrum mit dem schön angelegten **Park** und einigen **Straßenrestaurants** - hier lassen wir uns erst mal nieder, unser Womo stellen wir an einer der Parktaschen

Herz-Jesu-Kirche Augustów

direkt am Park ab. Anschließend suchen wir uns noch einen passenden Übernachtungsplatz. Wir biegen, bezogen auf die

Das Zentrum mit Fußgängerzone

bisherige Fahrtrichtung zum Platz hin, rechts in die *ul. Wierzbna* ab, dann sofort wieder rechts in die *ul. Młyńska*. Die nächste Möglichkeit nach links abzubiegen ist die *ul. Mostowa*, die als Geschäftsstraße schön gepflastert ist. Wir überqueren auf einer Brücke die Nette und biegen danach

die erste Straße links ab. Nun kommt man am Friedhof vorbei und am Ende der Straße, nach 700 m, finden wir auf der linken Seite einen ruhigen gepflasterten Parkplatz direkt an der Uferpromenade, der aber leider nur für kurze Wohnmobile geeignet ist.

(078) WOMO-Stellplatz: Augustów am Jez.Necko

GPS: N 53° 51.226';E 22° 58.989'; Zarzscze   **max. WOMOs:** 1-2. **Ausstattung/Lage:** gepflasterter Parkplatz; Strand anbei / im Ort. **Zufahrt:** von Osten nach Augustów kommend dort Richtung Suwałki, nach Überquerung der Netta links, Straße bis Ende durch.

Dort befindet sich auch der viele hundert Meter lange Sandstrand, am Ende gibt es sogar eine **Wasserskianlage** - eine

elektrisch betriebene „Seilbahn", an der sich die mutigen Läufer anhängen können und wo auch u.a. einmal im Jahr Meisterschaften im Weitsprung über eine Rampe stattfinden. Direkt am Parkplatz befindet sich noch eine **Parkanlage**, und wenn auf der

Der Strand von Augustow

300 m entfernten **Freilichtbühne** kein Konzert stattfindet, hat man auch durchaus eine ruhige Nacht.

Am nächsten Morgen geht es die Straße zurück, wir biegen schräg links ab. Nach 750 m am Ende wieder links und sofort rechts auf die B16 Richtung Studzieniczna und SEJNY. Nach 6,3 km sind wir bei STUDZIENICZNA und halten uns rechts. 30 m weiter befindet sich auf der rechten Seite ein großer Parkplatz, sogar mit einer Grillhütte:

(079) WOMO-Wanderparkplatz: Studzieniczna

GPS: N 53° 51.620';E 23° 05.512'
max. WOMOs: 4-5.
Ausstattung/Lage: Tisch & Bank, Grillhütte, Lehrpfad / im Ort.
Zufahrt: B16 von Augustów kommend Richtung Sejny, nach 6,3 km rechts abbiegen, nach weiteren 200 m rechts am Waldrand.

Hier beginnt ein Lehrpfad, auf dem man sich über den **Ur-**

wald von Augustów, dem größten zusammenhängenden Waldgebiet Polens, informieren kann. Zunächst geht es über Bohlen durch ein Sumpfgebiet, dann führt der Weg zu einem **Aussichtsturm** mit Blick über den Jez. Studzienicz-

Hier geht's zum Urwald!

Der naturbelassene Jezioro Studzieniczne

ne. Im weiteren Verlauf kommt noch ein **Picknickplatz** im Wald sowie ein **Kriegerdenkmal** - und nach 20 Minuten ist man wieder zurück am Wohnmobil.

Wem dies nicht genug ist: es führt ein markierter Weg rund um den See von Studzieniczne, die Strecke ist ca. 8 km lang.

Ablasskirche

100 m nach dem Parkplatz finden wir die aus dem Jahre 1847 stammende **Ablasskirche**. Hinter der Kirche auf einer großen Wiese ist ein **Pavillon**, wo bei gutem Wetter auch Messen unter freiem Himmel gefeiert werden können. Noch ein Stück weiter, direkt am See, kommen wir zur **Andachtskapelle** und erkennen den Grund, warum sich dieses Ensemble überhaupt hier befindet: Es ist eine **Quelle**, aus der **wunderwirkendes Wasser** strömt, und über diese Quelle ist ein Brunnen gebaut. Viele Pilger kommen hierher, ein **Denkmal** weist darauf hin, dass **Papst Johannes Paul II** im Jahre 1999 diese Stätte besuchte. Wir beenden unseren

Besuch und fahren zurück zur B16, wo wir zunächst rechts Richtung SEJNY abbiegen. Nach ca. 500 m führt die Straße über einen Kanal mit einer **handbetriebenen Schleusenan-**

lage. Wir befinden uns hier am **Augus-tów-Kanal**, der in den Jahren 1824 bis 1839 gebaut wurde. Er ist 100 km lang und verbindet die beiden Flüsse *Biebr-za* und *Niemen* miteinander, wobei insgesamt 18 hand-betriebene, histori-sche Schleusen den

Eine der 18 Schleusen des Augustów-Kanals

Höhenunterschied von 54 m ausgleichen. Auch heute noch dient dieser Kanal, von dem 80 km auf polnischem, die restlichen auf weissrussischem Gebiet liegen, dem Holztransport. Er ist aber auch touristisch hochinteressant - für **Kanufahrer**, denn er führt auch an und durch mehrere Seen und vor allem durch eine intakte Natur abseits jeder Straße.

Wir nehmen hinter der Schleuse die nächste Straße rechts, PŁASKA ist ausgeschildert. Die Straße führt durch den **Augustówer Urwald**. Nach 7 km, in SUCHA RZECZKA, streifen wir das südliche Ufer des Jez. Serwy. Hier gibt es einen schönen Badeplatz, allerdings ist die Zufahrt auf die Wiese für ein Wohnmobil nahezu unmöglich. Aber nur wenige hundert Meter weiter finden wir auf der rechten Seite, direkt hinter der nächsten **Kanalschleuse**, einen kleinen Parkplatz:

(080) WOMO-Badeplatz: Jezioro Serwy

GPS: N 53° 53.406'; E 23° 12.186'. Sucha Rzeczka **max. WOMOs:** 2. **Ausstattung/Lage:** Sandstrand / außerorts.
Zufahrt: B16 von Augustów Richtung Sejny, Przewięz rechts Richtung Płaska, nach 7,8 km in Sucha direkt hinter der Schleuse.

Auf der anderen Seite der (nur wenig befahrenen) Straße breitet sich malerisch der Jezioro Serwy, mit einem kleinen Sandstrand, aus. Wir nutzen die Gelegenheit zu einer Abkühlung, bevor wir uns in 4 km Entfernung noch die nächste Schleuse des Augustów-Kanals in Płaska ansehen. Dieser Ort mit seinen **strohgedeckten Holzhäusern** ist der letzte „grö-

Idyll am Ufer des Jezioro Serwy

ßere" Ort vor der Grenze zu Weissrussland. Immer ruhiger und einsamer wird das Land. Grundsätzlich kann man die Straße bis RUDAWKA, dem Grenzort, weiterfahren, wir kehren jedoch über die Straße, die am östlichen Ufer des Jez. Serwy vorbeiführt, in nördlicher Richtung zur B16 zurück, wo wir rechts Richtung Sejny abbiegen. Nach 14 km, die größtenteils immer noch durch die ausgedehnten Urwälder des Nationalparks führen, kommen wir an den Ortseingang von Giby und können Ihnen den nächsten schönen **Badeplatz** empfehlen:

---

(081) WOMO-Badeplatz: Giby

GPS: N 54° 02.200'; E 23° 21.376'; Giby   **max. WOMOs:** 1-2.
Ausstattung/Lage: Wiesenstrand, Mülleimer, Steg / im Ort.
Zufahrt: an der B16 von Augustów Richtung Sejny, nach ca. 25 km, direkt hinter dem Ortseingang von Giby auf der linken Seite.

Auch wir lassen uns hier nieder und verbringen den Rest des Tages mit Baden und Faulenzen. Der Strand verläuft sehr flach ins Wasser, dadurch ist die Temperatur sehr angenehm. Die Nacht ist nicht ganz so leise, die B16 ist doch re-

... und ab ins Wasser in Giby!

lativ nahe und am frühen Morgen fährt mancher Traktor und Holztransporter hier vorbei. 200 Meter weiter im Ort befindet sich ein Lebensmittelladen, so dass die Versorgung mit Frischwaren am nächsten Morgen gesichert ist. Nur noch 6,5 km

Wallfahrtskirche in Sejny

sind es bis Sejny, wo wir uns dann nach der Beschilderung SUWAŁKI richten, um vor der **ehemaligen Dominikanerkirche** mit der Madonnenfigur aus dem 14. Jahrhundert zu gelangen. Sejny ist auch einer der Orte, die in den letzten Jahren viel getan haben, um das Stadtbild zu verschönen. Ein kleiner Park mit Brunnen, viele der schmucken Holzhäuser frisch gestrichen, ergeben einen angenehmen Gesamteindruck.

Wir folgen weiter der Beschilderung über die 653 Richtung SUWAŁKI. Nach 16 km, wir befinden uns im Dorf RYŻÓWKA und biegen links nach WIGRY ab, nach 750 m geht es rechts und nach weiteren 2 km sind wir am Fuße des ehemaligen **Kamadulenserkloster** auf der Halbinsel Wigry am gleichnamigen See angelangt. Die Anlage wurde im 2. Weltkrieg zerstört, danach aber wieder aufgebaut. Die Klostergebäude sowie die kleinen Häuschen der Mönche dienen heute als Hotel und Kongresszentrum, die ganze Anlage kann aber besichtigt werden und lassen die Ruhe und Erhabenheit dieses Or-

Der Uhrenturm des Klosters

Die Klosteranlage

tes erahnen. Die zugehörige Kirche ist ebenfalls sehr sehenswert. Vom Uhrenturm aus hat man einen herrlichen Blick auf die Landschaft des Wigry-See im gleichnamigen Nationalpark. Unterhalb des Klosters empfehlen wir:

(082) WOMO-Tipp: Agro-Turystyka „U Haliny", Wigry
GPS: N 54° 04.229'; E 23° 05.132'; Wigry
Öffnungszeiten: Mai-September **Ausstattung/Lage:** wenig Schatten; Wiesenstrand, Strom, Wasser, Ver- und Entsorgung.

Vom Uhrenturm aus haben wir am nördlichen Ufer einen schönen Sandstrand erspäht - dies weckt natürlich unsere Neugierde, und wir fahren wieder zurück auf die 653 Richtung SUWA̵KI. Nach 2,6 km, in STARY FOLWARK, biegen wir links ab (Beschilderung: „1 Schr. PTTK") , nach 500 m geht es wieder links, 500 m weiter können wir links auf den gebührenpflichtigen Parkplatz oder rechts auf den Campingplatz:

(083) WOMO-Campingplatz-Tipp: Stary Folwark am Wigry-See

GPS: N 54° 04.608
E 23° 05.011'
Öffnungszeiten: 1.6. - 31.8.
Ausstattung/Lage: sehr schattig; ruhig; Sandstrand nahe anbei; Bootsanleger; Hunde erlaubt; nur einfachste Sanitärausstattung.

Zufahrt: B653 von Sejny Richtung Suwałki, nach 18,5 km in Stary Folwark links dem Schild „1 Schr.PTTK" folgen, nächste links, nach insgesamt 1 km auf der rechten Seite.

Wir entscheiden uns für den Campingplatz - der Preis ist äußerst gering, und wir können die Gelegenheit nutzen, die Akkus richtig aufzuladen und vernünftig zu Ver- und Entsorgen. Die Sanitäranlagen sind zwar nur sehr einfach (z.B. kein warmes Wasser), der Platz ist jedoch sehr schön angelegt und fernab vom Straßenverkehr. Direkt hinter dem Campingplatz befindet sich ein schöner, bewachter Badestrand.

Badestrand „Stary Folwark"

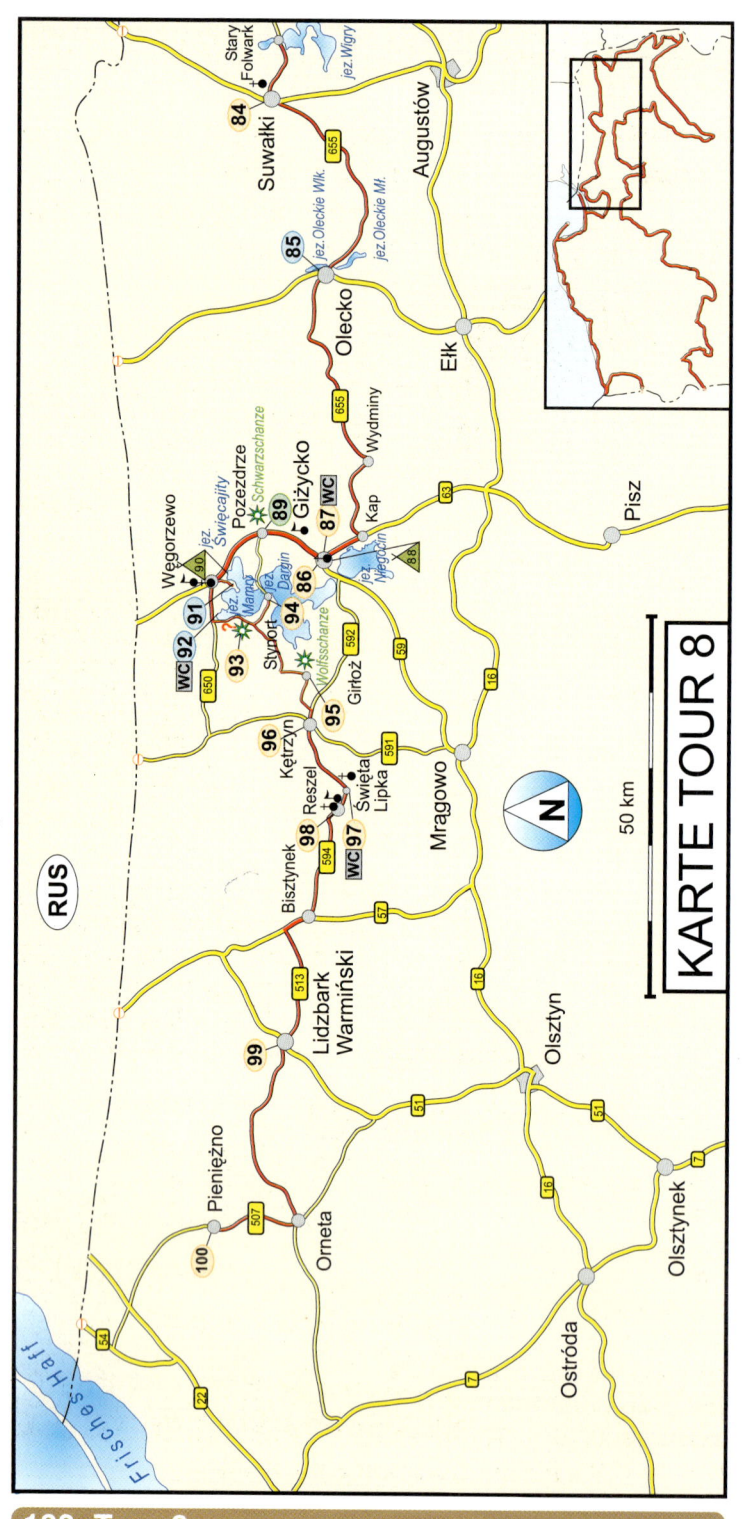

Stary Folwark
jez. Wigry
84 Suwałki
Augustów
655
85 jez. Oleckie Wlk.
jez. Oleckie Mł.
Olecko
Ełk
655
Wydminy
63 Pisz
Pozezdrze
Schwarzschanze
Świecajty
87 WC Kap
Węgorzewo jez. Świecajty
89 Giżycko
90 jez. Mamry
94 86
91 jez. Dargin 88
WC 92 jez. Niegocin
93 Sztynort
592
Wolfsschanze 592
Girłoż 59
650 95 16
96
Kętrzyn 591
Reszel Święta Lipka
Mrągowo
98 Bisztynek 97 WC
594 57
Lidzbark Warmiński 16
513 Olsztyn
99
51
51 7
Pieniężno
Orneta
507
100
Ostróda
Olsztynek
54
22 7
Fisches Haff
RUS

N
50 km

KARTE TOUR 8

TOUR 8 (ca. 334 km / 3-4 Tage)

Suwałki - Lötzen (Giżycko) - Angerburg (Węgorzewo) - Görlitz (Gierłoż) Heiligelinde (Święta Lipka) - Rössel (Reszel) - Heilsberg (Lidsbark-Warmiński) - Braunsberg (Braniewo)

Freie Übernachtung:	Seeparkplatz in Suwałki und in Olecko, Jachthafen in Giżycko, Picknickplatz Pozezdrze, am Badeplatz auf der Halbinsel Kal, am Badeplatz Jez. Mamry, Busparkplatz in Heiligelinde, vor der Kirche in Braniewo, in Frauenburg auf dem Kathedralenhügel oder am Strandparkplatz
Campingplätze:	in Lötzen „Camping Borowo", in Angerburg „Camping Nr. 175",
Baden:	Auf der Halbinsel Kal, am Jez. Mamry.
Besichtigen:	Zentrum von Suwałki mit Alexanderkirche, Lötzen, das Hauptquartier Himmlers und das Hauptquartier der deutschen Wehrmacht, Villa Lehndorf, Wolfsschanze in Görlitz, Barockkirche in Heiligelinde, Burg und gotische Brücke in Reszel, Hohes Tor und Burg in Heilsberg, St.-Katharinakirche in Braniewo
Wandern u. Radfahren:	in Lötzen (Giżycko)

Nach einer absolut ruhigen Nacht auf dem Camping „Stary Folwark" nutzen wir noch die Entsorgungsmöglichkeit - via WC, denn eine andere Möglichkeit bietet der Platz leider nicht. Wir füllen unseren Frischwassertank und nehmen die nächsten Kilometer unter die Räder. Den östlichsten Punkt unserer Reise haben wir hinter uns gebracht, von nun an lautet die Großrichtung wieder „Westen". Zunächst sind die nördlichen Masuren unser Ziel. Aber erst mal zurück auf die 653 und dort links in Richtung SUWAŁKI - 8,5 km sind es bis zum Ortseingang. Wir bleiben noch weitere 3,7 km auf dieser Straße, bis sie im Zentrum in

Alexanderkirche in Suwałki

eine kurze Fußgängerzone übergeht, dort biegen wir rechts ab, nach gut 500 m links und die nächste Möglichkeit wieder links, so gelangen wir anschließend auf den „**Park Konstytucji 3 Maja**", wo wir uns direkt an der **Alexanderkirche** eine

Klassizistische Bürgerhäuser

von vielen freien Parktaschen aussuchen. In dem **klassizistischen Gotteshaus** ist vor allem ein **Gemälde** aus dem *17. Jahrhundert* mit der Kreuzigungsszene erwähnenswert, die Parkanlage gegenüber ist, genau wie auf der östlichen Straßenseite die kleine Fußgängerzone, sehr gepflegt. Am südlichen Ende des Parks befindet sich das hübsch restaurierte **Rathaus**, auch auf der anschließenden ul. Kosciuszki sind noch viele liebevoll hergerichtete **klassizistische Bürgerhäuser** zu bewundern. Die **Touristeninformation** befindet sich auf der westlichen Straßenseite. Wir kehren zu unserem Wohnmobil zurück und fahren genau auf dieser Straße weiter in Richtung Süden (Allenstein/Olsztyn ist ausgeschildert). Unmittelbar hinter der kleinen Brücke über die „Czarna Hancza", aber 75 m vor dem Abzweig Allenstein, biegen wir rechts in die ul. Zastawie ein und finden nach knapp 200 m rechts einen lauschigen Parkplatz direkt am kleinen See mitten in der Stadt:

(084) WOMO-Stellplatz: Suwałki am See

GPS: N 54° 05.485'; E 22° 55.614'; Zastawie **max. WOMOs:** 1-2. **Ausstattung/Lage:** geschotterter, ebener Parkplatz; See / im Ort. **Zufahrt:** von Suwałki Zentrum aus die Hauptstraße Richtung Süden, 75 m vor dem Abzweig „Allenstein" (Olsztyn) rechts, noch 200 m.

Weiter geht die Fahrt Richtung Westen. Wir biegen auf die 655 ab und kommen nach 36 km über das hauptsächlich landwirtschaftlich genutzte Hügelland in TREUBURG (Olecko) an. Diese Stadt liegt komplett entlang des „Jezioro Oleckie Wilkie" und unsere Hoffnung täuscht nicht, dass wir Ihnen hier einen schönen Badeplatz empfehlen können - und zwar unmittelbar nach dem Ortseingang über die erste Straße rechts:

(085) WOMO-Badeplatz: Jezioro Oleckie Wilkie in Treu-burg (Olecko)

GPS: N 54° 01.496'; E 22° 30.971'.   **max. WOMOs:** 1-2.
Ausstattung/Lage: große Liegewiese, Sandstrand, Mülleimer / im Ort.
Zufahrt: 665 von Suwałki aus kommend unmittelbar nach dem Ortseingang rechts abbiegen, bis zur Absperrung, dort kleiner Parkplatz.

Da der Ort sonst kaum etwas interessantes zu bieten hat, setzen wir bald unsere Tour fort. Nach einem Kilometer, am ersten Kreisverkehr, halten wir uns schräg rechts, am nächsten Kreisverkehr 1,2 km weiter links in Richtung Allenstein (Olsztyn) auf die 655. Nach 34 km, in WYDMINY, müssen wir aufpassen, dass wir scharf rechts der 655 folgen, 4,5 km weiter 90° links. Nach wiederum 10 km stoßen wir in KAP auf die aus Süden kommende B63 und biegen rechts nach LÖTZEN

(Giżycko) ab. Vom Ortseingang aus fahren wir noch 1,5 km weiter die Straße entlang und biegen links ab. Nach weiteren 950 m erreichen wir den zentralen **Marktplatz**, wo die **evangelische Kirche** von **Schinkel** sehenswert ist. Sie

Die Evangelische Kirche in Lötzen

geht auf das Jahr 1633 zurück, und heute noch wird hier sonntäglich die Messe auch in deutscher Sprache gelesen. Vom Platz aus fahren wir weiter, dann teilt sich die Straße: links wie auch rechts ist Allenstein (Olsztyn) ausgeschildert, links jedoch nur für max. 2,5 t, was uns nicht abhält. Unmittelbar vor der Brücke über den Kanal, die der Grund für diese Gewichtsbeschränkung ist, biegen wir links ab. Es geht noch unter der Unterführung her (3,30 m Durchfahrtshöhe!), dann folgt links ein Parkplatz am Jachthafen (nur für kleine Womos)

(086) WOMO-Stellplatz: Jachthafen Lötzen

GPS: N 54° 02.007'; E 21° 45.822'; Nadbrzena 11   **max. WOMOs:** 2.
Ausstattung/Lage: geschotterter, ebener Parkplatz; teils Schatten; Restaurants anbei / im Ort.
Zufahrt: von Süden über die 63 kommend 1,5 km nach Ortseingang links, nach 1 km links, vor Kanalbrücke links in Sackgasse.

Restaurant am Jachthafen

Auch für uns ist noch reichlich Platz vorhanden, wir stellen unser Womo ab und machen uns zunächst auf die Suche nach einer angenehmen Möglichkeit, unseren Hunger zu stillen. Nur wenige Meter vom Parkplatz entfernt werden wir fündig und können für - nach unseren Begriffen - wenig Geld ganz hervorragend essen. Gut gestärkt machen wir unseren Rundgang durch den **Jachthafen** und bewundern manches Schiff. Lötzen hat sich - nach Nikolaiken - zum zweiten Zentrum der Masuren gemausert. Wassersport wird hier auf dem **Löwentin**- und **Kissainsee**, die durch den Kanal miteinander verbunden sind, ganz groß geschrieben. In un-

Strandbad

mittelbarer Nähe zum Parkplatz befindet sich ein großes **Strandbad** mit Hüpfburg, Trampolins, Rutschen - alles, was ein Kinderherz begehrt! Segelboote, Kanus, Wasserräder - alles kann man hier mieten. Am Abend ist in den Kneipen und Restaurants wirklich etwas los!

Wir möchten Ihnen nun noch zwei weitere Stellmöglichkeiten offerieren: dafür fahren wir von unserem Parkplatz aus zunächst wieder zurück, aber nur bis unter die 3,30 m Eisenbahnunterführung! Direkt danach biegen wir rechts ab. Wir kommen am Bahnhof vorbei, wenige Meter später biegen wir dann rechts ab, überqueren die Schienen („Port Zeglugi" ist ausgeschildert) und finden, auch für große Mobile, ausreichend Parkraum direkt am Wasser mit herrlichem Ausblick.

(087) WOMO-Stellplatz: Segelhafen Lötzen

GPS: N 54° 01.889'; E 21° 46.394'; Kolejowa 10   **max. WOMOs:** 4-5.
Ausstattung/Lage: geschotterter, ebener Parkplatz; Toiletten und Mülleimer vorhanden / im Ort.
Zufahrt: ca. 200 m östlich des Bahnhofs der Beschilderung „Port Zeglugi" nach rechts über die Gleise folgen.

Wenn Sie noch ein wenig länger ausspannen wollen und Sie lieber auf einem Campingplatz stehen möchten - kein Problem! Wir fahren vom letzten Stellplatz aus weiter, folgen dem Straßenverlauf schräg links und biegen am Ende wieder rechts auf die 63 Richtung Suwałki. Rund 800 m nach dem Ortsausgang liegt auf der rechten Seite am Seeufer der:

---

(088) WOMO-Campingplatz-Tipp: Camping „Borowo"

Position: N 54° 01.274'; E 21° 48.532'; Grajowo
Öffnungszeiten: ganzjährig.   **Ausstattung/Lage:** schön schattig; am Sandstrand; Gaststätte; Laden 400 m; Bushaltestelle 100 m; Lötzen Zentrum : 1.500 m.
Zufahrt: B65 von Lötzen aus Richtung Suwałki nach ca. 800 m rechts am Ufer des Jez. Niegocin.

Sie haben Fahrräder dabei und Sie trauen sich eine Tagestour von 75 km zu? Dann können Sie die ein oder andere Sehenswürdigkeit der nächsten Seiten von hier aus aufsuchen! Hier nun die Route, sie ist BLAU markiert und führt über Nebensträßchen sowie Wald- und Feldwegen:

Fahrradtour: Rund durch die nördlichen Masuren (75 km)

Startpunkt ist in Lötzen das Sportzentrum „Centralny Osrodek Sportu" in der ul. Moniuszki. Von hier aus geht es über Świdry, Pieczarki und Pozezdrze. Hier finden wir die Überreste von Himmlers Hauptquartier. Die nächste Station ist Harsz, weiter westlich gelangen wir dann nach Sztynort. Das Schloss der Familie Lehndorff, einst eines der imposantesten Ostpreussens, erlangte auch im zweiten Weltkrieg Berühmtheit - Heinrich Graf von Lehndorff war ebenfalls am Hitler-Attentat beteiligt und wurde hingerichtet. Hier war auch das Kriegsquartier von Aussenminister Ribbentropp untergebracht. Weiter geht es über Stawiska, Radzieje, Dłużec, Jankowo nach Parcz. Gierłoż, 1,5 km weiter, war 1940 bis 1945 Hitlers Hauptquartier („Wolfsschanze"), die zerstörten Bunkeranlagen können besichtigt werden. Über Doba, Dziwiszewo, Kamionki und Guty geht es nach Piękna Góra - ein beliebter Ferienort. Nach 1,5 km ist alles geschafft und man ist zurück in Lötzen!

Auf eine weitere Sehenswürdigkeit von Lötzen wollen wir Sie noch aufmerksam machen: die **Festung Boyen** im Südwesten der Stadt. Sie befindet sich auf der anderen Seite des Kanals. Im 19. Jahrhundert erbaut, im 1. Weltkrieg umkämpft, wird sie Stück für Stück wieder aufgebaut und ist nun Kunst- und Kulturzentrum. Auch die **Jugendherberge** befindet sich hier. Eine große **Freilichtbühne** ist im Park aufgebaut, auf der im Sommer viele Konzerte stattfinden. Ein **Besichtigungspfad** wurde von den „Freunden der Feste Boyen" angelegt .

Wir verlassen nun Lötzen in Richtung Angerburg (Węgorzewo) auf der 63 in nordöstlicher Richtung. Nach 12 km, hinter dem Dorf POZEZDRZE, befindet sich rechts der Straße ein kleiner Wanderparkplatz auf der Wiese.

(089) WOMO-Wanderpark-platz: Pozezdrze

Position: N 54° 08.677'; E 21° 51.320'.
max. WOMOs: 1-2.
Ausstattung/Lage: ebenes Wiesenge-lände, Mülleimer, Wandertafel / Orts-rand.
Zufahrt: B63 von Lötzen (Giżycko) Richtung Angerburg (Węgorzewo) hin-ter Pozezdrze rechts am Straßenrand.

Von hier aus starten wir die kleine Wanderung zu den Über-resten von **Himmlers Kriegsquartier**, der **Schwarzschanze**. Wenn Sie einfach nur den roten Markierungen folgen, gelan-gen Sie nach ca. 20 Minuten zu der Anlage. Man hatte hier 5 Bunker, 2 Tiefgaragen und 2 Wachhäuser gebaut. Beim Trup-penabzug 1945 wurden die Gebäude gesprengt, wobei

Einer der Bunker von Himmlers Hauptquartier

ein Bunker aber noch recht gut erhalten ist. Nehmen Sie eine Taschenlampe mit, denn grundsätzlich kann man ihn auch be-treten! Nach der Rückkehr zum Womo setzen wir unsere Fahrt Richtung ANGERBURG fort, nach 5,3 km überqueren wir den Kanal zwischen Schwentzait- und Groß-Strengelner See. Nach weiteren 2,4 km, wir sind unmittelbar vor dem Ortseingang ANGERBURG, zweigt links ein Sträßchen zum „Camping 175" ab, der von der Lage her mit zu den schönsten in Masuren gehört. Der Weg führt in den Wald, nach 450 m halten wir uns am Abzweig links und stehen 300 m weiter vor den Toren des Campingplatzes 175 „Rusalka":

(090) WOMO-Camping-platz-Tipp: Camping 175 „Rusalka" Angerburg (Węgorzewo)

GPS: N 54° 11.205'; E 21° 46.281'
Kolonia Rybacka
Öffnungszeiten: 1.5. - 30.9.
Ausstattung/Lage: teilweise schattig; ruhig; Wiesenstrand; Bootsanleger; Sportgeräte- und Kanuverleih; Laden; Gaststätte; Zeitungskiosk; Feuerstellen; Hunde erlaubt; Ortszentrum: 1 km
Zufahrt: B63 von Giżycko kommend Richtung Angerburg, kurz vor dem Ortseingangsschild links, nach 450 m im Wald schräg links halten, dann noch 300 m bis zur Einfahrt.

Natürlich können wir Ihnen hier am Jezioro Swięcajty auch einen schönen „freien" Stellplatz anbieten, und zwar auf der gegenüberliegenden Halbinsel Kal. Darum fahren wir zurück zur 63 und biegen links nach Angerburg ab. Nach 2,5 km zweigt links die *ul. Jasna* ab, der Ferienpark „Wiking" ist ausgeschildert. 3 km später, noch vor der Ferienanlage, ist zur Linken eine wunderschöne Badebucht mit flachem Strand und warmem Wasser, Parkmöglichkeiten gibt es natürlich auch.

Stellplatz am Strand der Halbinsel Kal

(091) WOMO-Badeplatz: Halbinsel Kal

GPS: N 54° 11.506'; E 21° 44.654'; Jasna   **max. WOMOs:** 1-2.
Ausstattung/Lage: Wiesenstrand, Mülleimer, ruhig / ortsnah.
Zufahrt: B63 von Giżycko kommend Richtung Angerburg, dort nach 2,5 km links in die ul. Jasna, (Schild: Ferienanlage „Wiking"), nach 3 km auf der linken Seite Badebucht.

Wir verbringen nach dem Baden eine schöne, ruhige Nacht und genießen es am nächsten Morgen, nur die Schiebetüre öffnen zu müssen um direkt ins wenige Meter entfernte Wasser springen zu können. Nach dem Frühstück fahren wir dann zurück nach Angerburg. Hier sind, direkt am **Plac Wolnosci** mit der schönen **Grünanlage** das wiederaufgebaute **Ordensschloss** (hier ist u.a. auch die **Touristeninformation** untergebracht) und die aus dem 17. Jahrhundert stammende **evangelische Kirche**, die 1946 dann katholisch **St. Peter u.Paul** geweiht wurde. Wir bewundern auch einige schön restaurierte Bürgerhäuser aus dem 19. Jahrhundert und setzen unsere Fahrt anschließend ein Stück Richtung Westen auf der 650 Richtung KORSZE fort. Knapp 5 km nach dem Ortsausgang können wir Ihnen auf der linken Seite an der nordwestlichen Spitze des Jezioro Mamry diesen Badeplatz anbieten.

(092) WOMO-Badeplatz: Jezioro Mamry

GPS: N 54° 12.793'; E 21° 38.991'.   **max. WOMOs:** 2-3.
Ausstattung/Lage: Wiesenstrand, Bar, Toilette / außerorts.
Zufahrt: Landstraße 650 von Angerburg (Węgorzewo) aus kommend Richtung Korsze, ca. 2 km hinter Trygort auf der linken Seite.

Unmittelbar dahinter biegen wir links Richtung St. Różanka ab. Die Straße wird zunächst schlecht, dann katastrophal, danach kommt Kopfsteinpflaster - und nach 3,3 km stehen wir links auf dem (gebührenpflichtigen) Parkplatz vor den **Bunkeranlagen** des ehemaligen **Hauptquartiers der deutschen Wehrmacht** - einem Komplex von 34 unzerstörten Bunkern.

(093) WOMO-Stellplatz: Hauptquartier der deutschen Wehrmacht

GPS: N 54° 11.125'; E 21° 39.036'.   **max. WOMOs:** 3-4.
Ausstattung/Lage: geschotterter, ebener Parkplatz; Mülleimer vorhanden; Imbissstände / außerorts.
Zufahrt: 650 von Angerburg (Węgorzewo) aus kommend Richtung Korsze, nach 5 km links Richtung St. Różanka, 3,3 km weiter links im Wald.

Einer der 34 unzerstörten Bunker

Wir nehmen unsere Taschenlampen mit, entrichten unseren Obulus und machen uns an die Erkundung der gesamten Anlage. Zuerst führt uns der Weg zu einem Bunker mit einem **Aussichtsturm**, wo wir uns einen Überblick über die Gesamtanlage verschaffen möchten - aber mitnichten! Die Gebäude sind durch Moosbewuchs derartig gut getarnt, dass man sie kaum zwischen den Baumwipfeln erkennen kann! Es ist hochinteressant, sich die gesamte Infrastruktur und

Gut getarnt

die Versorgung dieses Komplexes vor Augen zu führen, aber auch bedrückend, in diese Welt abzutauchen und sich vorzustellen, was sich in den 40er Jahren hier im Hauptquartier abgespielt haben muss. Nach diesem Erlebnis steuern wir den nächsten Punkt an, der mit dem 3. Reich eng zusammenhängt. Wir fahren das Sträßchen weiter und kommen nach 4 km in Kamionek Wielki an eine Kreuzung, an der wir links abbiegen. Nach 4,5 km sind wir in Sztynort, wir empfehlen Ihnen zum Parken (und vielleicht auch zum Übernachten) den gebührenpflichtigen Parkplatz am Jachthafen.

(094) WOMO-Stellplatz: Jachthafen Sztynort Duży
GPS: N 54° 07.863'; E 21° 40.984'; Sztynort   **max. WOMOs:** 3-4.
Ausstattung/Lage: ebener Parkplatz; Mülleimer / im Ort.
Zufahrt: 650 von Angerburg (Węgorzewo) aus kommend Richtung Korsze, nach 5 km links Richtung St. Różanka, 7,3 km später in Kamionek Wielki links, nach weiteren 4,5 km rechts am Jachthafen.

Von hier aus sind es zu Fuß nur ein paar hundert Meter bis zum leider etwas verfallenen **Schloss der Familie Lehndorff**. Seit 1422 gehörte dieser Ort der Adelsfamilie, inmitten der masurischen Landschaft. Eine bedeutende Pferdezucht bestand hier, die Familie genoss hohes Ansehen in Preußen. Der letzte Besitzer, Heinrich Graf von Lehndorff, wurde wegen seiner Beteili-

Das ehemalige Schloss der Familie Lehndorff

gung am missglückten Attentat auf Hitler 1944 in Berlin hingerichtet. Es bleibt nur zu hoffen, dass diese Schlossanlage irgendwann einmal restauriert wird. Wir fahren wieder zurück nach Kamionek Wielki und biegen links Richtung Parsz ab. Die nächsten 4 km verlaufen über Kopfsteinpflaster. Nach insgesamt 9,5 km, hinter ROSENGARTEN (Radzieje) biegen wir links Richtung GÖRLITZ (Gierłoż) ab. Die nächsten paar hundert Meter fahren wir über eine furchtbare Betonpiste, sie stammt noch aus Hitlers Zeiten, dann geht der Belag in Asphalt über. Wir durqueren Parscz und sind 2 km weiter in Görlitz, dem ehemaligen Hauptquartier Hitlers, angekommen. Es gibt einen großen, gebührenpflichtigen Parkplatz.

(095) WOMO-Stellplatz: Wolfschanze

GPS: N 54° 04.778'; E 21° 29.657'; Gierloz **max. WOMOs:** 3-4. **Ausstattung/Lage:** Großparkplatz; Mülleimer; Wasserhähne; Imbissstände / ortsfern. **Zufahrt:** 650 von Angerburg aus Richtung Korsze, nach 5 km links St. Różanka, nach 17 km links Görlitz (Gierłoż), noch 6,5 km.

Vom hiesigen Besucherzentrum sind 3 unterschiedlich lange Besichtigungswege markiert, die entweder zu den wesent-

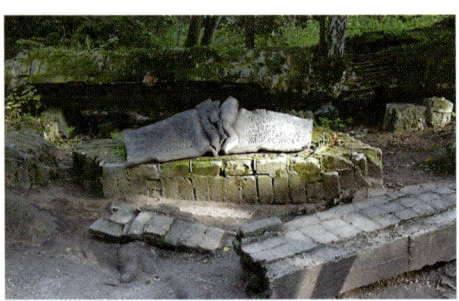

lichsten, den wichtigen oder eben allen Gebäuden der großräumigen Anlage führen. Hier befand sich also das Hautquartier Hitlers mit Restaurant und Hotel, Bahnhof, Lagerbaracken, Vorratsräumen, Strom- und

Gedenkstein an das Hitlerattentat

Wasserversorgung, Luftschutzbunker für alle führenden Positionen. Insgesamt 80 Gebäude bildeten diese aufs strengste mit Minengürtel und Drahthindernissen abgeschirmte Einrichtung. Beim Abzug der Wehrmacht im Januar 1945 wurden die meisten Bunker gesprengt. In mühevoller Kleinarbeit, bei der auch einige Arbeiter ums Leben kamen, wurde das Gelände weitestgehend

Lagerbaracke mit Modell der Gesamtanlage

entmint. Auch heute noch soll man sich nicht von den markierten Wegen entfernen - niemand kann garantieren, dass wirklich alle Minen beseitigt sind. Ebenso ist es verboten ,die teils eingestürzten Bunker zu betreten. Drei Orte möchte ich besonders hervorheben: zunächst die Überreste der Lager-

Mehr als 20 t Sprengstoff haben den Bunker nicht vollständig zerstört!

baracke, in der am 20. Juli 1944 das Attentat auf Hitler stattfand - hier hat man eine Gedenkstätte errichtet. Zum zweiten, schräg gegenüber, eine erhaltene Lagerbaracke: hier wurde ein Modell der Gesamtanlage aufgebaut. Zum letzten noch Hitlers Bunker - bezeichnenderweise die Nr. 13 im Plan.

Nach ca. 3 Stunden haben wir alle wichtigen Gebäude gesehen, weiter geht die Reise Richtung Westen. RASTENBURG (Kętrzyn) ist unser nächstes Ziel. Nach 5,2 km treffen wir auf die 592. Hier biegen wir wieder rechts ab und sind nach 500 m am Ortseingang von Rastenburg. Wir fahren die Straße weiter bis zum Ende, halten uns links und kommen danach an einen großen Kreisverkehr - unsere Richtung ist die 592 nach RÖSSEL (Reszel). Den Hinweisen zur Touristeninformation folgend, finden wir auch einen Parkplatz. Von hier aus können wir die Sehenswürdigkeiten des Ortes zu Fuß erkunden.

(096) WOMO-Stellplatz: Rastenburg (Kętrzyn)

GPS: N 54° 04.666'; E 21° 22.405'; Powstancow Warszawy
max. WOMOs: 1-2.
Ausstattung/Lage: asphaltierter Parkplatz / im Ort.
Zufahrt: 592 von Südosten kommend in Rastenburg am Ende links, bis zum Kreisverkehr, dort rechts auf die 592 Richtung Rössel (Reszel), nach 500 m links am Rathaus Parkplatz.

Auf dem Weg zum Rathaus ist uns schon auf der linken Seite der mächtige Turm einer Kirche aufgefallen. Es handelt sich um die **Pfarrkirche St. Georg,** deren Bau 1357 begonnen, aber erst 1515 vollendet wur-

Rathaus mit Touristeninformation

de. Bemerkenswert sind das **Kristallgewölbe** im Chor drei **Grabplatten** im rechten Kirchenschiff und Überreste der **Deckenmalereien**. Von der Kirche aus gehen wir noch etwas weiter, halten uns links und kommen zu einer **Burganlage**. Der Ursprung liegt - ja, wir sind nun wieder in dieser Region - im Deutschen Orden. Das Ursprüngliche Bauwerk von 1329 wurde im Laufe der Jahrhunderte mehrfach zerstört und immer wieder aufgebaut. Die heute zu sehenden Gebäude sind eine Rekonstruktion nach dem 2. Weltkrieg. Hier befindet sich ein **Museum** mit sehr sehenswerten Gemälden, Skulpturen und Kunsthandwerk aus dem 17. – 19. Jh. Beachtenswert ist eine Sammlung von Grabinschriften und Grabfahnen, unter ande-

Pfarrkirche St.Georg

rem die in Europa einmalige Kindesgrabfahne des dreijährigen Botho zu Eulenburg aus dem Jahre 1667. Auch eine **Museumbibliothek** zur regional-historischen Themen ist hier untergebracht. In den Räumen der Burg befindet sich ebenfalls das Kulturzentrum.

Wir setzen unsere Fahrt fort, nach wie vor ist RÖSSEL (Reszel) unser Ziel. Vom **Rathaus** aus biegen wir nun links ab, nach 1 km zweigt links die 594 ab, auch „Sw. Lipka" ist schon ausgeschil-

Deutschordensburg

dert, nach 13,5 km sind wir am Ziel - **Heiligelinde**, auf Polnisch Święta Lipka, dem bedeutendste Wallfahrtsort der Ermländer. Die Klosteranlage der Jesuiten gilt als herrlichstes Barockbauwerk Polens. Es ist Abend als wir ankommen; so stellen wir uns als einziges Fahrzeug auf den großen, von der Straße etwas zurückliegenden Busparkplatz.

> ### (097) WOMO-Stellplatz: Heiligelinde (Święta Lipka)
> **GPS:** N 54° 01.657'; E 21° 13.128'.   **max. WOMOs:** 2-3.
> **Ausstattung/Lage:** asphaltierter Parkplatz, Toilettenhaus, Wasser, Mülleimer, gebührenpflichtig / im Ort.
> **Zufahrt:** 594 von Rastenburg (Kętrzyn) kommend nach 13,5 km kurz vor der Wallfahrtskirche links, als Busparkplatz ausgeschildert.

„Einem im Gefängnis sitzenden Verbrecher erschien in der Nacht vor der Verhandlung die Mutter Gottes. Von ihr bekam er ein Stück Holz, aus dem er über Nacht ihr Abbild schnitzte - obwohl er noch nie im Leben vorher jemals geschnitzt hatte. Als er am nächsten Tag diese Figur den Richtern zeigte, sprachen sie ihn frei, da sie den Segen Marias sahen. Auf dem Weg nach Reszel ließ er das Holzstück an einer Linde stehen. An dieser Stelle ereigneten sich kurze Zeit später zahlreiche Wunder."

Diesem Verbrecher haben wir also zu verdanken, dass an diesem Ort - nach einer Kapelle - im Jahre 1687 der Grundstein für das heutige **barocke Gotteshaus** gelegt wurde - übrigens erstellt von dem Tiroler Baumeister Georg Ertly. Schon

Klosterkirche Heiligelinde

von außen kann man ahnen, was einen erwartet: Barock in der überschwänglichsten Form. Das **schmiedeeiserne Ein-**

Das „Grüne Tor" zum Eingang

gangstor, hergestellt im Jahr 1735 im nahen Rössel (Reszel) durch die Schmiede Johannes und Christoph Schwarz mit dem großen, goldenen Wappen Christi - eine Linde mit Wurzel, Stamm und Laubwerk ist dargestellt. Überwältigt ist man, sobald man das Innere der **Basilika** betritt. Blattgold allenthalben, reichhaltige Fresken, ein grandioser Altar, 3 Etagen hoch - es erschlägt einen förmlich. An der linken Seite im Hauptschiff ist, der Sage entsprechend, die **Linde** mit einer **Holzschnitzerei** Mariens mit dem Jesuskind zu finden. Noch gewaltiger wird der Eindruck, wenn

Barock in Reinform - und alles dreht sich zur Orgel ...

man zu den mehrmals täglich stattfindenden kleinen **Orgelkonzerten** (wochentags stündlich zwischen 9.30 und 11.30 Uhr sowie zwischen 13.30 und 17.30 Uhr; an Sonn- und Feiertagen um 10.30, 12.30, 15.30 und 16.30 Uhr) kommt und das gewaltige Instrument mit seinen **4.000 Orgelpfeifen** und den vielen, beweglichen Figuren nicht nur sehen, sondern auch hören kann. Beeindruckt von der Vorführung kehren wir zum

Die prachtvolle Orgel

Womo zurück und machen uns auf den Weg nach RESZEL. Nach 4,8 km auf der 954 sind wir am Ortseingang des 6.000 Einwohner zählenden Ortes aus dem 14. Jahrhundert, der sein mittelalterliches Stadtbild erhalten konnte. Wir folgen den Schildern „Centrum" und müssen nach 1,2 km links Richtung **Burg** abbiegen - dies sollten Sie aber nur mit einem leichten Fahrzeug tun, die Gewichtsbeschränkung der historischen gotischen Brücke beträgt 2,5 t. Ansonsten fahren Sie rechts dem Verlauf der 590 folgend und 800 m später links zum Zentrum. Direkt vor dem Schloss befinden sich einige gebührenpflichtige Stellplätze.

(098) WOMO-Stellplatz: Rössel (Reszel)

GPS: N 54° 02.889'; E 21° 08.790'.   **max. WOMOs:** 1-2.
Ausstattung/Lage: asphaltierter Parkplatz, gebührenpflichtig / im Ort.
Zufahrt: 594 von Heiligelinde kommend in Rössel der Beschilderung „Zentrum" folgen.

Sehenswert ist das bischöfliche Schloss aus dem 14. Jahrhundert. Hier wurde im Mittelalter die letzte Hexe verbrannt. Im Schloss befindet sich ein Museum und ein Café. Das Rathaus geht ins 14. Jahrhundert zurück. Die monu-

Schloss in Reszel

Gotische Brücke in Reszel

mentale **Peter- und Paulskirche** hat einen 65 m hohen Turm. Die Kirche ist interessant wegen ihrer Ausstattung im Rokoko- und Empire-Stil. Die andere Kirche wurde im Barockstil erbaut. Heute ist dort eine **orthodoxe Kirche** untergebracht. Reszel hat zwei **Brücken**, die auf das 14. Jahrhundert zurückgehen und auch als Wasserleitung dienten - eine davon ist besonders schön restauriert und damit sehr fotogen. Wir fahren von Rössel aus auf die 594 Richtung BISCHOFSTEIN (Bisztynek), nach 15,7 km erreichen wir den Ortseingang. Das einzig Sehenswerte hier ist die **Pfarrkirche St. Mathias**. Die Fahrt geht weiter, zunächst für 3,5 km Richtung Bartoszyce auf der 57, dann links auf die 513 Richtung HEILSBERG (Lidzbark Warmiński), wo wir nach 18,5 km ankommen. Auch hier richten wir uns nach der Beschilderung ins Zentrum und finden unterhalb der Burg einen kleinen, gebührenfreien Parkplatz. Nur wenige Schritte sind es hinauf bis zur **Marienburg**.

---

(099) WOMO-Stellplatz: Heilsberg (Lidzbark Warmiński)

GPS: N 54° 07.598'; E 20° 34.955'; Plac Mlynski   **max. WOMOs:** 1-2.
Ausstattung/Lage: geschotterter Parkplatz, laut / im Ort.
Zufahrt: 513 von Bischofstein (Bistynek) kommend in Heilsberg der Beschilderung „Zentrum" folgen, unterhalb der Bischofsburg.

Nikolaus Kopernikus lebte hier von 1503 bis 1510 als Sekretär und Leibarzt seines Onkels, der hier Bischof war. Nebenbei betrieb er hier auch seine astronomischen Studien. Im **Burgmuseum** wird die Geschichte der Stadt und Burg dokumentiert. Wir gehen zu Fuß zum **Hohen Tor,** einem Überbleibsel der alten **Wehrmauer** aus dem 14. Jahrhundert. Un-

Bischofsburg in Heilsberg

weit von hier steht noch die **hölzerne orthodoxe Kirche** von 1823 nach Plänen von Karl Friedrich Schinkel. Zurück zum Womo, weiter geht die Tour! Zunächst fahren wir auf die 513 Richtung ELBLĄG. Nach ca 35 km, in WORMDITT (Orneta), wo wir Ihnen nichts besonderes bieten können, wechseln wir rechts auf die 507 Richtung BRANIEWO. Nach

Hohes Tor

13,5 km gelangen wir nach MEHLSACK (Pieniężno). Genau 2 km hinter dem Ortseingang, kurz vor der Brücke über einen Bach, finden wir auf der rechten Seite die Einfahrt zu einem privaten Stellplatz, wo wir auch übernachten.

(100) WOMO-Stellplatz: MEHLSACK (Pieniężno)

GPS: N 54° 14.117';E 20° 08.224'.
max. WOMOs: 2-3.
Ausstattung/Lage: privates Wiesengelände am Fluss, leise / im Ort.
Zufahrt: 507 von Wormditt (Orneta) Richtung Braunsberg (Braniewo) in Mehlsack kurz vor der Brücke über dem Fluss rechts ausgeschildert.

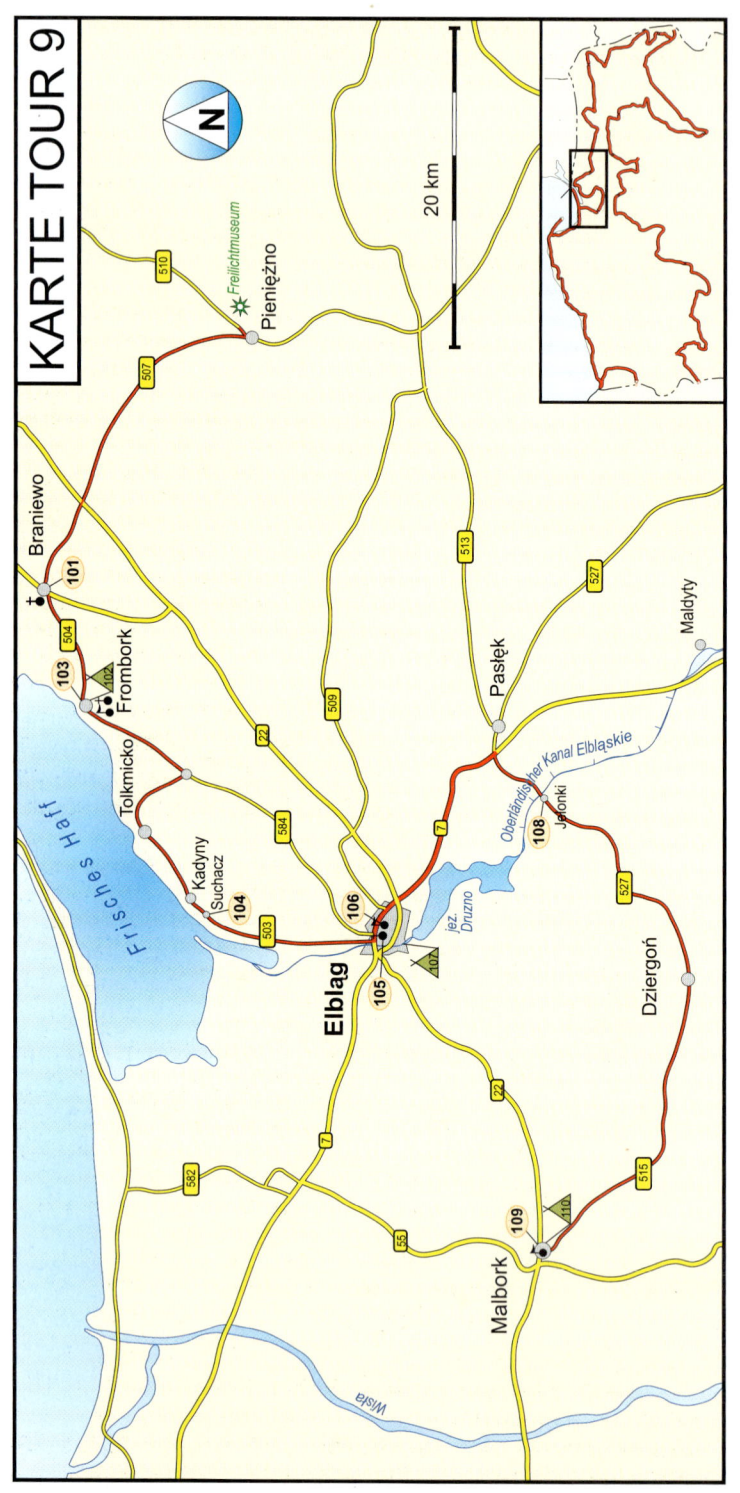

N

20 km

510
Freilichtmuseum
Pieniężno
507
Braniewo
101
504
103
102 Frombork
Tolkmicko
Kadyny
Suchacz
104
503
Frisches Haff
513
527
Maldyty
Pasłęk
509
522
584
7
Oberländischer Kanal Elbląskie
Jez. Druzno
Jelonki
108
527
Dziergoń
106
102
105
Elbląg
522
7
582
515
55
510
109
Malbork
Wisła

Braunsberg (Braniewo) - Frauenburg (Frombork) - Tolkenmit (Tolkmicko) - Cadinen (Kadyny) - Elbing (Elbląg) - Preussisch-Holland (Pasłęk) - Marienburg (Malbork)

Freie Übernachtung:	Stadtparkplatz an der Kirche in Braunsberg, Kathedralenhügel oder Strandparkplatz in Frauenburg, Stadtparkplatz in Elbląg, an der schiefen Ebene bei Pasłęk, an der Deutsch-Ordensburg in Marienburg
Campingplätze:	„Copernikus" in Frauenburg; „Nr.61" in Elbing; „Nogat" in Marienburg
Besichtigen:	St.Katharinen-Kirche Brausnberg, Kathedralenhügel mit Kopernikus-Museum und Planetarium in Frauenburg, Gestüt in Cadinen, Altstadt von Elbląg, Schiefe Ebene des Elbląg-Kanal bei Pasłęk, Deutsch-Ordensburg in Marienburg.

Nach einer ruhigen Nacht auf dem kleinen privaten Womo-Stellplatz schauen wir uns noch ein wenig in Mehlsack (Pieniężno) um. Wenn man ein Stück die 510 Richtung Nordost hinausfährt, kommt man zum **Freilichtmuseum landwirt-schaftlicher Maschinen**. "Vor dem Vergessen aufbewahren" wurde im Jahre 2000 vom Landtouristischen Verband der Region Mehlsack bei Mitfinanzierung des Fonds der deutsch-polnischen Zusammenarbeit errichtet. Auf der Fläche von

Freilichtmuseum landwirtschaflicher Maschinen

0.5 ha wurden landwirtschaftliche Maschinen und Geräte der Vorkriegszeit versammelt, wobei viele Exponate aus der Eisengießerei, die vor dem Krieg hier im Ort in Betrieb war, stammen. In der Hütte, die sich auf dem Gebiet des Freilichtmuseum befindet, werden Haushaltsgeräte sowie alte Fotos und Landkarten ausgestellt.

Wir setzen unsere Fahrt auf der 507 Richtung BRAUNS-BERG (Braniewo) fort, 27 km sind es bis dorthin. Nach dem

Ortseingang bleiben wir auf der Straße bis zum Ende, dann richten wir uns nach der Beschilderung ELBING (Elbląg) und biegen links ab. Wir kommen an der **St. Katharinen-Kirche** vorbei - hier gibt es einen großen Parkplatz, den wir auch zur Übernachtung empfehlen können.

(101) WOMO-Stellplatz: Braunsberg (Braniewo)

GPS: N 54° 22.884'; E 19° 49.475'. Katedralna **max. WOMOs:** 1-2. **Ausstattung/Lage:** gepflasteter Parkplatz, recht ruhig / im Ort. **Zufahrt:** 507 von Mehlsack (Pieniężno) aus kommend in Braunsberg am Ende links Richtung Elbląg (Elbing) abbiegen, nach 400 m links an der Kirche.

Die Kirche sollten Sie sich auf jeden Fall ansehen, sie zählt zu den schönsten gotischen Ziegelkirchen des Ermlands. Sie wurde in den letzten Tagen des zweiten Weltkrieges gesprengt,

Die St. Katharinen-Kirche von Braunsberg

um den angreifenden russischen Truppen einen wichtigen Orientierungspunkt zu nehmen. In mühevoller Arbeit baute man sie wieder auf und 1989 war das Bauwerk fertiggestellt. In der **Krypta** befindet sich die **Ruhestätte** der **Gründerin des Klosters St. Katharina**, der man in dem kleinen Park vor der Kirche auch ein **Denkmal** gesetzt hat. Sie wurde von Papst Johannes Paul II selig gesprochen. Rund um die Kirche hat man einige Häuser der Altstadt im ursprünglichen Stil wieder aufgebaut, so dass ein nettes Ensemble entstanden ist.

Nur noch 7,5 km sind es über die 504 bis FRAUENBURG (Frombork). Direkt auf der rechten Seite nach dem Ortseingangsschild und einer Tankstelle befindet sich etwas zurückliegend der recht einfache Campingplatz von Frauenburg.

Wir fahren noch 650 m weiter, biegen links auf den **Kathedralenhügel** ab und finden nicht weit von dem Ensemble entfernt einen Parkplatz.

Hier befindet sich die Wehranlage, das Nikolaus-Kopernikus-Museum (von 1512 bis zu seinem Tod 1543 lebte er hier und entwickelte sein Hauptwerk über die Kreisbewegung der Himmelskörper), in der Kathedrale ist er an einer heutzutage

Der Eingang zur Anlage

unbekannten Stelle beigesetzt. Wir besteigen den Glockenturm und genießen die herrliche Rundsicht auf das Frische Haff. Im Untergeschoss des Turms ist ein Planetarium einge-

Die Kathedrale und Wehranlage

Blick auf das Frische Haff

richtet. Auch wenn der Vortrag nur in polnischer Sprache ist, ist die Vorführung doch sehr interessant. Wir verlassen den Kathedralenhügel und fahren hinunter in die Stadt. Hier haben sich in den Straßen zwischen dem **Hügel** und dem **Hafen** einige **Restaurants** angesiedelt, wir suchen uns eines für das Abendessen aus. Später spazieren wir noch in dem kleinen Park am Fuß des Kathedralenhügels und entdecken einen **Gedenkstein**, der an eine Tragödie des zweiten Weltkrieges erinnert. Im Januar und Februar 1945 versuchten 450.000 Flüchtlinge, vor der anrückenden Roten Armee über das zugefrorene Haff zu entkommen. Unter der Last brach das Eis, zusätzlich flogen die Sowjet-Bomber Angriffe und viele Tausend Frau-

Der Sandstrand von Frauenburg

en und Kinder fanden ihr eisiges Grab. Anschließend suchen wir noch einen ruhigen Stellplatz für die Nacht. Wir überqueren die Eisenbahnschienen Richtung Hafen und finden links einen großen Busparkplatz, gegenüber aber auch einen schöne-ren PKW-Parkplatz, der unweit der **Mole** und dem sich links davon ausbreitenden **Sandstrand** liegt. Man sollte es sich jedoch gut überlegen, ob man sich unbedingt hier ins Wasser

(103) WOMO-Stellplatz: Frauenburg (Frombork)

GPS: N 54° 21.488'; E 19° 40.569'.
max. WOMOs: 2-3.
Ausstattung/Lage: Strandparkplatz / im Ort.
Zufahrt: in Frauenburg Richtung Hafen, die Eisenbahnschienen überqueren, links Parkplatz ausgeschildert.

begeben möchte, denn das **Frische Haff** ist trotz seines Namens alles andere als frisch. Durch die **Frische Nehrung**, einem nur wenige hundert Meter breitem Landstreifen, ist es mit Ausnahme einer Enge bei Pillau (Russland), vom Meer abgeschlossen. Trotzdem ist das Wasser salzig, da der Zustrom aus den Flüssen recht gering ist. Die Tiefe beträgt lediglich drei bis fünf Meter. Die Wasserqualität ist schlecht, da vor allem der Pregel, der auf seinem Weg zum Meer westlich von Kaliningrad in das Haff fliest, sehr viele Schadstoffe einträgt, die auch schon zu manchem massivem Fischsterben im Haff geführt haben.

Wir fahren von Frauenburg aus Richtung ELBING (Elbląg) auf der 504, wobei die Straße wieder vom Haff wegführt. Nach 10 km, in Neukirch-Höhe (Pogrodzie), biegen wir rechts auf die 503 - die Nebenstrecke nach Elbing der Küste entlang. In Tolkenmit (Tolkmicko) treffen wir nach 7 km wieder auf die Küste des Haffs. Hier beginnt der **Landschaftspark Elbinger Höhen**, mit Sanddüne, seltenen Gräsern und Pflanzen ein Rückzugs- und Brutgebiet vieler vom Aussterben bedrohten Vogelarten. 3,5 km weiter, in **Cadinen** (Kadyny), treffen wir auf das weit über die Grenzen hinaus bekannte Gestüt.

Kaiser Friedrich Wilhelm II erwarb dieses Gut Ende des 19. Jahrhunderts, es wurde zu seinem **Sommersitz**. Das ehemalige **kaiserliche Schloss** soll in den nächsten Jahren restauriert werden und dann in seinem alten Glanz erstrahlen. Das **Gestüt**, in dem damals die weltberühmten Trakehner-Pferde gezüchtet wurden, ist nach wie vor in Betrieb. In dem Gebäude der alten Brennerei und Molkerei ist nun ein Luxushotel eingezogen, auch das alte Schulhaus ist schön hergerichtet und ist nun ebenfalls ein Hotel. Man versucht, durchaus erfolgreich, diesen Ort zu einem Premium-Urlaubsziel umzugestalten.

3,7 km hinter Cadinen, die Straße führte kurvenreich durch die Elbinger Höhen, finden wir, nachdem wir aus dem Wald hinausgekommen sind, auf der rechten Seite einen Parkplatz, etwas zurückliegend von der Straße, mit einem herrlichen Aus-

Das Frische Haff bei Succase (Suchacz)

(104) WOMO-Stellplatz: Frisches Haff bei Succase

GPS: N 54° 17.234'; E 19° 27.570'.   **max. WOMOs:** 1-2.
Ausstattung/Lage: asphaltierter Parkplatz, leicht geneigt, Mülleimer / ortsnah.
Zufahrt: 503 von Tolkenmit (Tolkmicko) kommend Richtung Elbing (Elbląg) 3,7 km hinter Cadinen (Kadyny) auf der rechten Seite ausgeschildert.

blick auf das Frische Haff. Mit Unterlegkeilen, um den Wagen geradezusetzen, kann man diesen Platz auch zur Übernachtung empfehlen. Einen Kilometer weiter kommt man nach Succase (Suchacz), hier vermerken wir noch auf der linken Seite kurz vor dem Ortsausgang einen privaten, schön auf einer Wiese gelegenen Wohnmobil-Stellplatz! Nach weiteren 8,5 km sind wir am Ortseingang von **Elbing**. Auch die nächsten 6,5 km bleiben wir auf dieser Straße und kommen auf einen Kreisverkehr, es sind nur noch 500 m Luftlinie bis zur **Altstadt**. Wir überqueren diesen Kreisverkehr geradeaus und können Ihnen bald drei Stellplatzmöglichkeiten bieten, aber nun der Reihe nach: Sie fahren noch 1 km weiter, biegen dann rechts auf die B500 Richtung Warschau bis zum Flussufer, dort rechts und nach 500 m sehen Sie rechts am **St. Nikolai-Dom** einen großer Parkplatz:

(105) WOMO-Stellplatz: Elbing (Elbląg) Dom

GPS: N 54° 09.520'; E 19° 23.660'; Mostowa   **max. WOMOs:** 1-2.
Ausstattung/Lage: gepflasterter Parkplatz, eben, recht ruhig / im Ort
Zufahrt: 503 von Tolkenmit (Tolkmicko) kommend Richtung Elbing (Elbląg), 6,5 km bis Kreisverkehr, dort geradeaus, nach 400 m rechts in die ul.Kowalska, nach 300 m links hinter St.Nikolai-Dom auf den Parkplatz.

Nikolaikirche von Elbing

Zum nächsten Stellplatz gelangen Sie, wenn Sie vom Kreisverkehr aus ca. 500 m geradeaus fahren und dann rechts in die *ul. Wigilijna* einbiegen. Nach 200 m zweigt links die *ul. Zamkowa* ab, 50 m weiter auf der rechten Seite, vor den Überresten der im Jahre 1454 von den Elbingern zerstörten Kreuzritterburg, befindet sich der recht ruhige Parkplatz, auch zum Übernachten geeignet, ganz zentral mitten in der Altstadt.

(106) WOMO-Stellplatz: Elbing (Elbląg) Burgruine

GPS: N 54° 09.424'; E 19° 23.700'; Zamkowa 25 **max. WOMOs:** 1-2.
Ausstattung/Lage: gepflasterter Parkplatz, eben, recht ruhig / im Ort
Zufahrt: 503 von Tolkenmit (Tolkmicko) kommend Richtung Elbing (Elbląg), 6,5 km bis Kreisverkehr, dort geradeaus, nach 500 m rechts in die ul.Wigilijna abbiegen, nach 200 m links in die ul.Zamkowa, nach 50 m rechts auf den Parkplatz der Burgruine.

Zu guter Letzt möchten wir Ihnen noch den Weg zum ebenfalls recht zentral gelegenen **Campingplatz** zeigen. Auch hier ist wieder der Ausganspunkt der große Kreisverkehr, Sie fahren die Straße weiter geradeaus, aber jetzt ca. 1 km bis zum Ende, noch über die kreuzende breite *ul.Tysiclecia* hinaus und biegen dort rechts in die *ul. Sopocka* ab. Die dritte Straße rechts ist bereits die *ul. Panienska*, wo wir nach wenigen Metern den Campingplatz „ No.61" finden:

(107) WOMO-Campingplatz-Tipp: „No. 61" Elbing

GPS: N 54° 09.212'; E 19° 23.711'; Panienska 14
Öffnungszeiten: 01.05 - 30.09. **Ausstattung/Lage:** schön schattig; am Elbing-Kanal mit Liegewiese; Laden; Haustiere erlaubt; Zentrum: 500 m
Zufahrt:503 von Tolkenmit (Tolkmicko) kommend Richtung Elbing (Elbląg), 6,5 km bis Kreisverkehr, dort geradeaus, nach 850 m rechts, dann nach 250 m die 3.Straße rechts.

500 m sind es von hier aus zu Fuß entlang des Kanals und man ist auf Höhe des **St. Nikolai-Dom** mitten in der Altstadt.

In der Altstadt von Elbing

Die Anfänge des Doms gehen bis ins 13. Jahrhundert zurück. Zu den bemerkenswerten Dingen gehört das **bronzene Taufbecken von 1387** und der große **Dreikönigen-Altar**. Nördlich des Doms, wenn man die „Stary Rynek" entlang geht, kommt man zum **Markttor** - dem einzigen, das von der **mit-**

Das Markttor, Fragment der Verteidigungsmauer

telalterlichen **Verteidigungsmauer** übrig geblieben ist. Als die Polen gegen die Kreuzritter kämpften, bemerkte ein Elbinger Bäckergeselle rechtzeitig die herannahenden Angreifer und schnitt mit einem Spaten die Spannleine durch, die das Eingangsgitter des Tores hielt. Aus diesem Grund wird es auch bald ein Denkmal dieses Bäckergesellen hier am Tor geben. 120 m westlich, die ul. Walowa entlang, in der umgebauten **ehemaligen Dominikanerkirche**, ist die **Galerie EL** untergebracht, die weit über Elbing hinaus mit vielen Ausstellungen und Initiativen be-

Restaurants an der Sw. Ducha

kannt ist. Wir gehen zurück Richtung Süden und kommen wieder in die Altstadtgegend, Orientierungspunkt ist immer wieder der Turm des Nikolai-Dom. In Folge der Wirrungen des 2. Weltkrieges war die Altstadt von Elbing, in ihrer Pracht seinerzeit durchaus vergleichbar mit Danzig, zu 70% zerstört. Hier macht man nun seit einigen Jahren das gelungene Experiment, die alten Häuser nicht 1:1 exakt nachzubauen, sondern nur Grundriss und Charakter der alten Bauweisen vorzuschreiben. Die so entstandenen Bürgerhäuser sind sehr gelungen. Bisher sind rund 1/3 der nahezu 500 ehemaligen Häuser der Altstadt entstanden, Jahr für Jahr kommen neue hinzu und die Baulücken werden kleiner. In dem Komplex der **ehe-**

Ehemalige Heiliggeistkirche und Spital

maligen Heilig-geistkirche, **Spital**, und der **Ruine** der **Deutschordens-burg** ist in dem Gebäude des **ehemaligen Elbinger Gymnasiums** das **Regionalmuseum** der Stadt untergebracht. Viele Gegenstände aus den immer noch stattfindenden **Ausgrabungen im Altstadtbereich** sind hier zu sehen. Nur wenige Schritte sind es zum Ufer der Elblag. Hier starten die **Ausflugsschiffe** zur Fahrt über den **Oberlandkanal**, der hier in

Elbing beginnt und bis nach Osterode (Ostróda) über fünf **schiefe Ebenen** führt (siehe auch Tour 3, S.61). Hier in Elbing geht es früh morgens um 8:00 los, die Fahrt bis Osterode endet um 19:00. Wir empfehlen, in Maldyty (gegen 14:30) auszusteigen und von dort mit der Bahn um 15:26 nach Elbing zurückzukehren. Buchen und reservieren können Sie in der ul. Wiezowa 14, einer Querstraße der Stary Rynek, die zum Markttor führt.

Wir setzen nun unsere Fahrt fort - und zwar zu einer der Schiefen Ebenen des Oberländer Kanals. Von Elbing aus fahren wir auf die B7, wir richten uns nach der Beschilderung „Warschau" (Warszawa) und „Allenstein" (Olztyn). Nach 16 km, bei Pasłęk, biegen wir rechts auf die 527 Richtung Christburg (Dzierzgon), auch ein Hinweisschild zum Elbląg-Kanal ist bereits an der Abzweigung zu sehen. Wir kommen durch Krosno (hier links halten), der nächste Ort ist Nowe Kusy. Nach 1,5 km, noch vor der Brücke über den Kanal, biegen wir links auf den asphaltierten, kleinen Parkplatz am Kanal.

---

(108) WOMO-Stellplatz: Oberländer Kanal bei Jelonki

GPS: N 54° 02.239'; E 19° 34.476'.   **max. WOMOs:** 1-2.
Ausstattung/Lage: asphaltierter Parkplatz, eben, recht ruhig / außerorts.
Zufahrt: B7 von Elbing (Elbląg) kommend Richtung Warschau (Warszawa) fahrend bei Pasłęk rechts auf die 527 Richtung Christburg (Dzierzgon), nach 5,2 km vor der Brücke über den Kanal links auf den Parkplatz

---

Sofern Sie über ein kompakteres Wohnmobil verfügen und alleine sind, können Sie auch den Feldweg noch ein Stück

Traum-Stellplatz am Kanal

entlang des Kanals fahren und finden nach einigen hundert Metern einen Platz neben dem Weg, wo Sie sich hinstellen können und einen Logenplatz mit Blick auf die vorbeiziehenden Schiffe haben. Vor allem gegen 15:30 herrscht reger Verkehr. Dies ist die Zeit, in der die Ausflugsschiffe, die früh am Morgen in Osterode abgelegt haben, diese Stelle passieren. Es ist ein wirklich sehenswertes Schauspiel, wenn die großen Ausflugsschiffe von den hölzernen Gestellen aufgenommen und in Schrittgeschwindigkeit die schiefe Ebene hinaufgezogen bzw. im Gegenzug hinabgelassen werden.

Schiffe über die Wiese

Der Kanal ist einzigartig in Europa. 1860 wurde das Gesamtbauwerk, die durchgehend befahrbare Strecke zwischen dem Oberland und Elbing nach einer Bauzeit von nur 16 Jahren übergeben. Kernstück sind die insgesamt 5 Schiefen Ebenen, die über eine Distanz von 10 km einen Höhenunterschied von ca. 100 m überbrücken. Die Schiffe werden von

Auf das Gestell ...

einem Tragegestell aufgenommen, das über Schienen, angetrieben über Seilzüge, die Ebene hinab- beziehungsweise hinaufgezogen werden. Der Antrieb erfolgt ausschließlich mittels

... und an Land

Wasserkraft eines Schaufelrades, welches durch unterirdische Rohre mit Druckwasser bewegt wird. Die Kraft wird über die Seile von großen Umlenkrädern weitergeleitet. Faszinierend ist, dass die gesamte Mechanik, ausgenommen der Seile, noch im Originalzustand ist und selbst nach nahezu 150 Jahren noch keinerlei Verschleißerscheinungen zeigt. Die gesamte Anlage des Kanals steht unter Denkmalschutz.

Umlenkräder am unteren Ende

Wir kehren zurück auf die 527 und setzen die Fahrt Richtung Christburg (Dzierzgon) fort, wobei die Straßenverhältnisse etwas zu wünschen übrig lassen. Nach 22,5 km erreichen wir diesen Ort, dort biegen wir rechts auf die 515 nach Marienburg (Malbork) ab und erreichen die Stadtgrenze nach 23,5 km. Wir bleiben auf dieser Straße und kommen nach 2,5 km an eine große, beampelte Kreuzung. Hier biegen wir links auf die 22, die nächste Ampel 300 m später biegen wir rechts ab, die Marienburg (Zamek) ist bereits ausgeschildert. Nach knapp 1 km befinden wir uns am Ziel, rund um die wahrlich imposante Burg befinden sich mehrere (gebührenpflichtige) Parkplätze, auf denen Sie auch ohne Probleme übernachten können:

(109) WOMO-Stellplatz: Marienburg (Malbork)

GPS: N 54° 02.564'; E 19° 01.888'; Staroscinska   **max. WOMOs:** 3-4.
Ausstattung/Lage: geschotterter Parkplatz, eben, gebührenpflichtig, nicht sehr ruhig (nahe Eisenbahnlinie) / im Ort.
Zufahrt: B22 in Marienburg von Osten kommend an der Ampel (Tankstelle „Statoil" schräg gegenüber) rechts Richtung „Centrum" und „Zamek" abbiegen, dann rechts und sofort wieder scharf links, *nächste wieder links*, an der Burg rechts fahren, dort mehrere Parkplätze.

Marienburg kann auch mit einem schönen Campingplatz aufwarten: wenn Sie an der Stelle, die in obigem Stellplatzkasten kursiv gedruckt ist, nicht links abbiegen, sondern geradeaus weiterfahren, und die Eisenbahn unterqueren, liegt nach wenigen hundert Metern auf der rechten Seite der Campingplatz „Nogat":

(110) WOMO-Camping-platz-Tipp: „Nogat" Marienburg

GPS: N 54° 02.753'; E 19° 02.219'.
Öffnungszeiten: 01.04 - 30.10.
Ausstattung/Lage: schön schattig; Tennisplatz; Reiten; Kanuverleih; Restaurant; Laden; Burg: 500 m
Zufahrt: B22 in Marienburg von Osten kommend an der Ampel (Tankstelle „Statoil" schräg gegenüber) rechts Richtung „Centrum" und „Zamek" abbiegen, dann rechts und sofort wieder scharf links, geradeaus unter der Eisenbahn, nach 500 m auf der rechten Seite.

Die Marienburg in voller Pracht

Es sind nur wenige hundert Meter bis zur Hauptattraktion der Stadt, eben der Marienburg, die 1997 von der UNESCO in das Weltkulturerbe aufgenommen wurde(Montags geschlossen!). Es ist der höchste Ziegelberg nördlich der Alpen, das weltweit größte Backsteinschloss, am Ufer des Nogat gelegen. Eigentlich sind es sogar 3 Schlösser, die durch ein komplettes Verteidigungssystem zu einer einzigen Wehranlage von nahezu 20 ha Größe zusammengefasst sind. Die Anfänge gehen bis ins 13. Jahrhundert zurück, als der Deutsche Orden mit dem Bau eines viereckigen Kastells begann. 1309 eroberte der Orden Pommern, dann wurde die Hauptstadt nach Marienburg verlagert, und damit begann der große Ausbau.

Die Hochmeister

Mitte des 14. Jahrhunderts bestand die Wehranlage bereits aus den drei Teilen Hochschloss, Mittelschloss und der weitläufigen Vorburg. Während des ganzen 14. Jahrhunderts wurde weitergebaut. Die Marienburg war das Zentrum und der Hauptsitz des Deutschen Ordens - eine absolut uneinnehmbare Festung mit allen Verteidigungsanlagen, die die Zeit zu bieten hatte. Sie war Vorbild für viele in Europa entstehende Wehranlagen. 1410, in der Schlacht um Grunewald, verlor der Deutsche Orden endgültig gegen die Vereinigung aus Litauen und Polen. Damit war dessen Macht gebrochen, die Burg wurde polnisch und war nun die nächsten drei

Im Innenhof des Hochschlosses

Jahrhunderte Sitz von hohen Ämtern und Residenz der polnischen Könige. Oft wurden bauliche Veränderungen vorgenommen, trotzdem war sie immer noch Festung. Während der Schwedeneinfälle im 17. Jahrhudert wurde die Burg verwüstet, ein Brand 1644 tat sein Übriges. 1772 fiel sie an Preußen und wurde eine große Kaserne, später ein Armeelager - und dann begann man

Mauer über Mauer über Mauer ...

Glockenturm der Marienkirche - gleichzeitig höchster Aussichtspunkt

mit der Restaurierung der ehemaligen Ordensburg, die bis zum 2. Weltkrieg fortgesetzt wurde und bis heute andauert - die Burg wurde dann wieder zu 50% zerstört. Die heutige Burg ist also wieder fast in der großen Pracht des 14. Jahrhunderts zu sehen - und wir können Sie nur auffordern, dies zu tun und sich der mehrstündigen Führung anzuschließen, es gibt weltweit keine größere und schönere, echte Ritterburg zu sehen!

Hochschloss - von der Stadt aus gesehen

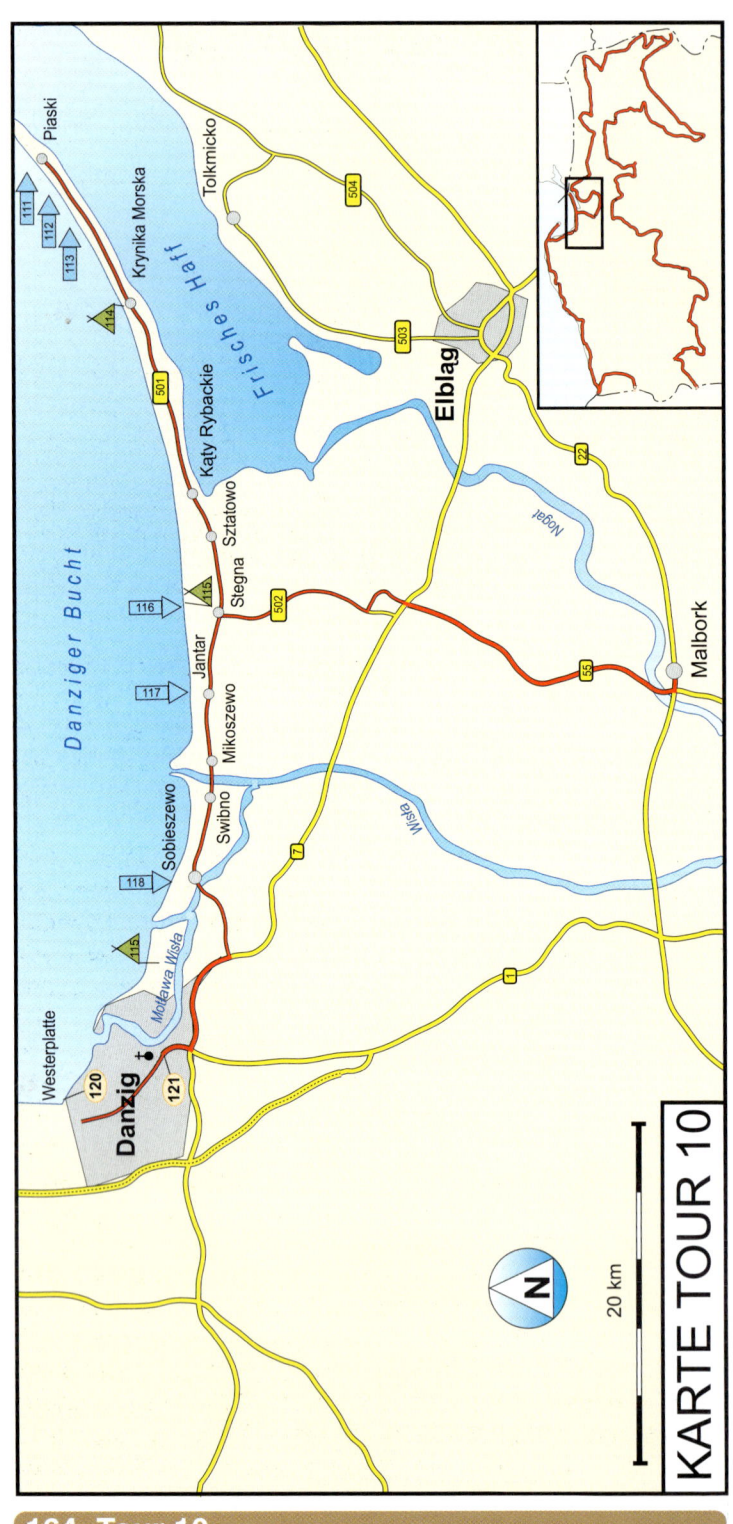

Piaski

112
113
114
501

Krynika Morska

Frisches Haff

Tolkmicko

504

503

Elblag

Kąty Rybackie

522

Nogat

Sztatowo

Stegna

116 115

502

Danziger Bucht

Jantar

117

55

Malbork

Mikoszewo

Swibno

Wisła

Sobieszewo

118

7

115

Martwa Wisła

Westerplatte

11

120 121

Danzig

20 km

N

TOUR 10 (ca. 185 km / 3-4 Tage)

Piaski - Kahlberg-Liep (Krynica Morska) -Steegen (Stegna) - Pasewark (Jantar) - Bohnsack (Sobieszewo) - Danzig (Gdańsk)

Freie Übernachtung:	drei verschiedene Waldparkplätze direkt am Strand von Piaski; Strandparkplatz in Steegen; Strandparkplatz in Pasewark; Strandparkplatz in Sobieszewo; bewachter Stadtparkplatz an der Altstadt von Danzig
Campingplätze:	„Gallus" in Kahlberg-Liep; „Nr.180" in Steegen; „Stogi" in Danzig
Besichtigen:	Danzig: Westerplatte; Altstadt: Langgasse, Rathaus mit Turmbesteigung, Grünes Tor, Krantor; Kathedrale mit bemerkenswerter Orgel in Oliwa.

Nach der Besichtigung der schönsten „Ritterburg" Europas möchten wir uns nun in den verbleibenden Touren dem widmen, was viele in dieses Land zieht: der Küste. Knapp 530 km lang ist sie, typischerweise mit feinem weißen Sand, flachem Strand, einem Dünengürtel dahinter, der in der Regel mit Kiefern bewachsen ist.

Wir starten in Marienburg (Malbork), fahren von der Burg aus zurück auf die 22 und biegen zunächst rechts Richtung in LANDSBERG (Gorzów Wielkop.) ein, um dann nach ungefähr 850 m rechts auf die 55 nach TIEGENHOF (Nowy Dwór Gdański) abzubiegen. Nach rund 22 km sind wir dort, kreuzen die B7 und fahren weiter geradeaus auf die 502 Richtung STEEGEN (Stegna). Dort ist nach 16,5 km an der quer verlaufenden 501 die Straße zu Ende, links geht es nach DANZIG (Gdańsk), rechts nach KAHLBERG-LIEP (Krynica Morska). Die Versuchung ist groß, hier in Steegen einfach den nächsten Strandplatz aufzusuchen, doch wir haben ja versprochen, die gesamte polnische Küste abzufahren und ganz im äußersten Osten damit zu beginnen. Also Blinker nach rechts und in Richtung Kahlberg! Nach 8 km, kurz vor Bodenwinkel (Katy Rybackie) verlassen wir das Festland und kommen auf die **Frische Nehrung**, jenen nur wenige hundert Meter breiten Landstreifen, der das Frische Haff von der Danziger Bucht trennt. Durch die Wechselwirkung der Meeresströmungen entstand dieser Dünenwall, durch die Aufforstung hauptsächlich mit Kiefern konnte die Versandung durch Wanderdünen gestoppt werden. Seit 1945 ist hier der **Landschaftspark Fri-sche Nehrung** als Naturschutzgebiet ausgewiesen. 36 km nach Stegna, unser Weg führt uns über die nicht immer schlag-lochfreie 501, sind wir ganz im Osten in NEUKRUG (Piaski) angekommen. Es ist ein sehr ruhiger, kleiner Fischerort - fast vergessen, 4 km von der russischen Grenze entfernt, die hier die Nehrung teilt. Es gibt hier keine großen Erholungsheime und keine reiche Gastronomie, aber auf uns warten lange Spa-ziergänge am verlassenen, breiten endlosen Sandstrand. Vom „Zentrum" Neukrug aus - hier ist der kleine Hafen - fahren wir wieder in Richtung Westen zurück. Nach 1,8 km, wir befinden uns in einem schmalen Kiefernwaldstreifen, entdecken wir rechts den ersten, gebührenpflichtigen Parkplatz:

---

(111) WOMO-Badeplatz: Neukrug (Piaski) I

GPS: N 54° 25.355'; E 19° 34.608'.   **max. WOMOs:** 1-2.
Ausstattung/Lage: Parkplatz im Wald, nicht ganz eben, gebührenpflich-tig, Strand ca. 500 m, Mülleimer / außerorts.
Zufahrt: 501 von Osten kommend Richtung Danzig 1,8 km hinter dem Hafen von Piaski rechts im Wald.

Nun, es sieht recht nett hier aus, allerdings ist der Platz sehr nah an der Straße, an der allerdings bestimmt nicht der große Durchgangsverkehr zu erwarten ist. Trotzdem fahren wir noch ein Stück weiter in der Hoffnung, noch einen schöne-ren Badeplatz zu finden, der etwas weiter von der Straße weg liegt und wo der Weg zum Strand vielleicht noch ein Stück kürzer ist. 2,3 km weiter Richtung Westen ist der nächste Park-platz (Parking Lesny = Waldparkplatz), wo wir rund 250 m von der Straße entfernt einen schönen schattigen Platz zwischen den Bäumen finden und zudem mit zwei Unterlegkeilen auch

(112) WOMO-Badeplatz: Neukrug II

GPS: N 54° 24.812'; E 19° 32.685'.
max. WOMOs: 1-2.
Ausstattung/Lage: Parkplatz im Wald, nicht ganz eben, sehr ruhig, gebührenpflichtig, Strand ca. 200 m, Mülleimer / außerorts.
Zufahrt: 501 von Osten kommend Richtung Danzig 4,1 km hinter dem Hafen von Piaski rechts im Wald.

noch eben stehen. Lediglich 200 m sind es bis zur Düne, dann stehen wir am nahezu endlosen Sandstrand der Frischen Nehrung. Obwohl das Wetter hervorragend ist, es August ist und wir mitten in der Hochsaison hier unterwegs sind - kaum ein Dutzend Menschen sind am Wasser, welches zudem noch sehr sauber ist. Es gefällt uns ganz ausgezeichnet hier, also

Endloser Sandstrand bei Neukrug (Piaski)

eben zurück zum Womo und Badesachen geholt! Den ganzen Nachmittag verbringen wir am und im Wasser, später suchen (und finden) wir im Wald noch massenweise Blaubeeren, ein Zeichen, dass der Boden hier sehr gesund ist. Damit ist uns ein köstliches Abendessen gesichert! Es wir immer leerer, gegen 20:00 Uhr sind wir ganz alleine, sammeln einiges an Treibholz und lassen den Abend gemütlich am Strand mit einem Lagerfeuer und einer Flasche Wein ausklingen. Wir verbringen dann eine absolut ruhige Nacht hier im Wald bei Neukrug.

Abendliche Lagerfeuerromantik

Am nächsten Morgen begeben wir uns dann auf die Suche nach dem Gold der Küste, dem **Bernstein**! Bernstein, das Harz aus so genannten Bernsteinkiefern, das nach vorheriger Verletzung der Rinde ausströmte, eintrocknete und erhärtete.

Die Kiefernwälder versanken vor ca. 40 bis 50 Millionen Jahren durch große Klima- und Standortveränderungen in Sümpfen. Bei ansteigendem Meeresspiegel lockerten dann Wellen und Strömungen den überfluteten Waldboden auf, spülten das alternde Harz heraus und lagerten es an unterschiedlichen neuen Stellen ab. Große Mengen Bernstein wurden durch eine besonders starke Strömung in eine Bucht transportiert, die sich von der Samlandküste bis westlich von Danzig erstreckt. Er setzte ab und wurde von tonigem Substrat, Sand und Gesteinsschichten bedeckt. Die Sedimente verdich-

Bernsteinsammeln im Bereich der Brandung

teten sich später zur „Blauen Erde". Dabei entstand Braunkohle mit darin eingeschlossenem Harz, das sich unter dem Druck und Luftabschluss entwässerte. Mit der Zeit bildete sich aus dem Harz so der Bernstein. Auf diese ergiebige Lagerstätte im Ostbaltikum lassen sich letztlich alle Bernsteinfunde Nordeuropas zurückführen, insbesondere aber entlang der „Bernsteinküste" - also so auch hier. An den Stränden wird immer wieder der relativ leichte Bernstein angespült und, wenn man mit offenen Augen im Bereich der Brandung spaziert, kann man den einen oder anderen Stein entdecken. Wir setzen, nach einigen kleinen Funden, unsere Fahrt entlang der reizvollen Küste fort - vom Parkplatz aus rechts, weiter Richtung Danzig. Nach nur 4,5 km können wir Ihnen schon den nächsten schönen Waldparkplatz direkt in Strandnähe nennen:

Der nächste Ort ist KAHLBERG-LIEP (Krynica Morska). Dies ist ein bekannter, recht großer und belebter Erholungsort. Hier herrscht ein besonderes Klima, die Luft ist sauber und reich an Jod. Eine der Attraktionen dieses Gebietes sind die gewaltigen Dünen. Am höchsten sind drei Dünen neben Krynica Morska mit 49 m Höhe über dem Meeresspiegel. Außerdem gibt es einen alten Leuchtturm von dem man eine wunderschöne Aussicht hat. Aus Krynica Morska verkehren die Schiffe nach Elbląg, Frombork und sogar Kaliningrad. Direkt hinter der ORLEN-Tankstelle biegen wir die Straße rechts Richtung Strand ab, und nach 600 m stehen wir vor:

Wenn Sie nicht auf den Campingplatz, sondern einfach so den Strand besuchen möchten, fahren Sie noch 150 m weiter und kommen dann auf den regulären Strandparkplatz, der allerdings nur von 8:00 bis 22:00 benutzt werden darf. Es sind nur wenige Schritte an den obligatorischen Verkaufsständen, Bier- und Imbissbuden vorbei bis zum Strand, wo einen zur

Buntes Treiben vor dem Strand

Rechten ein ähnliches Bild erwartet - eine schöne, große **Wasserrutschbahn**, ein **Spielplatz**, davor noch ein **Strandrestaurant** - um vieles belebter als 8 km weiter östlich im vergeblich dazu nahezu verschlafenen Neukrug! Aber hier soll (und kann) glück-

Strandleben mit Rutschbahn

licherweise jeder für sich entscheiden, ob er die Einsamkeit sucht oder sich ein wenig in den Rummel stürzen möchte. Wir

Auch im belebten Kahlberg-Liep ist noch genug Platz für jeden!

setzen unsere Reise fort, fahren zurück zur 501 und rechts Richtung Danzig. Nach 21 km, die Frische Nehrung haben wir

Vor dem Strand in Steegen

hinter uns gelassen, kommen wir wieder in STEEGEN an. Kurz vor der Kirche biegen wir rechts dem Schild „Plaża" (Strand) folgend ab. Nach 2 km, die Straße führt durch den Wald, links und rechts befinden sich Ferienhäuser und

Campingplätze, von denen wir Ihnen den Platz Nr. 180 besonders zum Bleiben empfehlen möchten:

(115) WOMO-Camping-platz-Tipp: Nr. 180 Steegen (Stegna)

GPS: N 54° 20.743'; E 19° 06.671'; Morska
Öffnungszeiten: 15.04 - 15.10.
Ausstattung/Lage: schön schattig; Reiten; Restaurant; Pool; Haustiere erlaubt; Laden; Strand: 150 m / im Ort
Zufahrt: 501 von Osten kommend in Steegen rechts dem Schild „Plaża" folgend, nach 2 km am Strand im Wendebereich westlich gelegen.

Aber auch die regulären, bewachten und gebührenpflichtige Parkplätze stehen Ihnen zur Verfügung. An diesem Strand gibt es ebenfalls eine **Wasserrutschbahn**, **Spielplatz** und **Strandrestaurants** - alles eine Nummer größer und auch gepflegter, aber auch

Der Strand von Steegen

etwas teurer als in Kalberg-Liep. Der Badebetrieb im Meer

(116) WOMO-Badeplatz: Steegen

GPS: N 54° 20.738'; E 19° 06.846'; Morska   **max. WOMOs:** 3-4.
Ausstattung/Lage: mehrere Parkplätze am Strand, gebührenpflichtig, Mülleimer, teils auch zum Übernachten geeignet / außerorts.
Zufahrt: 501 von Osten kommend in Steegen rechts dem Schild „Plaża" folgend, nach 2 km am Strand.

wird sogar bewacht! Der Ort Steegen selbst geht auf das 15. Jahrhundert zurück. Die aus Holland angekommenen Mennoniten haben das Land entwässert und in fruchtbare Erde verwandelt. 1895 wurde unweit von hier an die Wisła (Weichsel) mittels Durchstich ein Kanal angeschlossen, der 2 Schleusen hat und nach 7 km in die Ostsee mündet. Es sind noch einige **alte Holzhäuser** aus dem 19. Jahrhundert erhalten geblieben, auch die **Fachwerkkirche** von 1683 ist sehr sehenswert. Abendlich finden hier Orgelkonzerte statt. Das Instrument ist über die Grenzen von Steegen hinaus bekannt. Eine weitere Attraktion dieser Gegend ist der **Jantar-Express**.

Fachwerkkirche von 1683 in Steegen

Im Gegensatz zum Namen handelt es sich allerdings nicht um ein sonderlich schnelles Verkehrsmittel, sondern um eine Schmalsspurbahn, die in der Saison die Strecke Mikoszewo-Jantar-Stegna-Sztutowo bedient.

Der nächste Badeort Richtung Danzig ist in 6 km Entfernung der Ort PASEWARK (Jantar). Auch hier biegen wir im Ort rechts von der 501 Richtung Strand ab und finden dort einen entsprechenden, gebührenpflichtigen Parkplatz, auf dem man durchaus auch übernachten kann. Vor dem Dünenüber-

Fischernetze und -boote in Pasewark

gang links und rechts Verkaufsstände, von Bernsteinschmuck über Spielwaren, Textilien bis zum Strandbedarf kann man alles kaufen, am Strand selbst die obligatorischen Imbiss- und Bierstände, auch hier ist der Strand riesig.

(117) WOMO-Badeplatz: Pasewark (Jantar)

GPS: N 54° 20.493'; E 19° 02.117'; Moeska   **max. WOMOs:** 3-4.
Ausstattung/Lage: Parkplatz am Strand, gebührenpflichtig, Mülleimer / außerorts.
Zufahrt: 501 von Osten kommend in Pasewark rechts dem Schild „Plaża" folgend, nach 1 km am Strand.

Wir setzen unsere Fahrt auf der 501 fort. Nach 6 km kommen wir an die Weichsel, und hier brauchen wir ein wenig Geduld, denn keine Brücke führt über den hier sehr breiten Fluss, sondern eine kleine Fähre pendelt hin und her. Die Wartezeit kann man sich zum Beispiel an einem kleinen Ver-

Weichselfähre bei Mikoszewo

kaufstand für Bernsteinschmuck vertreiben. Wir haben zwei Stücke hier gekauft, die Kosten sind nur 1/4 bis 1/3 der in Deutschland üblichen! 6,8 km weiter, in BOHNSACK (Sobes-

(118) WOMO-Badeplatz: Bohnsack (Sobieszewo)

GPS: N 54° 21.219'; E 18° 50.097'. Radosana   **max. WOMOs:** 3-4.
Ausstattung/Lage: am Strand, gebührenpflichtig / außerorts.
Zufahrt: 501 von Osten kommend in Bohnsack rechts dem Schild „Plaza" folgend, nach 1 km am Strand.

ziewo), können wir Ihnen den letzten Badestrand vor Danzig zeigen, der 1 km rechts von der 501 liegt. An Wochenenden

Unendlicher Strand bei Bohnsack

ist hier einiges los, viele Städter kommen zum Baden! Aber jetzt, unter der Woche, ist es trotz der Saison ruhig. So schön es hier ist, zieht es uns doch weiter. Vom Strand aus fahren wir wieder zurück zur 501 und biegen nach rechts ab. Aber vorher raten wir Ihnen, das Geschirr im Schrank gut zu sichern! Denn nach 600 m kommen wir an die Brücke über den

Nebenarm der Weichsel. Hierbei handelt es sich um eine Ponton-Schwimmbrücke, holzbeplankt, 350 m lang, an jedem Schwimmer eine kräftige Querfuge - Sie werden also ordentlich durchgerüttelt. Nach 5,7 km endet die 501, wir treffen auf die B7,

Pontonbrücke über die Weichsel

der wir nach rechts folgen und kurze Zeit später erreichen wir die Stadtgrenze von Danzig. Nur 4,5 km später verlassen wir diese jedoch wieder und biegen rechts Richtung „Westerplatte" ab. Wir überqueren nun die Weichsel über die moderne Hängebrücke mit den roten Stahltrossen. Wenn Sie Danzig von einem Campingplatz aus erkunden möchten, biegen Sie nun direkt hinter dieser Brücke rechts auf die *W. Budzysza* ab und folgen dem Verlauf über die *ul. Nowotna* bis zur Küste (insgesamt sind es ca. 3 km) bis zur *ul. Srodkowa*, und so kommen Sie zum schönen, am Meer mit Strand gelegenen:

(119) WOMO-Camping-platz-Tipp: Nr. 218 „Gdańsk Stogi"

GPS: N 54° 22.167'; E 18° 43.770'; Srodkowa
Öffnungszeiten: 25.04 - 05.10.
Ausstattung/Lage: schön schattig; Kiosk; Haustiere erlaubt; Strand; Straßenbahnverbindung nach Danzig (Nr. 8 u. 13, ca. 20 min. Fahrt) in der Nähe / Ortsrand
Zufahrt: B7 von Südosten kommend Richtung Danzig, Abzweig rechts zur Westerplate, nach der Brücke über die Weichsel rechts, noch 3 km.

Wir werden Sie aber im weiteren Verlauf auch noch auf einen relativ ruhigen, rund um die Uhr bewachten Parkplatz in unmittelbarer Nähe zur Altstadt von Danzig führen.

Wir fahren die Straße weiter in Richtung Westerplatte. 5,3 km nach dem Abzweig zum Campingplatz überqueren wir die Bahnschienen. Nun können Sie sich entweder nach 450 m auf den gebührenpflichtigen Großparkplatz stellen, oder aber unmittelbar nach Überquerung der Gleise links auf einen gebührenfreien Parkplatz an der Hafenmole fahren. Von hier aus sind es noch 500 m zu Fuß zu der Gedenkstätte.

(120) WOMO-Stellplatz: Danzig Westerplatte

GPS: N 54° 24.177'; E 18° 40.908'; Mjr.H.Sucharsiego
max. WOMOs: 2-3. **Ausstattung/Lage:** asphaltierter Parkplatz, eben, recht ruhig, Gaststätten anbei / außerorts.
Zufahrt: B7 von Südosten kommend Richtung Danzig, Abzweig rechts zur Westerplatte, nach 6,5 km Überquerung der Bahnschienen, links.

Mahnmal an der Spitze der Westerplatte

Auf der **Westerplatte** begann am 1. September 1939 um 5:00 Uhr morgens der **zweite Weltkrieg** mit dem Beschuss

des hiesigen Munitionsdepots durch den deutschen Panzerkreuzer Schleswig-Holstein. Die polnischen Soldaten hier in den Kasernen leisteten erbitterten Widerstand, aber nach 7 Tagen war Danzig gefallen. Die **Ruinen der Kaserne** werden als Mahnmal erhalten, auch **Gräber** der

Überreste der Kaserne

gefallenen polnischen Soldaten. 1966 wurde auf einem Hügel ein monumentales **Denkmal** errichtet. Wir fahren vom Parkplatz aus die 6,5 km zurück bis zur B7 und biegen dort rechts ab. Nach genau 2,5 km, es ist der erste Abzweig Richtung „Centrum", bevor die B7 als Viadukt über der Nebenarme der Weichsel führt, biegen wir rechts ab und stehen nach wenigen Metern am geräumigen, teils schattigen, rund um die Uhr bewachten Parkplatz der **historischen Altstadt**.

(121) WOMO-Stellplatz: Danzig Altstadt

GPS: N 54° 20.699'; E 18° 39.808'. Lakowa 54
max. WOMOs: 2-3.
Ausstattung/Lage: Stadtparkplatz, schattig, relativ ruhig, eben, eingezäunt, rund um die Uhr bewacht, Altstadt: 400 m / im Ort.
Zufahrt: B7 von Südosten kommend Richtung Danzig, 2,5 km hinter dem Abzweig zur Westerplatte am ersten Hinweisschild zum Centrum rechts abbiegen.

Hier können Sie ganz beruhigt Ihr Womo stehen lassen. Der Parkplatz ist eingezäunt, der einzige Zugang ist Tag und Nacht bewacht, nachts dreht zusätzlich ein stattlicher Hund seine Runden.

Vor mehr als 1.000 Jahren schipperte der Böhmische Bischof Adelbert über die Danziger Bucht, kam bei "Gyddanze" ans Land und wollte die Bewohner taufen. Nicht alle dankten es ihm! Jedenfalls wurde ihm einige Tage später der Kopf abgeschlagen. Sein Märtyrertod wurde später von einem Benediktinermönch beschrieben und dies Dokument gilt heute als "Geburtsurkunde" von Danzig. Seither hat die Stadt eine wechselvolle Entwicklung durchgemacht. Seit fast sieben Jahrhunderten leben hier Deutsche und Polen, Kaschuben und Einwanderer aus vielen Ländern zusammen, nicht immer konfliktfrei, aber immer stolz auf die gemeinsam geschaffene unvergleichliche Kulturlandschaft an der östlichen Ostsee.

Das Grüne Tor in Danzig

Wir machen uns nun an die Erkundung dieser Stadt, die mit zu den Schönsten in Polen zählt. Was man bedenken muss: kaum eines der Häuser der historischen Altstadt, oder eigentlich richtiger: **Rechtstadt** - hat den zweiten Weltkrieg überhaupt überstanden! Mehr als 700 Bauwerke wurden hier nach alten Plänen und Vorlagen in mühevoller Kleinarbeit akribisch wiederaufgebaut. 300 m sind es vom Parkplatz aus über die *ul. Lakowa* Richtung Norden, dann gehen wir links und sind nach 100 m am **Grünen Tor**, dem Eingang zur **Langgasse**. Zur rechten liegen malerisch entlang der Mottlau die Häuser der

Häuserzeile an der Mottlau (Motława) mit dem weltberühmten Krantor

Die Langgasse mit Rathaus

Altstadt, im Hintergrund das **Krantor** von 1442. Wir gehen durch das Grüne Tor hindurch und sind auf der Prachtstraße der Altstadt. Hier stehen die **Patrizierhäuser** mit ihren wunderschönen **Spätrenaissance-** und **Barockfassaden**. Galerien, Boutiquen und Schmuckhändler sind hier vertreten. Auch können wir auf die hervorragende und preiswerte Arbeit der **Bernsteinjuweliere** hinweisen! Kurz vor dem Rathaus fällt rechts der **Neptunbrunnen** vor dem Artushof ins Auge. Auf den **Rathausturm** kann man hinaufklettern, es ergibt sich eine phantastische Rundsicht über Danzig. Gegenüber befindet sich die **Touristeninformation,**

Neptunbrunnen vor dem Artushof

deren Besuch wir Ihnen nur dringend raten können. Wenn man zwischen Rathaus und **Artushof**

Die Langgasse vom Rathausturm aus

durchgeht, kommt man zur gewaltigen **Marienkirche**, in der bis zu 25.000 Menschen Platz finden. Die wertvolle Innenausstattung, nach dem 2. Weltkrieg von der Roten Armee verschleppt, ist teilweise inzwischen auch wieder zurück

in der Kathedrale oder ins Museum nach Warschau gebracht

Die landestypische Eisspezialität

worden. Bemerkenswert und faszinierend in der Kirche ist eine voll funktionsfähige 14 Meter hohe **astronomische Uhr**, 1464 bis 1470 in Thorn gebaut. Der weitere Weg führt über die Frauengasse durch das **Frauentor** zum

Ufer der Mottlau, wo Sie nicht nur ein leckeres Eis bekommen, sondern sich für den späteren Abend ein passendes Restaurant aussuchen können.

Restaurants am Mottlau-Ufer

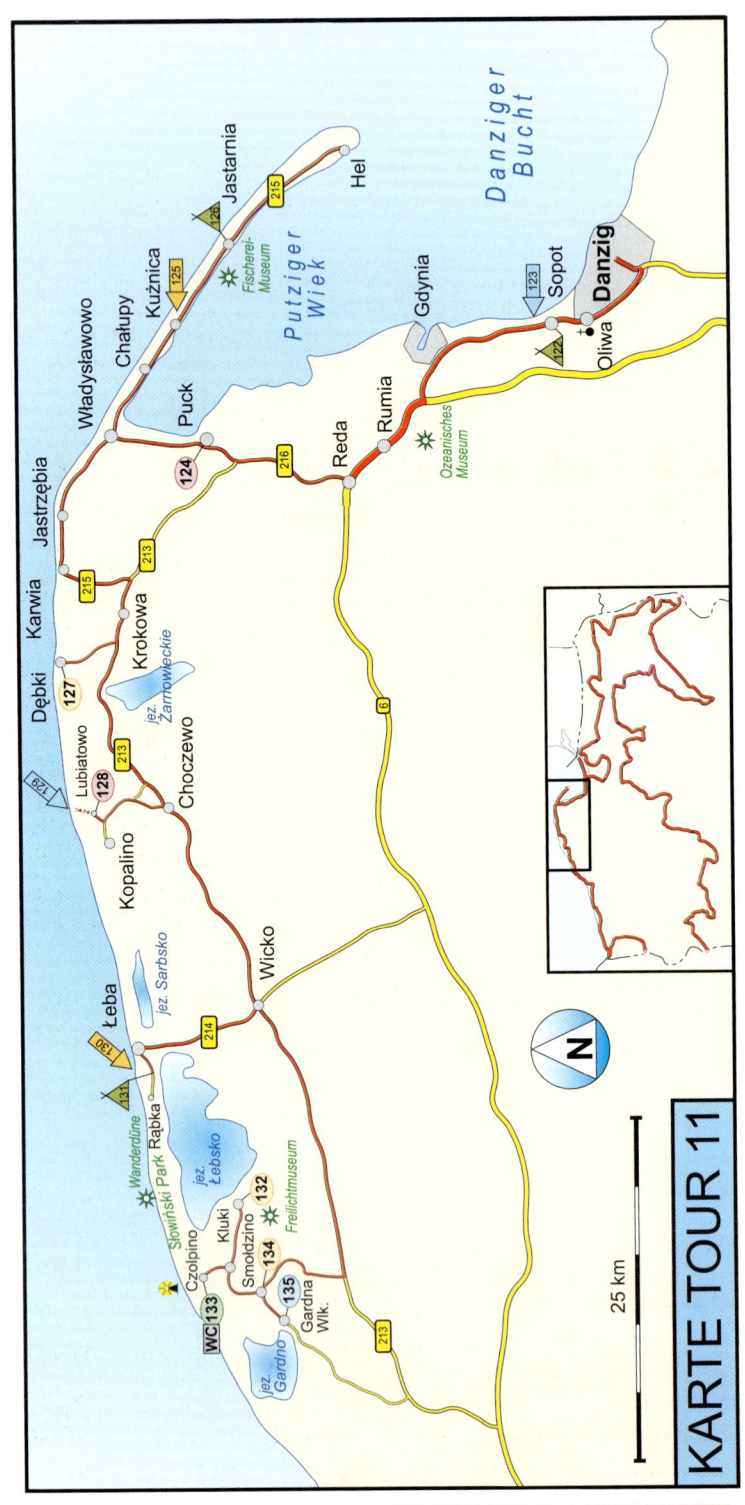

Danziger Bucht

Danzig

Sopot

123

Oliwa

122

Gdynia

Putziger Wiek

Hel

215

Jastarnia

126

Kuźnica

125

Fischerei-Museum

Chałupy

Władysławowo

Puck

124

Reda

216

Rumia

Ozeanisches Museum

6

Jastrzębia

215

213

Karwia

Dębki

127

Krokowa

jez. Żarnowieckie

Lubiatowo

213

128

Choczewo

621

Kopalino

Wicko

Łeba

130

214

131

jez. Sarbsko

Słowiński Park Rąbka

Wanderdüne

jez. Łebsko

132

Freilichtmuseum

Czołpino

Kluki

134

Smołdzino

WC 133

135

Gardna Wlk.

jez. Gardno

213

N

25 km

KARTE TOUR 11

TOUR 11 (ca. 349 km / 3-4 Tage)

Oliva (Oliwa) - Zoppot (Sopot) - Gdingen (Gdynia) - Hela (Hel) - Dembeck (Dębki) - Łeba - Klucken (Kluki) - Groß-Garde (Gardna Wilka)

Freie Übernachtung:	Strandparkplatz in Zoppot; Parkplatz mit Meerblick in Kußfeld (Kuźnica) auf der Halbinsel Hel; Picknickplatz Lubiatowo; Strandparkplatz in Łeba; am Freilichtmuseum Klucken (Kluki); Wanderparkplatz in Schmolsin (Smołdzino); am Badeplatz in Gardna Wilka
Campingplätze:	„Nr. 67" in Zoppot; „Nowa Maszoperia" Nr. 75 in Heisternest „WGP Iskra" in Łeba;
Besichtigen:	Solidarność-Denkmal in Danzig; Kathedrale von Oliwa; Seebad Zoppot mit über 500 m Mole; Ozeanografisches Museum in Gdingen; Museumsschiff „Zerstörer Błyscawica" in Gdingen; Halbinsel Hel mit Fischereimuseen in Heisternest und Hela; Wanderdünen von Łeba; V2-Raketenzentrum in Rąbka; Freilichtmuseum Klucken; Aussichtsturm auf dem Reveken
Baden:	Strand in Zoppot, Heisternest, Hel, Dembeck, Lubiatowo, Łeba; See in Groß-Garde

    Wir verbringen eine recht ruhige Nacht auf dem Parkplatz an der Danziger Altstadt. Bevor wir uns jedoch nun an die Erkundung der weiteren Küste Polens machen, möchten wir noch eines nachholen, was wir Ihnen in der letzten Tour noch versprochen haben: **Solidarność.**
Schließlich wurde hier in Danzig einer der Grundsteine für die Demokratisierung des Ostens gelegt. Im Dezember 1970 streiken die Werftarbeiter Danzigs, um gegen den niedrigen Lebensstandard und die steigenden Lebenshaltungskosten zu protestieren. Es kommt zu blutigen Zusammenstößen zwischen den Streikenden und der Armee sowie der Polizei. 44 Tote sind zu beklagen. 1980 wird die Gewerkschaft Solidarność gegründet. Führer der Gewerkschaft wird der Werftelektriker Lech Walesa. Um die Tragödie von 1970 nicht zu wiederholen, schließen sich die Streikenden innerhalb der Danziger Werft ein. Auf dem Werft-

Solidarność-Denkmal

gelände der **Lenin-Werft** (heute Gdańsk stocznia) wird ein **Denkmal** für die 1970 getöteten Werftarbeiter enthüllt. Am 13. Dezember 1981 verhängt General Wojciech Jaruzelski das Kriegsrecht über Polen. Lech Walesa und andere Führer der Gewerkschaft Solidarność werden verhaftet. Solidarność bildet illegale Strukturen. Die Lenin Werft wird 1988 erneut besetzt. Solidarność erreicht die offizielle Zulassung der Gewerkschaft. Zehn Millionen Polen treten Solidarność bei. Bei den ersten Wahlen erringt Solidarność einen überwältigenden Wahlsieg. 1990 wird Lech Walesa erster Präsident im demokratischen Polen.

Wir fahren vom Parkplatz aus zurück auf die B7 und biegen dort rechts ab. Nach 1,2 km biegen wir wieder rechts Richtung Zoppot / Gdingen ab. Nach einem weiteren Kilometer, am zweiten Kreisverkehr, wir befinden uns vor dem Hauptbahnhof, halten wir uns rechts und finden nach 250 m, hinter dem nächsten Kreisverkehr, zur Rechten das steil in den Himmel ragende **Monument** für die 1970 getöteten Werftarbeiter. Es besteht aus drei riesigen Kreuzen aus Bootsstahl, durch Schiffsanker miteinander verbunden. Von hier aus fahren wir

weiter die B1 Richtung Norden, der nächste Ort, den wir erreichen, ist OLIWA (Oliva). Hier ist die **gotische Kathedrale** einer Zisterzienserabtei sehr empfehlenswert. Im Inneren finden Sie nicht nur **23 Renaissance-**, **Barock-** und **Rokkokoaltäre**, unzählige Grabplatten, sondern auch eine g**ewaltige Orgel**. 7.876 Pfeifen aus Zinn und Holz zaubern einen Klang, der das Gotteshaus weltberühmt gemacht

Kathedrale in Oliwa

hat. Der Erbauer des Instruments, Johann Wulf, soll einen Herzschlag erlitten haben, als er das Instrument das erste mal hörte! Weiter geht es nach ZOPPOT (Sopot). An der ul. Pomorska halten wir uns rechts Richtung Küste, nach 900 m biegen wir dann links ab und befinden uns bereits in dem berühmten Kurbad der Danziger. Nach weiteren 900 m notieren wir für Sie rechterhand:

---

(122) WOMO-Campingplatz-Tipp:
Nr.67 „Przy Plazy" Zoppot (Sopot)

GPS: N 54° 25.836'; E 18° 35.220'; Bitwy Pod Plowcami 73
Öffnungszeiten: 15.06.-11.08.   **Ausstattung/Lage:** schön schattig / am Sandstrand; Laden; Gaststätte; Hunde erlaubt; Ver- und Entsorgung; zentral.
Zufahrt: 900 m nach Beginn der Uferstraße vor dem Kreisverkehr.

Nur 400 m weiter finden wir rechts auf einem ehemaligen Industriegelände einen großen Parkplatz, der von Hunderten von PKW genutzt wird und den großen Vorteil hat, unmittelbar am Sandstrand zu sein:

(123) WOMO-Badeplatz: Zoppot Strand

GPS: N 54° 26.052'; E 18° 35.009'; Aleja Wojska Polskiego
max. WOMOs: 4-5.
Ausstattung/Lage: Stadtparkplatz, relativ ruhig, eben, unbewacht, direkt an der Strandpromenade, Sandstrand 150 m entfernt.
Zufahrt: Von Danzig kommend am Eingang von Zoppot rechts auf die ul.Pomorska zur Uferstraße, dort links, nach 1,4 km rechts ehemaliges geräumtes Industriegelände, nun großer Parkplatz.

Von hier aus sind es nur noch ein paar Meter bis zur **Strandpromenade** (Fuß- und Radweg), dahinter liegt der kilometerlange, feinsandige und sehr gut besuchte **Badestrand** des Kurbades. Von hier aus sind es noch etwas mehr als 1,5 km

Zoppot - die Badewanne Danzigs ...

zur Hauptattraktion des Ortes: der mehr als 500 m langen, **hölzernen Mole** - Flaniermeile und Anlegepunkt der Weissen Flotte nach Danzig beziehungsweise zur Halbinsel Hel. Landseitig befindet sich **Casino**, **Kurhaus**, **Kurpark** und die Einkaufsmeile mit Restaurants und Bierstuben. Zoppot ist, milde gesagt, ein äußerst belebter Badeort, und wir sind froh, ihn auch wieder zu verlassen. Nachdem wir nun an der Badewanne Danzigs waren, kommen wir zum Hafen der Stadt - GDINGEN (Gdynia), auch diese Städte sind nahtlos zusammengewachsen. Hier möchten wir nur auf die Südmole des Hafens hinweisen. Das **Ozeanographische Museum** und ein **Meeresaquarium** befinden sich hier, außerdem als **Museumsschiff** der **Zerstörer „Błyskawica"** - und das **Segelschulschiff "Dar Pomorza".** Wir entfernen uns vom modernsten Hafen der Ostsee über die B6 Richtung Norden. In REDA verlassen wir sie und biegen rechts auf die 216 Richtung PUTZIG (Puck). Nach 12.5 km erreichen wir den Ort, und wenn Sie sich die **Kleinhäuser** aus dem 18. und 19, Jahrhundert und das kleine **Fischereimuseum** ansehen wollen, können Sie am Markt auf einen der Parkplätze fahren. Insgesamt 15,5 km nach dem Abzweig auf die 216 machen wir Rast an einem Picknickplatz direkt am Meer:

(124) WOMO-Picknickplatz: Putzig Meer

GPS: N 54° 43.827';
E 18° 23.632'.
max. WOMOs: 1-2.
Ausstattung/Lage: geschotterter Parkplatz an der 216, nicht sehr ruhig, eben, unbewacht, direkt am Meer; Tisch & Bänke, Mülleimer / Ortsrand.
Zufahrt: Von Danzig die B6 kommend in Reda rechts auf die 216 abbiegen, nach 15,5 km hinter dem Ort „Putzig" ausgeschilderter Parkplatz rechts der Straße.

Nach 7 km in GROSSENDORF (Władysławowo) biegen wir rechts Richtung HELA (Hel) ab und kommen auf die gleichnamige Halbinsel. Sie wurde durch Meer und Wind gebildet, indem die Wellen vom Kliff der Schwarzauer Kämpe den Sand anschwemmten. Sie ist 35 km lang, an der schmalsten Stelle

Stellplatz bei Kußfeld

nur 150 m breit - und, zumindest an einem Hochsommerwochenende hoffnungslos überfüllt. Zur linken begleitet uns die nächsten Kilometer ein schmaler Waldstreifen mit den Schienen der Eisenbahn nach Hela, rechts das Meer, aber erst nach 13,5 km finden wir eine annehmbare Möglichkeit, unser Womo einmal abzustellen.

Wir befinden uns hier am Südufer der Halbinsel Hel, die endlosen Badestrände befinden sich hingegen an der nördlichen Seite. Um dorthin zu gelangen, muss man also zunächst die Eisenbahnschienen über- und den Waldstreifen durchqueren - insgesamt ca. 250 m. Das Seegebiet zwischen der Heler Halbinsel und Gdingen, das „Putziger Wiek", hat keine Strände uns ist ein Eldorado für Surfer und Segler. Der nächste Ort ist HEISTERNEST (Jastarnia). Der heutige Ort ging ursprünglich aus zwei Ortschaften hervor. Neben dem sog. Jastarnia Pucka / Putziger Heisternest bestand Bor / Danziger Heisternest, das im 17. Jahrhundert zu Danzig gehörte und von deutschen Protestanten bewohnt war. Damals entwickelte sich Bor schneller als der Nachbarort, in dem Kaschuben lebten. Dann kehrte sich die Entwicklung jedoch um. Die Einwohner Bors gingen zum Katholizismus über. Die Ortschaft wurde "kaschubisiert". Auch heute noch sollen sich die Dialekte beider Ortsteile unterscheiden. Hier gibt es gleich zwei Fischermuseen, das "**Chata Rybacka**", die sogenannte Fischerhütte, ein Gebäude im Originalzustand des 19. Jahrhunderts., wo Sie **Fischergeräte** der letzten **fünf Jahrhunderte** besichtigen können, und das privat betriebene **Muzeum Rybackie** / Fischermuseum von Juliusz Struck. Hier können Sie **Fischerbootswerkstätte** sowie eine **rekonstruierte Fischerstube** besichtigen. Die neue, schon vom weiten zu sehende Kirche von Jastarnia wurde im Jahre 1931 gebaut. Die Kirchenkanzel hat die Form eines Bootes auf den schwankenden Wellen. Ansonsten ist der Ort inzwischen ein großes Touristenzentrum geworden. Noch 12 km sind es bis HELA selbst, wo wir von den ersten Plattenbauten empfangen werden. Wir müssen mehrmals durch das Einbahnstraßennetz kreisen, bis wie einen der ra-

Zentrum von Hela

ren Parkplätze ergattern. Das einzig sehenswerte ist das Zentrum mit Fußgängerzone. Hier befinden sich die alten Fischerhäuser aus dem 19. Jahrhundert, in denen nun kleine Läden und Restaurants zu finden sind. Auch der Fischerhafen ist recht hübsch, die alte Kirche aus dem 14. Jahrhundert ist jetzt ein Fischereimuseum. Wir fahren nun die (einzige) Straße wieder zurück zum Festland. Leider können wir ihnen auf der ganzen Strecke keinen weiteren, auch nur halbwegs annehmbaren freien Stellplatz anbieten. Parkraum ist knapp, und speziell an Wochenenden strömen viele Menschen aus dem Ballungsraum Danzig hierher. Die einzige Möglichkeit, die schönen Strände der berühmten Halbinsel zu genießen, hat man auf einem der 10 Campingplätze auf Hel. Empfehlen können wir, wieder zurück in HEISTERNEST, den:

**(126) WOMO-Campingplatz-Tipp: „Nowa Maszoperia"
Nr. 75 in Heisternest (Jastarnia)**

Öffnungszeiten: 01.05. - 30.09. **Ausstattung/Lage:** wenig Schatten; Laden; Gaststätte; Grill; Haustiere erlaubt; Surfschule; nächster Ort: 500 m **Zufahrt:** an der 216 zwischen Grossendorf (Władysławowo) und Hela in Heisternest, ausgeschildert.

Zurück auf dem Festland, in Grossendorf, geht der Trubel weiter. Der Ort selbst, auch die zugehörigen weiteren Städte Habichtsberg (Jastrzębia) und Karwen (Karwia) sind äußerst belebte und nicht sehr ansehnliche Erholungszentren. 15 km hinter dem Kreisverkehr in Grossendorf, in Karwia, verlässt die Straße die Küste. Nach 7,5 km, in Krokowa, biegen wir rechts auf die 213, die nun parallel zur Küste verläuft. Auf der Suche nach einem passenden Stellplatz für die Nacht an der Küste nehmen wir nach weiteren 3,8 km rechts den Abzweig nach DEMBECK (Dębki). 5,8 km später endet das Sträßchen in Dębki, wir halten uns links. Es ist einer der typischen Küstenorte: im Wald gelegen, hier befinden sich Tausende Ferienhäuschen, Campingplätze, es ist sehr belebt, entlang der

(127) WOMO-Stellplatz: Dembeck (Dębki)

GPS: N 54° 49.681';
E 18° 03.887'; Zakonna
max. WOMOs: 1-2.
Ausstattung/Lage: schattig, ruhig, eben, Mülleimer; Badestrand: 450 m Ortszentrum ca. 500 m / im Ort.
Zufahrt: 213 von Putzig (Puck) Richtung Stolp (Słupsk) 3,5 km hinter Krockow (Krokowa) rechts nach Dembeck abbiegen, nach 5,8 km links, ca. 1,5 km kurz vor Ende der Pflasterstraße (wird Waldweg) links gegenüber Kirche

engen Straße Verkaufsstände, Fußgänger und Autos dazwischen. Immer die Ruhe bewahrend, finden wir nach 1,5 km gegenüber der kleinen Kirche einige Parkbuchten.

Abendstimmung am Strand von Dembeck

Wir nutzen den Abend, um uns im Ort ein gutes Abendessen zu genehmigen und natürlich, um den hiesigen Strand zu besuchen und einige Kilometer an ihm entlang zu spazieren. Sehr flach ist das Wasser hier, einige „Lagunen" bilden sich und bieten besonders für die Kinder schöne, warme „Badewannen". Wer ein, zwei Tage bleiben möchte, sollte jedoch auf den ein paar hundert Meter vor dem Parkplatz gelegenen kleinen Campingplatz ausweichen. Wir setzen unsere Fahrt entlang der Küste fort.

Strandspaziergang

Obwohl es kürzer ist, möchten wir Ihnen nicht empfehlen, den Waldweg als Fortsetzung des Sträßchens an unserem Stellplatz zurück zur 213 zu nehmen. Wir fahren also auf dem gleichen Weg wieder zurück, den wir auch gekommen sind, dann rechts auf die 213 Richtung Stolp (Słupsk). Nach 18 km, wir befinden uns in GOTENDORF (Choczewo), biegen wir wieder rechts nach KOPALLIN (Kopalino) Richtung Küste ab. Wir kommen durch Kierzkowo, ein wenig später beginnt der Wald, dann können wir Ihnen nach 2 km auf der rechten Seite einen Picknickplatz empfehlen:

(128) WOMO-Picknick-platz: Lubiatowo

GPS: N 54° 47.532';
E 17° 52.306'; Topolowa
max. WOMOs: 1-2.
Ausstattung/Lage: Wiesenplatz unter Bäumen, schattig; recht ruhig Tisch & Bänke, Mülleimer / außerorts.
Zufahrt: 13 von Putzig (Puck) Richtung Stolp (Słupsk) 18 km hinter dem Abzweig Dembeck (Dębki) rechts Richtung Kopallin (Kopalino) abbiegen, nach 6,3 km rechts der Straße im Wald.

Am Ende der Straße biegen wir rechts Richtung LUBIATOWO ab und folgen der Beschilderung „Plaża". Nach 2,5 km Schotterpiste erreichen wir den großen Strandparkplatz (gebührenpflichtig), den wir aber nicht zur Übernachtung empfehlen können. Entweder fahren Sie auf den Campingplatz direkt nebenan oder aber Sie nutzen dafür den Picknickplatz Nr.128:

(129) WOMO-Badeplatz: Lubiatowo

GPS: N 54° 48.610'; E 17° 50.110'. **max. WOMOs:** 4-5.
Ausstattung/Lage: schattiger Parkplatz, teils sandig, eben, gebührenpflichtig, bewacht, direkt am Meer, Badestrand 150 m entfernt / Ortsfern, kein Übernachten.
Zufahrt: 13 von Putzig (Puck) Richtung Stolp (Słupsk) 18 km hinter dem Abzweig Dembeck (Dębki) rechts Richtung Kopallin (Kopalino) abbiegen, bis Ende der Straße, dann rechts nach Lubiatowo, anschließend links „Plaża" 2,5 km Schotter bis zum Strandparkplatz.

Traumstrand von Lubiatowo

Der Strand von Lubiatowo ist traumhaft schön. Mag der Parkplatz noch so voll sein, hier verläuft sich alles. Am Strandzugang haben sich ein paar Imbissbuden und Pavillons breitgemacht, für jeden Geschmack ist etwas dabei und die Preise sind, nach deutschen Maßstäben, sehr niedrig. Man kann hier bequem den ganzen Tag zubringen - was wir auch mit Vergnügen in Anbetracht des schönsten Sommerwetters tun.

Gegen Abend fahren wir dann weiter, zurück auf die 213 auf dem gleichen Weg, wie wir auch hergekommen sind. Dort biegen wir wieder rechts Richtung Stolp ab, nach 22 km, in VIETZIG (Wicko) treffen wir auf die 214, der wir rechts nach **ŁEBA** folgen. Nach 9 km erreichen wir den Ort. Łeba - eingezwängt zwischen dem Łebsko- und Sarbsko-See gelegen - ist die Stadt in den Dünen. Das kleine Städtchen ist Fischereihafen und sehr belebtes Seebad gleichzeitig. Der ursprüngliche im 13. Jahrhundert gegründete kaschubische Fischerort (Stadtrecht 1357) wurde nach Jahrhunderte langem Kampf gegen Überschwemmungen und Sand aufgegeben und 1570 weiter landeinwärts neu aufgebaut. Die Gegend wird deshalb auch **Polska Sahara** genannt, die polnische Sahara. Wir wollen Ihnen zunächst die Stellplatzmöglichkeiten aufzeigen. Ein paar hundert Meter nach dem Ortseingang überqueren wir die Bahnschienen. Die nächste Möglichkeit fahren wir schräg links, folgen schräg links dem Verlauf der Straße, bis wir an die Schienen kommen, dort biegen wir rechts ab, nach ca. 500 m geht es wieder links, wir überqueren zum zweiten mal die Eisenbahnstrecke (die unmittelbar danach endet). Dann überqueren wir den Fluss „Łeba", nach weiteren 500 m folgen wir links dem großen hölzernen Wegweiser zum „Słowiński Park Narodowy", wo wir nach 1,6 km am Ende der für den öffentlichen Verkehr freigegebenen Straße links einen großen, gebührenpflichtigen Parkplatz am Łebsko-See finden.

---

(130) WOMO-Stellplatz: Łeba am Łebsko-See

GPS: N 54° 45.166'; E 17° 31.113'; Rabka   **max. WOMOs:** 3-4.
Ausstattung/Lage: asphaltierter Parkplatz, ruhig, eben, bewacht, gebührenpflichtig, von hier aus Zugang zum Nationalpark an den Wanderdünen / außerorts.
Zufahrt: Von Wicko aus auf der 214 nach Łeba, nach Überqueren der Schienen links halten, dann am Ende der Bahnstrecke links, über Brücke über die Łeba, nach weiteren 500 m links Richtung „Słowiński Park Narodowy", nach 1 km links auf den Parkplatz.

Die nächste Möglichkeit ergibt sich, wenn wir nicht links dem großen hölzernen Wegweiser zum „Słowiński Park Narodowy" folgen, sondern einfach geradeaus weiterfahren. Zunächst kommt auf der rechten Seite der Campingplatz „Eurocamp", dann der „PTTK Chaber", den wir vor allem für größere Wohnmobile empfehlen möchten. Nach 700 m, am Ende der Straße vor dem Strand, befindet sich links der gebührenpflichtige Parkplatz vor dem Camping „WGP Iskra". Sie können entweder hier stehenbleiben (auch über Nacht), oder aber direkt auf den Platz fahren - vorausgesetzt, sie haben ein relativ kompaktes Fahrzeug ohne große Karosserieüberhänge.

(131) WOMO-Camping-platz-Tipp: „WGP Iskra" in Łeba

GPS: N 54° 45.861'; E 17° 31.972'; Turystyczna
Öffnungszeiten: 01.05. - 30.09.
Ausstattung/Lage: schön schattig; Haustiere erlaubt; Sanitärausstattung einfach; eigener Strandzugang; Ortszentrum 1,8 km; / Ortsrand.
Zufahrt: Von Wicko aus auf der 214 nach Łeba, nach Überqueren der Schienen links halten, dann am Ende der Bahnstrecke links, über Brücke über die Łeba, nach 700 m am Ende der Straße links.

Wir machen uns nun auf den Weg in die Stadt, zunächst die 700 m zurück bis zur Brücke über die *Łeba*, dann unmittelbar nachdem wir diese überquert haben nach links an den **Hafen**. Am Spätnachmittag können Sie sich direkt mit ganz frisch gefangenem Fisch versorgen. Wir gehen einfach weiter das Lebaufer entlang. Hier dümpeln friedlich die farbenfroh gestrichenen

Fischverkauf im Hafen von Łeba

Kutter der Fangflotte Łebas vor sich hin und warten auf ihren

Einsatz am nächsten Tag. Einige der Kutter haben sich auch inzwischen auf die Touristen eingestellt und bieten Touren zum Hochseeangeln an. Nach ein paar weiteren hundert Metern sind wir im **Zentrum** angekommen, in dem

sich in einer Reihe **Restaurants** und Imbissstände für jeden Geschmack und Geldbeutel, Geschäfte, Andenkenläden befinden. Hier pulsiert in den Sommermonaten das Leben. Nachdem wir für das leibliche Wohl sowohl in fester als auch flüssiger Form gesorgt ha-

Im Zentrum von Łeba

ben, machen wir uns wieder auf den Rückweg zum Womo. Am nächsten Tag starten wir zu einer der Attraktionen dieser Region, einer der großen **Wanderdünen**. Und wenn die Dünen wandern können, so können wir es auch - zumindest teilweise. Die 3 km vom Campingplatz bis zum großen Parkplatz am Rande des Naturschutzgebietes legen wir zu Fuß zurück - nicht ohne Ihnen irgendwo zwischendurch den:

WOMO-Cache Nr. 15

Position: N 54° 45.559'; E 17° 32.037.   **Schwierigkeitsgrad:** leicht
Tipp: unter Kiefern ...

fallen zu lassen. Für die nächsten Kilometer nehmen wir eine etwas komfortablere Fortbewegung. Nachdem wir auch unseren Hund überreden können, sich auf dem Boden der Kutsche zusammenzurollen, wählen wir die Pferd-und-Wagen-Variante und lassen uns über die Betonpiste bis zum Fuß der großen Wanderdüne im

So geht es komfortabel zur Wanderdüne

wahrsten Sinn des Wortes kutschieren. Betonpiste? Ja, hier waren gegen Ende des zweiten Weltkrieges **V2-Raketen** stationiert, und aus dieser Zeit stammt der Weg. In RĄBKA befindet sich auch eine diesbezügliche **Ausstellung**. Vom Fuß der Wanderdüne aus geht es dann nur noch zu Fuß weiter. Einen knappen Kilometer ist die Breite bis zum Meer hier, und man ist bestimmt nicht in einer Viertelstunde am Strand. Die **Dü-**

Eine der großen Wanderdünen bei Łeba

nen wandern mit bis zu **9 Meter/Jahr**, sind hier über **40 m hoch** - und wenn Sie zwei Schritte vorangegangen sind, rut-

8 km Strandwanderung ...

schen Sie einen wieder zurück. Wir überqueren die Düne bis zum Strand und laufen die 8 km bis nach Łeba immer am Meer entlang. Wenn Sie uns auf dieser Tour folgen wollen: nehmen Sie unbedingt genug Trinkwasser mit, unterwegs gibt es nichts, sonst haben Sie hinterher das wirkliche und echte Wüstenfeeling...

   Wir gönnen uns danach noch ein wenig Faulenzen am schönen Strand von Łeba, dann geht es weiter! Wir fahren zurück nach VIETZIG (Wicko), wo wir wieder rechts auf die 213 Richtung Stolp (Słupsk) abbiegen. Nach 27,3 km, in Neu-Gutznie-

---

(132) WOMO-Stellplatz: Klucken (Kluki)

GPS: N 54° 40.909'; E 17° 20.043'; Kluki   **max. WOMOs:** 1-2.
Ausstattung/Lage: asphaltierter Parkplatz, ruhig, eben, unbewacht, Mülleimer vorhanden, Kiosk anbei / im Ort.
Zufahrt: 213 von Nordosten in Neu-Gutznierow rechts Richtung Klucken abbiegen, nach 21 km im Ort gegenüber des Freilichtmuseums.

---

row (Choćmirówo) biegen wir rechts Richtung KLUCKEN (Kluki) ab. Hier kommen wir nach 21 km an einen schönen Parkplatz gegenüber des **Freilichtmuseums**, den wir Ihnen auch zum Übernachten empfehlen können. Man hat hier in den 60er Jahren ein

Im kaschubischen Freilichtmuseum

original kaschubisches Dorf zusammengestellt, alle Häuser sind komplett ausgestattet. Wundern Sie sich nicht über die übergroßen, klobigen Holzschuhe mit Riemen, sie sind für Pferde gedacht gewesen, damit sie hier in den Sumpfgebieten nicht so leicht einsinken. Von Klucken aus fahren wir wieder die Straße zurück, biegen aber nach 5,5 km rechts Richtung Czołpino ab und finden nach 2 km rechts dort den:

(133) WOMO-Wanderparkplatz: Czołpino

GPS: N 54° 42.539'; E 17° 14.512'; Czolpino   **max. WOMOs:** 2-3.
Ausstattung/Lage: Bank, WC, Mülleimer, Imbissbude, Wanderkarte
Zufahrt: 213 von Nordosten in Neu-Gutznierow rechts Richtung Klucken abbiegen, nach 15 km in Smołdzinski-Las links nach Czołpino, noch 2 km.
Sonstiges: Startpunkt für Rundwanderung (8,5 km) über Hochdüne, am Strand entlang, zum Leuchtturm und zurück zum Parkplatz.

Wir starten die Wanderung genau gegenüber der Einfahrt zum Parkplatz und folgen zunächst der roten Markierung. Nach 1 km durch den

Wald wird der Boden die nächsten 500 m immer sandiger, ohne Schuhe geht es nun besser! Der nächste Kilometer führt über die Wanderdüne, dann folgen 500 m durch einen Wald, bis man an den Strand kommt. Wir gehen links 2 km den Strand entlang, dem Schild „Laternia Morska" folgend. Nach 2 km geht es wieder links 1,5 km durch den Wald bis zum Leuchtturm (Laternia Morska). Diesen sollte man wegen der Aussicht auch besteigen. Von hier aus ist es noch knapp 1 km bis zur Straße, dann links, nach 300 m sind wir wieder am Parkplatz.

Die Wanderdünen vom Leuchtturm „Laternia Morska" aus gesehen

Von Czołpino aus fahren wir wieder zurück nach Smołdzinski-Las, von dort wieder nach Smołdzino. Dort fahren wir rechts Richtung Słupsk. Wir überqueren die *Łupawa*, links können wir das kleine **Wasserkraftwerk** bewundern. Nach 650 m finden wir auf der rechten Seite einen größeren und tagsüber bewachten Parkplatz. Wir stellen unser Womo ab und starten - auf der gegenüberliegenden Straßenseite - die kurze Wanderung auf die Spitze des 115 m hohen „Heiligen Berg der Slowinzen", den **Reveken** (Rowokól). Hier oben befindet

Aussichtsturm auf dem Reveken

sich ein stählerner Aussichtturm, von dem aus sich ein Rundblick auf die Seen Łeba, Garda und Großer und Kleiner Dolgen mit Meerespanorama eröffnet.

Wir folgen dem Verlauf der Straße nach Stolp und kommen

nach 3,7 km in Groß-Garde (Gardna Wilka) an den **Gardner See**. Wir biegen im Ort die erste Möglichkeit rechts zum See ab und stehen auf einem traumhaften Wiesenstrand - Stellplatz:

Der See fällt flach ab, das Wasser ist warm, es ist einfach schön hier. Abends wird ein Feuer angezündet, die Sonne geht im See unter, romantischer könnte die Stimmung kaum sein. Groß-Garde ist ein stilles, verträumtes Dorf, hier scheint die Zeit still zu stehen - ein Ort so richtig zum Wohlfühlen!

Dorf-Idyll in Groß-Garde

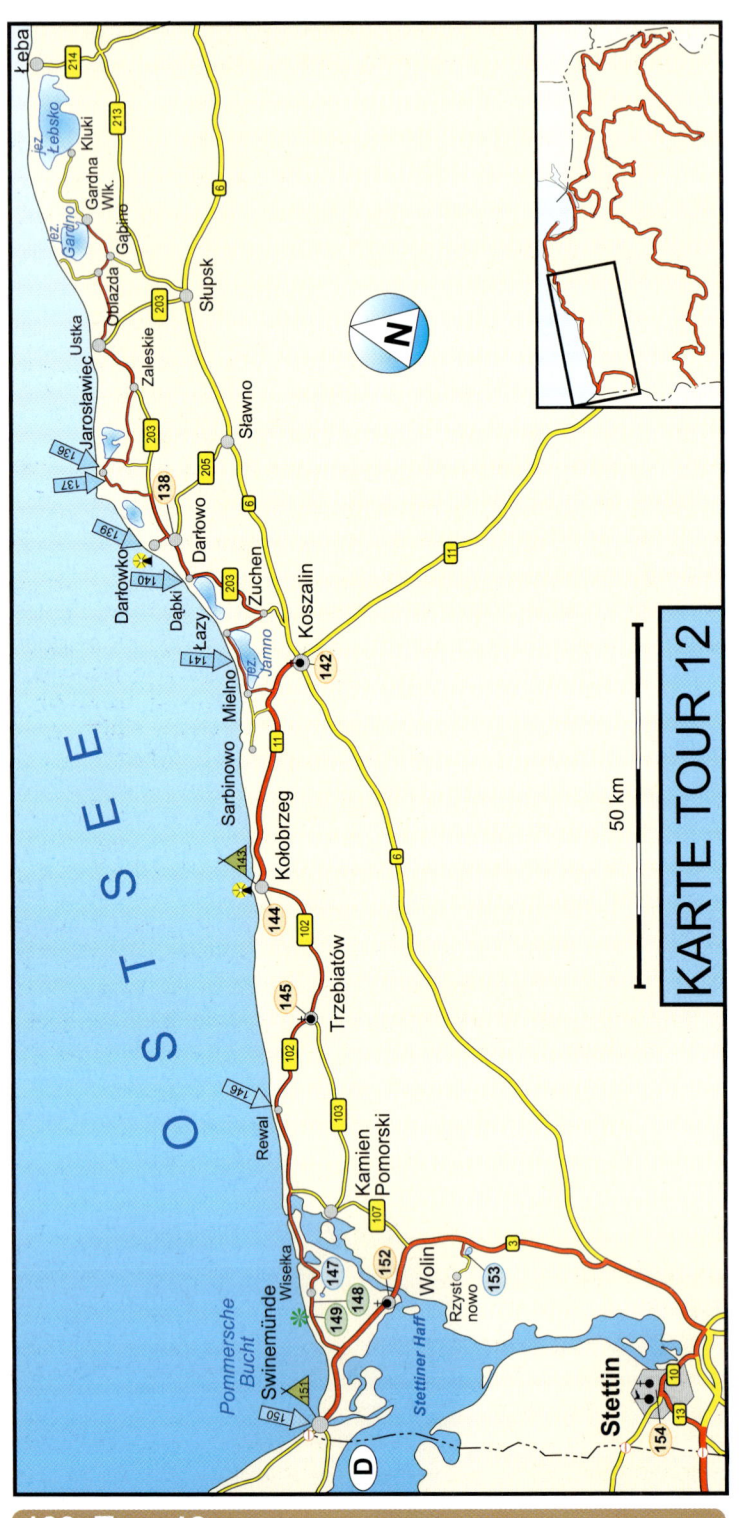

KARTE TOUR 12

50 km

OSTSEE

Pommersche Bucht

Stettiner Haff

Łeba
214
213
Jez. Łebsko
Kluki
Gardna Wlk.
Gabino
Jez. Gardno
Obłazda
Słupsk
6
203
Ustka
Zaleskie
203
Jarosławiec
Sławno
136
203
137
205
138
6
Darłowo
139
Zuchen
140
Darłówko
203
Koszalin
Dąbki
Łazy
142
Jez. Jamno
141
11
Mielno
11
Sarbinowo
Kołobrzeg
143
11
144
102
6
145
Trzebiatów
102
146
103
Rewal
Kamień Pomorski
107
147
152
Wolin
3
Wisełka
148
Rzysto
153
149
nowo
Świnoujście
151
10
150
Stettin
154
13
D
N

TOUR 12 (ca. 445 km / 4-5 Tage)

Rügenwalde (Darłowo) - Köslin (Koszalin) - Kolberg (Kołobrzeg) - Treptow (Trzebiatów) - Rewahl (Rewal) - Swinemünde (Świnoujście) - Wollin (Wolin) - Stettin (Szczecin)

Freie Übernachtung:	Strandparkplatz in Jarosławiec; Strandparkplatz in Rügenwaldermünde (Darłowko); Innenstadt von Rügenwalde (Darłowo); am Jez. Jamno; Stadtparkplatz in Köslin; Jachthafen von Kolberg; an der Steilküste von Rewahl; Am Badesee von Neuendorf (Wisełka); am Strandparkplatz von Swinemünde; in Wollin am Jachthafen; am Badesee von Pribbernow (Przybiernów); Stadtparkplatz in Stettin
Campingplätze:	„Baltyk Nr. 78" in Kolberg; „Relax Nr. 44" in Swinemünde
Besichtigen:	Altstadt von Rügenwalde mit Herzogschloss, Rathaus und Stadttor; Zentrum von Köslin; Seebad Kolberg mit Spaziermole, gotischem Rathaus, Parkanlagen und Basilika; Marienkirche in Treptow; Naturschutzgebiet Wollin;
Baden:	am Strand von Jarosławiec, Rügenwaldermünde, Nehrung am Jamunder See; Strand bei Rewahl; Badesee Neuendorf; Strand von Swinemünde; Badesee Pribbernow

Schweren, wirklich schweren Herzens verlassen wir unseren Seebadeplatz von Groß-Garde, halten uns rechts und folgen dem Verlauf der Straße Richtung STOLP (Słupsk). Nach 7 km, in GĄBINO, biegen wir hinter der Bushaltestelle rechts Richtung ROWY / USTKA ab. Der nächste Ort ist Obiazda, wir halten uns links nach STOLPMÜNDE (Ustka), wo wir nach 11,5 km ankommen. An der ersten Ampel fahren wir rechts Richtung Strand. Es gibt hier aber lediglich gebührenpflichtige (und bewachte) Parklücken

Strand in Stolpmünde

am Straßenrand. Da auch der Strand eher als überfüllt zu bezeichnen ist, setzen wir unsere Fahrt fort, und zwar auf der

203 Richtung RÜGENWALDE (Darłowo). Nach 9,8 km, in SALESKIE (Zaleskie), verlassen wir die 203 wieder und biegen rechts Richtung JERSHÖFT (Jarosławiec) ab. Nach 13 km über die typisch zweitklassigen Landsträßchen, in NAĆMIERZ, biegen wir rechts ab und erreichen nach 5,4 km

(136) WOMO-Badeplatz: Jershöft (Jarosławiec) I

GPS: N 54° 32.511'; E 16° 32.312'.   **max. WOMOs:** 2-3.
Ausstattung/Lage: teils schattiger Parkplatz, eben, gebührenpflichtig, bewacht, direkt am Meer, Badestrand 250 m entfernt / im Ort, kein Übernachten.
Zufahrt: 203 von Stolpmünde (Ustka) Richtung Rügenwalde (Darłowo), in Saleskie (Zaleskie) rechts über Naćmierz Richtung Jershöft, dort rechts zum Strandparkplatz.

in Jershöft den riesigen Sandstrand. Auf dem gebührenpflichtigen, bewachten Parkplatz können Sie jedoch nicht übernach-

Strand in Jershöft

ten. Aber auch hierfür können wir Ihnen eine Lösung bieten: Wir verlassen obigen Platz wieder, kehren zurück auf die parallel zur Küste verlaufenden Straße; auf die wir rechts abbiegen.

(137) WOMO-Badeplatz: Jershöft II + III

GPS: N 54° 31.549';
E 16° 30.585'.
N 54° 31.087'
E 16° 29.294'
max. WOMOs: >5.
Ausstattung/Lage: teils schattiger Parkplatz, eben, gebührenfrei, unbewacht, direkt am Meer, Badestrand 100 m entfernt / außerorts.
Zufahrt: 203 von Stolpmünde (Ustka) Richtung Rügenwalde (Darłowo), in Saleskie (Zaleskie) rechts über Naćmierz Richtung Jershöft, weiter die Straße parallel zum Strand

Ca. 1 km nach dem Ortsausgang von Jershöft sind die Wiesenstreifen rechts und links der Straße von parkenden Autos eingenommen. Dies zieht sich über 3 km bis zum Ende der Straße an einem Wendehammer hin. Alle paar hundert Meter gibt es Pfade durch den Kiefernwald zum Strand, der maximal 100 m entfernt ist, und hier wird auch niemand die Nachtruhe stören - Durchgangsverkehr kann es hier auch keinen geben.

Vom Wendehammer aus fahren wir 1,5 km zurück und biegen rechts nach Rusinowo ab. Dort, nach weiteren 1,5 km, folgen wir rechts der Beschilderung RÜGENWALDE.

Endlich nach 6,5 km treffen wir auf die etwas besser ausgebaute 203 und sind 5 km weiter am Ortseingang. Wir fahren noch 2,2 km weiter, immer dem Straßenverlauf Richtung KÖSLIN (Koszalin) folgend. Direkt am Stadttor, vor der Altstadt, in die wir nicht hineinfahren können, macht die Straße einen Linksknick, 400 m weiter biegen wir links ab und fahren nach 75 m rechts auf den großen Parkplatz am Rande des **Stadtparks**. Von hier aus sind es nur 300 m bis zum Zentrum.

(138) WOMO-Stellplatz: Rügenwalde (Darłowo)

GPS: N 54° 25.175'; E 16° 24.879'; Chopina F. **max. WOMOs:** 1-2. **Ausstattung/Lage:** eben, gebührenfrei, Zentrum 500 m / im Ort. **Zufahrt: 203** von Stolpmünde (Ustka) Richtung Rügenwalde (Darłowo), bis zur Altstadt, davor links, nach 400 m wieder links, dann rechts „P"

Eine der Hauptsehenswürdigkeiten ist das **Schloss der Herzöge von Pommern** aus der 2. Hälfte des 14. Jahrhunderts. Es wurde mehrfach umgebaut und beherbergt heute das **Regionalmuseum** und die **Touristeninformation**. Der Weg führt uns weiter über die **Fußgängerzone**, mit schönem Blick auf die *Wieprza*, die durch Rügenwalde bis zum Meer fließt. Am Ende der Fuß-

Schloss der Herzöge von Pommern

gängerzone befindet sich der sehenswerte **Marktplatz**, umgeben von **Bürgerhäusern** aus dem 18. und 19. Jahrhundert.

Das **Rathaus** aus dem 18. Jahrhundert mit dem **Fischer-Denkmal** davor und der **Pfarrkirche St. Marien** dahinter ver-

Der Marktplatz von Rügenwalde

vollständigen das schöne Gesamtbild der Stadt. Aber bevor Sie sich nun hier in Rügenwalde umsehen und verzweifelt eine große, rote, hölzerne Mühle suchen, wo massenhaft Teewurst geräuchert und von hübschen, jungen Damen verkauft wird, hier die Geschichte dazu:

Rügenwalde in Hinterpommern galt schon Ende des 18. Jahrhunderts als die Stadt der Wurstspezialitäten. Otto von Bismarck war nur einer von vielen prominenten Genießern zu damaliger Zeit. Verantwortlich für den Ruhm war nicht zuletzt auch der Hafen, der den regen Handel mit Wurstwaren möglich machte.

1834 gilt als das Gründungsjahr der Rügenwalder Wurstfabrik von Carl Müller. Sein Sohn, ebenfalls Carl Müller, trat in die Fußstapfen des Vaters und erfand um die Jahrhundertwende eine streichfähige Wurst, unnachahmlich im Geschmack. Durch eine aufwändige Zubereitung, bei der die Zutaten sehr fein zerkleinert werden, und eine natürliche Reifung entstand eine Wurst von hervorragendem Aroma, so herzhaft fein wie nie zuvor.

Wie zu damaliger Zeit üblich, gab es am Nachmittag Tee. Die Fleischermeister von Rügenwalde bevorzugten dazu einen herzhaften Imbiss und ließen sich statt süßer Backwaren die neuartige feine Streichwurst schmecken. Rasch entwickelte sich diese Wurstsorte zur ständigen Beigabe zum Nachmittags-Tee und so bürgerte sich nach und nach, auch außerhalb der Stadt Rügenwalde – der Name „Teewurst" ein.

Damit Carl Müller seine Teewurst von den anderen unterscheiden konnte, wählte er die rote Mühle als sein Markenzeichen. Schließlich hieß er ja Müller!

Nach dem zweiten Weltkrieg verlegte das Familienunternehmen die Wurstproduktion nach Niedersachsen, und von „Rügenwalde" ist in der Teewurst nur der Name geblieben.

Aber es gibt ja nicht nur Rügenwalde, sondern auch noch Rügenwaldermünde mit einem wunderschönen Badestrand - und zwar beidseitig der *Wieprza*. Zwischen den beiden Stränden gibt es nur eine Fußgängerbrücke, und wenn Sie mit dem Womo vom einen zum anderen wollen, müssen Sie die Strecke bis Rügenwalde fahren, den Fluss überqueren und auf der anderen Seite wieder zurück! Der westliche Strand ist der mondänere, hier befinden sich Ferienhäuser, Hotels sowie der **Leuchtturm**, der auch bestiegen werden kann. Der Parkraum hingegen ist dort sehr eingeschränkt. Wir entscheiden uns für

das östliche Ufer, fahren also von unseren Parkplatz herunter, dann links und immer gerade-aus, ausgeschildert ist der „Park Wodny Jan", ein großes Spaß-Hallenbad mit Riesenrutschen, Saunalandschaft etc., und wenn Sie an diesem Bad vorbei-

Der östliche Strand von Rügenwaldermünde

---

(139) WOMO-Badeplatz: Rügenwaldermünde (Darłowko)

GPS: N 54° 26.690'; E 16° 23.632'; Polnocna   **max. WOMOs:** 3-4.
Ausstattung/Lage: sandiger Parkplatz, ruhig, eben, unbewacht, direkt am Meer, Badestrand 50 m entfernt / ortsnah.
Zufahrt: Von Rügenwalde Zentrum aus noch vor der Brücke über die Wieprza rechts Richtung „Park Wodny Jan" fahren, am Schwimmbad vorbei, dort „P"

---

fahren, gibt es sowohl jede Menge kostenlosen Parkraum als auch, hinter dem schmalen Wald- und Buschstreifen und den Panzersperren, einen langen, feinsandigen Strand. Wir fahren nach einer ausgiebigen Badepause wieder den Kilometer zurück zur parallel mit der Wiepzra verlaufenden 205 und sind nach 3 km wieder in Rügenwalde, hier biegen wir rechts auf die 203 Richtung KÖSLIN (Koszalin). Hinter der Brücke auf der linken Seite finden wir eine Tankstelle, wo wir, wie immer, nicht nur die Diesel- sondern auch die Wasservorräte ergänzen können. Der nächste Ort nach 7,5 km ist NEUWASSER (Dąbki). Hier können wir Ihnen einen vom 08:00-21:00 bewachten, gebührenpflichtigen Parkplatz in Strandnähe anbieten:

---

(140) WOMO-Badeplatz: Neuwasser (Dąbki)

GPS: N 54° 22.643'; E 16° 18.639'.   **max. WOMOs:** 1-2.
Ausstattung/Lage: bewacht, Strand 50 m entfernt / ortsnah.
Zufahrt: Von Rügenwalde Zentrum aus die 203 Richtung Köslin, in Neuwasser Richtung Nehrung.

Diesen Platz können wir kaum zum Übernachten empfehlen, wir suchen noch ein wenig weiter nach etwas geeigneterem. Die schmale Nehrung, die den *Buckower See* vom Meer trennt, dürfen wir nicht befahren, also fahren wir die 203 weiter Richtung KÖSLIN. Nach16,5 km, in ZUCHEN (Sucha Koszalinska) biegen wir rechts Richtung LASSE (Łazy) ab.

Dort, 8 km weiter, können wir in dem belebten Ferienort noch keinen annehmbaren Stellplatz finden. Aber 5 km weiter westlich, auf der Nehrung zwischen dem *Jamunder See* (Jez. Jamno), direkt hinter der kleinen Brücke über den Flusslauf, der den See mit dem offenen Meer verbindet, befindet sich rechts ein sehr schöner, gebührenpflichtiger Wiesenparkplatz zwischen Büschen und Bäumen.

(141) WOMO-Badeplatz: Jamunder Nehrung

Position: N 54° 16.940';
E 16° 08.002'.
max. WOMOs: 2-3.
Ausstattung/Lage: teils schattiger Parkplatz, eben, teils sandig, gebührenpflichtig, nachts unbewacht, direkt am Meer, Badestrand 100 m / außerorts.
Zufahrt: 203 von Rügenwalde (Darłowo) Richtung Köslin (Koszalin), in Zuchen (Sucha Kosz.) rechts über Lasse (Łazy) Richtung Großmöllen (Mielno), hinter der Brücke über den Kanal zw. See und Meer rechts.

Natürlich dürfen wir über Nacht hier stehen bleiben, so verleben wir hier einige sehr, sehr ruhige Stunden. Wir haben das Glück, dass durch die momentane Strömung das sehr warme

Strand an der Jamunder Nehrung am Kanaleinlauf

Wasser des Sees ins Meer fließt und auch dort entsprechend warme Stellen entstehen - ein interessantes Badevergnügen! Am nächsten Morgen führt uns die weitere Route nach KÖSLIN. Nach 6 km, in GROSSMÖLLEN (Mielno), biegen wir links auf die 165, dann links auf die 11. Kurze Zeit später sind wir am Ortseingang. 4,7 km weiter, am 1. Kreisverkehr, halten wir uns schräg links, kreuzen die Eisenbahn, direkt danach am Kreisverkehr fahren wir links und bleiben für 1,4 km auf dieser Straße. Dann biegen wir rechts in die *ul. Młyńska*, nach 500 m links in die *Piastowska* und finden nach 350 m auf der linken Seite einen idealen Stadtparkplatz, ruhig am Park gelegen.

---

(142) WOMO-Stellplatz: Köslin (Koszalin)

GPS: N 54° 11.516'; E 16° 11.304'; Piasowska   **max. WOMOs:** 1-2.
Ausstattung/Lage: schattig, ruhig, eben; Zentrum ca. 500 m / im Ort.
Zufahrt: 11 von Kolberg (Kołobrzeg) Richtung Köslin, 1. Kreisverkehr schräg links, über Bahn, nächster Kreisverkehr links, nach 1,4 km rechts, (ul. Młyńska) nach 500 m links (Piastowska), 350 m weiter links „P"

Marktplatz mit Marienkirche

Wir gehen zunächst durch den **Park** in westliche Richtung und kommen nach ca. 500 m auf den **Rathausplatz**. Hier befindet sich die **Marienkathedrale** aus dem 14. Jahrhundert mit Resten aus der **mittelalterlichen Ausstattung** (Taufbecken, Kruzifix und Heiligenfiguren). Das genaue Gegenteil verkörpert das am gegenüber des Platzes gelegene **Rathaus** - ein im Jahre 1962 vollendeter, moderner, nicht uninteressanter Bau. Von der **Alten Stadt** ist kaum etwas übrig geblieben. Was einem großen Brand 1718 nicht zum Opfer fiel, wurde während des zweiten Weltkrieges zerstört. Nur in der Straße hinter der Kathedrale, der *ul. Bogusława*, sind noch einige wenige historische Häuser erhalten - unter anderem wohnte in

Sehr modernes Rathaus Köslin

dem gotischen Haus, wo heute das Theater „Dialog" untergebracht ist, von 1464 bis 1893 jeweils der Scharfrichter der Stadt
- der letzte mit seiner Familie, obwohl außer Dienst, noch bis
in die dreißiger Jahre. Auf unserem Rückweg zum Womo kommen wir noch an den Resten der alten Stadtmauer vorbei und
werfen einen Blick in die ehemalige Schlosskirche aus dem
16. Jahrhundert, heute eine griechisch-katholische Kirche. Vom
Parkplatz aus fahren wir die Piastowska einfach noch 150 m
weiter, biegen rechts auf die *ul. Zwycięstwa* und richten uns
fortan nach der Beschilderung KOLBERG (Kołobrzeg) und werden auf die 11 geführt, über die wir auch in die Stadt hineingekommen sind. 28 km sind es bis zur Stadtgrenze des berühmten Seebades, und es lohnt sich nicht, die Badeorte, die sich
bis dahin an der Küste entlangreihen, abzufahren. Wir haben
es getan und nicht viel bemerkenswertes angetroffen.

Im Gegensatz dazu ist KOLBERG wirklich sehenswert. Wir
können Ihnen hier sowohl einen Campingplatz als auch einen
„freien" Stellplatz bieten. Man kommt also, wie beschrieben,
über die 11 in die Stadt. 8 km nach dem Ortseingang, am 1.
großen *Kreisverkehr* (links befindet sich eine *Orlen*-Tankstel-
le), fällt die Entscheidung: zum Campingplatz 78 biegen wir hier
rechts ab, kreuzen 2 x die Eisenbahn und biegen 600 m nach
dem Kreisverkehr rechts in die *ul. Dywizji WP* ein, nach weiteren
250 m links ist die Einfahrt zum Camping 78 „Baltic".

---

(143) WOMO-Campingplatz-Tipp:„Nr.142 Baltic" Kolberg

GPS: N 54° 10.878'; E 15° 35.755'; 4 Dywizji Wojska Polskiego
Öffnungszeiten: 1.5.-30.9.   **Ausstattung/Lage:** teils schattig; Laden;
Gaststätte; Hunde erlaubt; Ver- und Entsorgung; zentral - Badestrand
400 m, Altstadt 800 m.
Zufahrt: B11 von Köslin (Koszalin) kommend 8,2 km nach Ortseingang
am 1. Kreisverkehr rechts, nach 600 m rechts, Einfahrt noch 250 m.

Alternativ fahren wir am obigem *Kreisverkehr* geradeaus weiter. Nach 1 km, VOR der Brücke über die *Parsęta*, biegen wir
nach rechts, 550 m weiter überqueren wir links den Fluss und
biegen unmittelbar danach rechts ab. Wir befinden uns nun auf
einer Landzunge. Am Ende, kurz vor dem alten Fort, befindet
sich am Jachthafen ein schöner Mini-Camping / Stellplatz.
Kostenlos, aber viel weniger schön können sie auf einem
Parkplatz 200 m vorher gegenüber eines Betonwerkes stehen.

---

(144) WOMO-Stellplatz: Kolberg Salzinsel

GPS: N 54° 10.749'; E 15° 33.670'; Warzelnicza   **max. WOMOs:** 3-4.
Ausstattung/Lage: ruhig, eben; Zentrum und Badestrand je ca. 1.000
m / im Ort.
Zufahrt: B11 von Köslin (Koszalin) kommend 8,2 km nach Ortseingang
am 1. Kreisverkehr geradeaus, nach 1 km rechts, nach 550 m links über
Fluss, danach rechts, bis zum Ende durchfahren.

Hier, auf der soge-
nannten **Salzinsel**,
befinden sich die Re-
ste des **Forts** (heut-
zutage ein sehr emp-
fehlenswertes Re-
staurant), welches
über Jahrhunderte
die Stadt zur See hin
verteidigte. Wenn wir
die Straße, die wir ge-
kommen sind, bis zur

Ehemalige Hafenfestung Salzinsel

nächsten Brücke zurückmarschieren, diese überqueren und
einfach in nordöstlicher Richtung weitergehen, kommen wir
nach knapp 1 km hinter dem **Żeromski-Park** an den riesigen

Sandstrand der
Stadt. Seit Anfang
des 19. Jahrhunderts
ist Kolberg wegen der
Salzquellen und der
sehr jodreichen
Meerluft Kurort - da-
her auch die schönen
Parkanlagen und Bä-
der. Wir gehen am
Strand in westlicher
Richtung, an der **gro-
ßen Mole** vorbei und

Strand von Kolberg mit Mole

kommen zum **Leuchtturm**, einst Teil der Stadtbefestigung,
den man auch besteigen kann, um die herrliche Aussicht über
die Stadt zu genießen. Wir gehen wieder zurück in Richtung der
Brücke über die *Parsęta*, halten uns aber kurz davor links und
laufen nun südöstlich am Ufer entlang. Nach ungefähr 600 m

kommen wir in den
Altstadtbereich. Kol-
berg wurde in den
letzten Monaten des
2. Weltkrieges weit-
gehend zerstört, man
hat aber auch hier ei-
nige Gebäude wie-
deraufgebaut. Die im-
posante Backstein-
kirche aus dem 14.
Jahrhundert sollte
man auf jeden Fall be-

Mariendom Kolberg

Gotisches Rathaus in der Altstadt

sichtigen. Schräg gegenüber liegt das **neugotische Rathaus**, nach Plänen von Karl Friedrich Schinkel gebaut. Hier in der **Fußgängerzone** gibt es eine lebhafte Außengastronomie, besonders abends mit dem schön angestrahlten Rathaus im Hintergrund ergibt sich eine sehr nette Atmosphäre. Ebenfalls erwähnenswert in der Altstadt ist noch das Waffenmuseum zwischen Rathaus und *Parsęta* an der *ul. Gierczak*.

Wir setzen unsere Tour fort. Von der Salzinsel aus fahren wir wieder südöstlich herunter, die zweite Brücke links und sofort wieder rechts, bis zur 102. Hier halten wir uns rechts, der nächste Ort unserer Etappe, TREPTOW (Trzebiatów), ist ausgeschildert. Rund 20 km sind es bis dorthin, wir finden einen Parkplatz direkt an der Marienkirche.

---

(145) WOMO-Stellplatz: Treptow (Trzebiatów) Kirche

GPS: N 54° 03.854'; E 15° 16.052'.   **max. WOMOs:** 1-2.
Ausstattung/Lage: nicht sehr ruhig, eben / im Ort.
Zufahrt: 102 von Kolberg (Kołobrzeg) kommend nach Treptow hineinfahren, bis Zentrum, dort direkt an der Marienkirche „P".

Rathaus von Treptow

Der Ort wurde im Krieg kaum zerstört und sein Altstadtbild ist recht gut erhalten. Neben dem schön hergerichteten Rathausplatz mit den umliegenden Häusern ist auch die gotische Marienkirche aus dem 14. Jahrhundert mit der drittgrößten Glocke Polens sehenswert. Der Parkplatz an der Kirche, ist wegen der Nähe zur Durchgangsstraße vielleicht doch kein idealer Übernachtungsplatz - wir fahren die 102 weiter, Großrichtung ist MISDROY (Międzyzdroje). Nach 11 km, hinter Konarzewo, sind wir hier schon rechts zur Küste abgebogen - Sie können sich diesen Abstecher sparen, es sei denn, Sie suchen Trubel in den aufstrebenden Badeorten Fischerkarten (Pogorzelica) oder Horst (Niechorze) - dann sollten Sie sich dort auf einen der Campingplätze niederlassen, freie Stellplätze haben wir nicht gefunden. In REWAHL (Rewal) kommt die 102 an die Küste, und nach dem Ortsausgang sehen wir kurz von Trzęsacz rechts ein großes Wiesengelände - schön, ein Feldweg führt hinein! 200 m rumpeln wir mit Schrittgeschwindigkeit, die gröbsten Löcher umfahrend, auf die Steilküste zu und finden ein schönes Plätzchen.

(146) WOMO-Badeplatz: Steilküste Rewahl

GPS: N 54° 04.700'; E 14° 59.795'.
max. WOMOs: 2-3.
Ausstattung/Lage: ebenes Wiesengelände, Zufahrt sehr holprig, teils sandig, unbewacht, Steilküste direkt am Meer, Treppenabgang 200 m / außerorts.
Zufahrt: 102 von Treptow (Trzebiatów) kommend Richtung Misdroy (Międzyzdroje), hinter dem Ortsausgang Rewahl, noch vor Trzęsacz, Wiesengelände rechts; dort Feldweg, 200 m hineinfahren.

Die Aussicht vom Rande der Steilküste ist überwältigend. Unter uns ist ein schöner, feinsandiger Strand. Unser Sohn hat die glorreiche Idee, den Abhang hinunter zu rutschen - und unten dann zu fragen, wie er denn wieder nach oben kommen soll !?! Aber nach einigen hundert Metern in östlicher Richtung befindet sich ein Treppenaufgang - so wissen wir auch, wie man vernünftig an den Strand kommt! Wir spazieren die Klippe entlang in westlicher Richtung nach Trzęsacz, auch dies ist ein

Steilküste bei Rewahl

Ruine bei Trzęsacz-der Rest ist die Klippe hinab

belebter Ferienort, Sie haben verschiedenste Restaurants und Imbisse zur Auswahl.

Wir verbringen eine herrliche, ruhige Nacht auf dem Wiesengelände, am nächsten Morgen geht es weiter Richtung Westen, und zwar die 102 Richtung MISDROY (Międzyzdroje). Aber auch die nächsten 30 km können wir Ihnen keine erwähnenswerten Stellplätze oder Sehenswürdigkeiten entlang der Küste bieten. In NEUENDORF (Wisełka) werden wir jedoch fündig - wir

Badeplatz am Jez. Wiselka

biegen links ein schmales Sträßchen zum *Jezioro Wisełka* hinab und kommen an einen netten, kleinen **Badestrand**, wo wir am Straßenrand parken können. Fahren wir noch 500 m weiter, finden wir auf der linken Seite einen sehr idyllischen Wiesenplatz direkt am See, der auch einen vortrefflichen Übernachtungsplatz bietet.

(147) WOMO-Badeplatz: Wisełka-See

GPS: N 53° 57.501';
E 14° 34.143'.
max. WOMOs: 1-2.
Ausstattung/Lage: nicht ganz ebenes Wiesengelände, Zufahrt etwas steil, unbewacht, direkt am See; Badeplatz mit Steg, Tretbootverleih ca. 500 m entfernt / ortsfern. **Zufahrt:** 102 von Treptow (Trzebiatów) kommend Richtung Misdroy (Międzyzdroje), in Wisełka links zum See abbiegen, nach 950 m links am See.

Von Wisełka aus fahren wir die 102 weiter in westliche Richtung. Wir befinden uns nun im „Woliński Nationalpark". Ent-

(148) WOMO-Wanderparkplatz: Wolin-Nationalpark I

Position: N 53° 57.230'; E 14° 29.579'.   **max. WOMOs:** 1-2.
Ausstattung/Lage: Tisch & Bank, gebührenpflichtig, bewacht, Wanderkarte / ortsfern
Zufahrt: 102 von Treptow (Trzebiatów) kommend Richtung Misdroy (Międzyzdroje), 5,7 km hinter Wisełka rechts der Straße „P"
Sonstiges: Wanderung zum Aussichtspunkt Steilküste 95 m ü.d.M.

lang der Landstraße können wir Ihnen zunächst den ersten, dann noch gut 2 km weiter den zweiten Parkplatz bieten, die

(149) WOMO-Wanderparkplatz: Wolin-Nationalpark II

Position: N 53° 56.266'; E 14° 28.539'.   **max. WOMOs:** 1-2.
Ausstattung/Lage: Tisch & Bank, gebührenpflichtig, bewacht, Wanderkarte / ortsfern
Zufahrt: 102 von Treptow (Trzebiatów) kommend Richtung Misdroy (Międzyzdroje), 7,9 km hinter Wisełka links der Straße „P"
Sonstiges: Wanderung zum Wisentreservat.

jeweils zu einer Wanderung an die Steilküste beziehungsweise zu einem Wisentreservat führen. Wir kommen nun als nächstes nach MISDROY (Międzyzdroje), einem Seebad, dessen Ursprünge bis 1835 zurückgehen. Nach 1945 begann der Aufschwung zum Luxusbad. Leider ist hier für uns Wohnmobilisten kein rechter Platz zu finden, die Küste des Ortes teils mit mondänen Hotels, teils mit nicht enden wollenden Ferienhaussiedlungen zugepflastert und nicht ein vernünftiger Stellplatz ist

für uns zu finden, zumindest nicht jetzt in der Hochsaison. Wir folgen also weiter der 102 Richtung SWINEMÜNDE (Świnoujścsie), biegen dann rechts auf die B3. Bald ersetzt eine (kostenlose) Fähre die Straße. Dies ist die einzige Verbindung nach Swine-

Fähre nach Swinemünde (Świnoujście)

münde hinein. Zwar befindet sich am westlichen Stadtrand die polnisch/deutsche Grenze nach Usedom, diese ist aber nur für Fußgänger und Fahrräder geöffnet. Die gesamte Versorgung der Stadt läuft also über die Fähre, so ist zu Spitzenzeiten auch mit Wartezeiten von bis zu 45 Minuten zu rechnen.

5,8 km hinter dem Fähranleger kommen wir auf die *ul. Grunwaldzka*, wir biegen rechts ab, dann nach 400 m links in die *11. Listopada*. Wir kommen 1,5 km weiter an die *Wojska Polskiego*, biegen links Richtung Grenze ab. Nach 1 km, die letzte Möglichkeit vor der Grenze, biegen wir rechts in die *ul. Bałtycka* und kommen nach 800 m auf einen Großparkplatz, direkt am feinsandigen, endlosen Strand.

---

(150) WOMO-Badeplatz: Swinemünde (Świnoujście)

GPS: N 53° 55.573'; E 14° 13.729'; Baltycka   **max. WOMOs:** 4-5.
Ausstattung/Lage: Großparkplatz, unbewacht, gebührenpflichtig, Strand 50 m entfernt, Zentrum 2,5 km / ortsnah.
Zufahrt: 102 / B 3 von Misdroy aus nach Swinemünde, dort links Richtung Grenze, letzte Straße rechts vor der deutschen Grenze abbiegen

---

Alternativ biegen Sie die *11. Listopada* nicht links auf die *Wojska Polskiego* ab, sondern fahren geradeaus weiter bis zur ul. Słowackiego, biegen dort rechts ab und finden nach 1 km:

---

(151) WOMO-Campingplatz-Tipp:
„Nr.44 Relax" Swindemünde

GPS: N 53° 55.041'; E 14° 15.485'; Slowakiego J.   **Öffen:** ganzjährig
Ausstattung/Lage: schön schattig; Laden; Gaststätte; Hunde erlaubt; Ver- und Entsorgung; zentral - Badestrand 400 m, Zentrum 900 m.
Zufahrt: 02 / B 3 von Misdroy aus kommend nach Swinemünde, 5,8 km hinter dem Fähranleger rechts auf die ul. Grunwaldzka, nach 400 m links in die 11. Listopada, n. 2,3 km rechts auf ul. Słowackiego, nach 1 km li.

Etwa 400 Meter sind es von hier bis zum Strand. Wir spazieren 1 km am Strand in östlicher Richtung, zum Wahrzei-

chen der Stadt, der **Windmühle** am Strand. Dann geht es weiter Richtung Süden entlang der *Świna*. Wir kommen am **Zachodny-** und **Aniola- Fort** vorbei, dann zum Jachthafen. Noch ein Stück weiter, wir sind nun im Zentrumsbereich,

Die Windmühle von Swinemünde

befindet sich in der Nähe des Anlegers der kleinen Stadtfähre die **Touristeninformation**. Von der Innenstadt aus gehen wir durch den Kurpark zurück zum Campingplatz. Die gesamte Strandpromenade, gut 1 km lang, ist bis in die Nacht belebt. Am nächsten Tag setzen wir unsere Route fort - wieder den gleichen Weg zurück, den wir gekommen sind, mit der Fähre, dann der B3 in Richtung STETTIN (Szczecin).

Der nächste größere Ort, durch den wir kommen, ist WOLIN. Gegenüber des Rathauses biegen wir rechts ab und finden einen schönen Parkplatz am Ufer des *Kanal Dziwna*. Sehenswert sind hier das **Rathaus**, das dort angebaute **Regionalmuseum** (schließlich ist die Halbinsel Wollin seit der Wickingerzeit bewohnt!) und die wiederaufgebaute St. **Nikolai-Kirche**. Wir setzen unsere Fahrt auf der gut ausgebauten B3 Richtung Stettin fort. 18,5 km hinter Wollin kommen wir an eine Kreuzung, links geht es nach Pribbernow (Przybiernów), rechts nach Rißnow (Rzystnowo). Wir biegen rechts ab und kommen nach 1,2 km zu einem wunderschönen Badeplatz - es ist der

Badestelle am Jezioro Przybiernówskie

letzte dieses Buches. Die Zufahrt liegt unmittelbar nach Beginn des Waldes auf der linken Seite. Fahren Sie nicht zu weit hinein, der Untergrund ist stellenweise sehr sandig. Der Platz ist sehr ruhig und eignet sich auch gut zum Übernachten.

Wir fahren nun zurück zur B3 und biegen rechts Richtung STETTIN ab. Nach 16-17 km, vor Goleniów, ist die B3 autobahnmäßig ausgebaut, ist aber gebührenfrei und wird zur S4. Bei Starków, hier ist bereits „Stettin Zentrum" ausgeschildert, verlassen wir die Autobahn und fahren rechts auf die Zwierzyniecka. Nach 11,5 km überqueren wir die Oder und sind auf der Prachtstraße „Trasa Zamkowa". Hier unterhalb der Brücke befindet sich

Schiffsmast auf der Straße ...

ein großer Bus- und PKW-Parkplatz. Wir fahren mit unserem

(154) WOMO-Stellplatz: Stettin (Szczecin) Zentrum

GPS: N 53° 25.550'; E 14° 33.297'; Staromlynska   **max. WOMOs:** 2-3.
Ausstattung/Lage: relativ ruhig, eben, Mülleimer, gebührenpflichtig; nur für kleine WOMOs!; Altstadt und Schloss je 400 m / im Ort.
Zufahrt: siehe Text

kompakten WOMO bis zum nächsten Kreisverkehr, machen dort eine 360°-Kehre und fahren wieder in Gegenrichtung zurück. Nach 200 m fahren wir schräg rechts Richtung Schloss. 150 m weiter biegen wir rechts auf die

Schloss der Pommerschen Herzöge

ul. Farna 220 m weiter rechts in die ul. Grodzka und sehen nach 150 m zur Rechten einen schönen Stadtparkplatz - also die nächste rechts, direkt nach 20 m ist rechts die Zufahrt! Es ist ein relativ ruhiger Platz, trotz des Kopfsteinpflasters haben wir hier ungestört übernachtet. Von hier aus lassen sich alle Sehenswürdigkeiten

Hakenterrasse

Stettins zu Fuß erkunden, auch wenn sie verstreut und teilweise etwas verloren zwischen all den hastig errichteten Neubauten stehen. Hier wäre zuerst das **Schloss der pommerschen Herzöge** zu nennen, 1346 angefangen und in seinen heutigen Grundzügen 1619 vollendet. Heute ist das Schloss Kulturzentrum und Museum. Der **Glockenturm** kann bestiegen werden, von hier hat man einen schönen Blick auf die Stadt. Unweit des Schlosses befindet sich der **Loitzenhof**, das feudale Wohnhaus von 1547 der Familie Loitzen. Zur anderen Seite der Prachtstraße hin erstrecken sich die wunderschönen alten Gebäude entlang der **Hakenterrasse** - heute Hochschule für Meeresforschung, Nationalmuseum und

Altstädter Rathaus

Wojewodschaftsverwaltung. Am Ufer der Oder entlang gehen wir zurück Richtung Altstadt und bewundern die restaurierten Häuser am **Rathausplatz.** Auch Stettin wurde im zweiten Weltkrieg nahezu vollständig zerstört. 1993 begann man das Vorhaben, der Stadt ihren historisch gewachsenen Kern wiederzugeben. Nach der Besichtigungstour suchen wir ein gutes Restaurant, um den Abend - und unsere Buchrecher-

Altstadt von Stettin

che - angemessen zu beenden. Am nächsten Tag fahren wir südwestlich aus der Stadt hinaus und sind nach 14 km wieder auf der A6, dann nach 2,2 km hat Deutschland uns wieder. Wir haben in Polen sehr Vieles gesehen und erlebt, was wir so nicht erwartet haben.Sehr schöne Landschaften, einsame Seen, liebevoll restaurierte Städte, Zeugnisse der oft sehr leidvollen Geschichte Polens, und vor allem viele einfache, sehr freundliche Menschen. Wir hoffen, dass auch Sie ein wenig der Faszination dieses schönen Landes, welches sich massiv im Aufbruch befindet, erlegen sind. ***Dowidzynia !***

Tipps und Tricks –
alphabetisch geordnet

Abwassertank
Adressen
Ausrüstung
Ärztliche Hilfe
Angeln
Autohilfsdienste
Autowerkstätten s. Autohilfsdienste

Baby
Bier
Babykost siehe Baby
Benzin siehe Treibstoff

Camping
Campingtoilette siehe Toilette

Devisen
Diebstahl
Diesel siehe Treibstoffe

Einreise/Ausreise

Fahrradfahren
Fahrzeug
Filmen/Fotografieren
Freies Stehen

Gas
GPS
Geocaching
Geld siehe Devisen
Geschwindigkeitsbegrenzung s. Verkehr
GPS
Gewicht siehe Fahrzeug

Haustiere

Kartenmaterial
Klima

Konserven s. Lebensmittel
Krankheit s. ärztliche Hilfe
Kühlschrank

Lebensmittel

Medikamente

Nacktbaden

Oktanzahl siehe Treibstoff

Packliste

Preise siehe Lebensmittel

Redewendungen s. Sprache

Speisen siehe Lebensmittel
Sprache
Straßenverhältnisse siehe Verkehr

Telefon
Toilette
Treibstoffe
Trink-, Wasch-, Spülwasser

Verkehr
Verständigung

Wasserversorgung s. Trinkwasser
Wetter siehe Klima
Wohnmobil siehe Fahrzeug
WUPS - der WOMO-Urlaubs-Service

Zum Schluss – in eigener Sache

ABWASSERTANK

Nicht jedermann betrachtet WOMOs mit wohlwollendem Auge! Mit Sicherheit beschwört man jedoch Ärger herauf und versaut den Ruf der ganzen Sippe, wenn man sein Abwasser seelenruhig unter dem Fahrzeug heraustrielen lässt!

Tipps:

>> Bedenken Sie bei der Dimensionierung, falls ein Abwassertank nachträglich eingebaut werden muss: Größe mindestens 10 Liter x Personenzahl.

>> Für die Entleerung Entleerungsöffnung oder -schlauch so verlegen, dass man mühelos über einen Gully fahren kann.

>> Steht man längere Zeit an einem Platz, so muss man zwischendurch entweder eine Tankstelle aufsuchen (die haben immer großdimensionierte Abwassergullys) oder im Notfall einen Straßengraben.

>> Besitzer zu klein dimensionierter Abwassertanks sollten einen Faltkanister als Abwasserlunge umfunktionieren. Den kann man geschickt in die allgegenwärtigen Toiletten entleeren.

>> Abwassertanks erhält man in allen Größen und Formen im Campingfachhandel.

>> Messen Sie vor dem Kauf genau die freien Flächen an der Wagenunterseite aus, überprüfen Sie die Zulauf- und Ablaufführungen.

>> Tabu sind Bereiche genau zwischen den Achsen und am Wagenheck. Hier braucht das Fahrzeug eine große Bodenfreiheit für Fahrten über Bodenwellen, Wurzeln und herausragende Steine.

ADRESSEN

Kurz vor der Grenze holen wir Personalausweise und Grüne Karte aus dem Geheimfach. Was tun, wenn der Personalausweis beim Geldholen auf der Bank liegenblieb? Was tun, wenn die Polizei bei einem Verkehrsunfall den Pass einzieht und man sich ungerecht behandelt fühlt? Was tun, wenn das ganze Geld oder sogar das Auto geklaut wurde? Was tun, wenn man einfach nicht mehr weiter weiß?

Tipps:

>> Jeder größere Ort hat seine Touristeninformation. Dort erhält man nicht nur Prospektmaterial und Stadtpläne, sondern von den stets fremdsprachenkundigen Angestellten auch Rat und Hilfe.

>> Die Konsulate tun in solchen Fällen wirklich alles, manchmal sogar mehr und vor allen Dingen erfolgreicheres, als man sich vorstellen kann:

Botschaft der Republik Polen:

    14193 Berlin, Lassenstr. 19-21
    Tel.:   030-22313 0
    Fax: 030-22 313 155
    www.polen-botschaft.de

Konsularabteilung: 14193 Berlin, Richard-Strauss-Str. 11
    Tel: 030/223130
    Fax: 030/22313212

Generalkonsulate: 50968 Köln, Lyboldstr.74,
    Tel.:   0221-93 73 00
    Fax: 0221-38 25 35

    04104 Leipzig, Truffanowstr. 25
    Tel.:   0341-5 62 33 01

Fax: 0341-5 62 33 10
81675 München,
Ismaninger Str. 62
Tel.: 089-41 86 08 0
Fax: 089-47 13 18

22309 Hamburg, Gründgensstr. 20
Tel.: 040-6 31 11 81
Fax: 040-6 32 50 30

Botschaft der Bundesrepublik Deutschland in Polen:
Ambasada Republiki Federalnej Niemiec
Pl 03-932 Warszawa,
ul.Dąbrowiecka Nr. 30
Tel.: +48-22-617 30 11-15
Fax: +49-22-617 35 82
http://www.ambasadaniemiec.pl
Email: info@ambasadaniemiec.pl

Deutsche Konsulate in Polen:
80-219 Gdańsk,
Aleja Zwycięstwa 23
Tel.: +48-58-341 43 66
Fax: +48-58-341 22 45
31-043 Kraków, ul. Storlarksa
Tel.: +48-12-421 84 73
Fax.: +48-12-421 76 28

50-440 Wrocław, ul. Podwale 76
Tel.: +48-71-342 52 52
Fax: +48-71-342 41 14

45-084 Opole,
ul. Strzelców Bytomskich 11
Tel.: +48-77-454 21 84
Fax: +48-77-453 19 63

>> Sie möchten sich zu Hause noch genauer über Ihr Urlaubsziel informieren:
POLNISCHES FREMDENVERKEHRSAMT
Marburgerstraße 1
10789 Berlin, Tel.: 030-210 09 20, Fax 030-210 09 214
>> Die meisten polnischen Orte sind auch im Internet vertreten, in der Regel
unter www. ORTSNAME.pl - versuchen Sie es einfach! Sie müssen
natürlich die entsprechende polnische Schreibweise der Ortsnamen
beachten (z.B. Warszawa statt Warschau)
>> Reichhaltiges Informationsmaterial verteilen auch die Automobilclubs.
>> Weitere Informationsbüros finden Sie in den jeweiligen Orten unter dem
Zeichen it = **informacja turystyczna** (Touristeninformation). Dort erhalten Sie auch Informationen über spezielle, auf die jeweilige Stadt oder
Region ausgerichtete Veranstaltungen und andere Touristische Aktivitä-
ten sowie Pläne mit Wander- Radfahr- und Kajakrouten.

AUSRÜSTUNG

Boot, Surfbrett:
Die masurischen Seen und die Ostseeküste, wie auch die vielen Flüsse, wie
z.B. die Krutyna, laden zum Surfen bzw. Wasserwandern ein. Haben Sie

genügend Platz, so nehmen Sie ihre Ausrüstung mit! Andererseits besteht an vielen Stellen die Möglichkeit, Kanus, Boote oder Surfbretter für unsere Verhältnisse recht preiswert zu mieten.

ÄRZTLICHE HILFE

Krank im Urlaub? Das ist so ziemlich das letzte, was man sich wünscht. Trotzdem sollte man vorbereitet sein und folgendes berücksichtigen:
Das mit Polen bestehende Sozialversicherungsabkommen im Bereich der Krankenversicherung sieht keine Leistungen für Besucher und Touristen vor. Gesetzlich Versicherten wird empfohlen, sich vor Abreise nach Polen das E-111-SI-Formular bei ihrer Krankenkasse zu besorgen.
Ärztliche Leistungen müssen sofort in bar bezahlt werden.
Während der Sommermonate sollten sich Reisende in Waldgebiete von ihrem Arzt hinsichtlich der Schutzimpfung gegen
Zeckenbisse (FSME) beraten lassen. Ferner ist eine Hepatitis A - und Hepatitis B - Impfung empfehlenswert.
Manchmal ist es jedoch nur das kleine Unwohlsein, das den Tag vermiest oder fehlt ein Medikament. Was tun?

Tipps:

>> *Medizinische Tipps im Internet vor der Reise einholen: www.fit-for-travel.de*
>> *Alle polnischen Ärzte sprechen, englisch oder deutsch. Auskunft erteilt Ihnen das Touristenbüro, oder Sie suchen im Telefonbuch unter* "**Lekarz**"
>> *Die ärztliche Versorgung in Polen ist gut. Bei Problemen (oder Problemchen) wendet man sich am besten an die Ambulanz des nächsten Krankenhauses* **(Spital)**.
>> *Arzneimittel erhalten Sie in der* **Apteka** *(Apotheke), dessen Netz sehr eng geknüpft ist. Es werden Arzneimittel aus polnischer und internationaler Produktion angeboten.*
>> *Im Falle eines Falles: der Notarztwagen heißt* "**pogotowie Ratunkowe**", *die landesweiten Notrufnummern lauten:*
   Policia (Polizei)   997
   Notarztwagen   999
>> *ADAC-Notrufnummer: 0049-89-22 22 22.*

ANGELN

Reisen in das Land der tausend Seen ohne Angel sind eigentlich unvorstellbar! Die Flüsse und Seen sind so fischreich, dass der Erfolg nahezu garantiert ist. Natürlich brauchen Sie einen Angelschein, den man bei den örtlichen Touristeninformationen *it*, in Hotels, Geschäften für Angelbedarf oder auf dem Campingplatz bekommt.

Tipps:
>> *An den Meeresküsten in Polen ist das Angeln kostenfrei und ohne Genehmigung möglich*

AUTOHILFSDIENSTE

Irgendwann passiert es jedem einmal: Das Auto gibt keinen Mucks mehr von sich.

Tipps:
>> *Pannenhilfe leisten private wie auch der Straßenhilfsdienst des polnischen*

Automobilclubs **PZM**. *Sie erreichen ihn unter der Warschauer Telefonnummer: 022-259734 und 022-259539.*

>> *Trotzdem sollten Sie sich vor dem Urlaub von Ihrer Autowerkstatt ein internationales Kundendienstverzeichnis besorgen lassen. Sie können ja Glück im Unglück haben und in der Nähe einer Reparaturwerkstätte Ihrer Automarke sein.*

>> *Polizei und Unfallrettung haben in Polen die einheitliche Rufnummern:*
Unfall, Feuerwehr, Krankenwagen: Tel. 999
Polizei: Tel. 997

>> *Die ADAC-Notrufzentrale in München ist rund um die Uhr besetzt:*
Tel. 0049-89-22 22 22.

BABY

Mit einem Baby oder Kleinkind in den WOMO-Urlaub? Wir haben nur gute Erfahrungen gemacht. Kinder ändern ihr Verhalten im Urlaub wesentlich weniger als Erwachsene, sie kämen z. B. nie auf die Idee, sich wie Fleisch in der Sonne braten zu lassen. Vorsicht ist jedoch stets bei Sonnenschein, speziell im Gebirge und am Meer, angeraten. Magen- und Darmkomplikationen bleiben meist aus, wenn man noch Babykost füttert.

Tipps:
>> *Schon vor der Reise mit Sonnenbaden und Eincremen anfangen.*
>> *Hütchen und baumwollenes T-Shirt sind Pflicht, der Rest des Körpers ist wesentlich unempfindlicher.*
>> *Nach dem Baden sofort abtrocknen, erneut mit Sonnenschutzcreme einreiben.*
>> *Babykost, Windeln und spez. Medikamente (Kinderarzt fragen!) von zu Hause mitbringen. Selbstverständlich erhält man alles auch in Polen, aber Vertrautes erspart Ärger.*
>> *Buggy oder Babyrückentrage sind für Besichtigungen unentbehrlich. Kein noch so geduldiges Kleinkind trippelt freiwillig durch Gegenden, denen es kein Interesse abgewinnen kann.*
>> *Getränkewünsche unbedingt erfüllen und zwar mit schwach gesüßtem Tee (als Pulver mitnehmen). Gekaufte Getränke sind oft zu zuckerhaltig, um erfrischend zu wirken.*
>> *Wasser unbedingt entkeimen (s. "Trinkwasser").*
>> *Wichtigste Urlaubsutensilien für Ihr Kind sind: Lieblingsschmusetier, Sandelsachen, Schwimmflügel, Schwimmreif, Malsachen für die Fahrt.*
>> *Landschaften erleben Kinder unter 15 Jahren nicht als Erlebnis, das sollten Sie bei einer Rundreise beachten.*
>> *Machen Sie öfter Station: Ein Kletterhügel, ein Sandstrand, ein Spielbach, ein Streicheltier, das sind die Erlebnisse, die Ihre Kinder brauchen!*

BIER

Auch in Polen wird gutes Bier gebraut Empfehlenswerte Biermarken sind: Okocim, Tyskie, Zywiec, Heweliusz, Lech und Tatra. Sie können auch andere Biermarken ausprobieren: Krolewskie, Warka, EB, Piast, Kujawiak, Brok und Dojlidy. Außerdem kann man überall tschechisches, deutsches, dänisches oder slowakisches Bier bekommen. Bier wird oft mit Himbeersirup gemischt (piwo z sokiem) und durch ein Stroh getrunken. Eine der polnischen Spezialitäten ist heisses Bier mit Honig oder Himbeersaft und Gewürzen.

CAMPING

Seit der Demokratisierung sind in Polen fast alle Campingplätze privatisiert worden. Sie finden in jeden größerem Urlaubsort mindestens einen davon. Sie

sind in drei (nationale) Kategorien eingeteilt:
* fließend Wasser, Strom und einfache Sanitärein-
   richtung
** zusätzlich Waschräume mit Kalt- und Warmwasser
*** zusätzlich Duschen, Koch- und Spülgelegenheit

Die Campingsaison geht in der Regel vom 15.Mai bis zum 30.September. Nur wenige Plätze haben das ganze Jahr geöffnet. Campen ist nur auf dafür vorgesehenen Camping- und Zeltplätzen gestattet oder mit Zustimmung des Grundstückeigentümers.

DEVISEN

Die polnische Währung ist der **Zloty**. Er ist frei konvertierbar, bei unseren Recherchen lag der Kurs bei ungefähr 1 : 4 (1 EUR = 4 Zloty). Die Ein- und Ausfuhr von Devisen in Höhe von mehr als EUR 5.000 ist deklarationspflichtig.

Bargeld in einheimischer Währung oder der des Urlaubslandes, Euroscheck-Karte, Reiseschecks, Kreditkarten, oder, oder? Vor jeder Reise das gleiche Problem?

Tipps:
>> *Für die An- und Rückfahrt durch Deutschland muss genügend Bargeld vorhanden sein, um Treibstoff sowie eventuelle Gaststätten- und Übernachtungskosten bezahlen zu können. Ein Blick auf Ihre Karte oder die Entfernungstabelle zeigt Ihnen, wie viele Euro Sie dafür brauchen.*
>> *Ob Sie Ihre Polnischen Zloty in Deutschland oder in Polen einkaufen, gegen Bargeld, Reiseschecks oder ec-Karte, spielt kaum eine Rolle, was den Umtauschkurs anbetrifft. Überall wird man Sie jedoch mit Gebühren traktieren. Am wohlsten haben wir uns dabei auf dem Postamt gefühlt: Es hat die längsten Öffnungszeiten – und man wird gleichzeitig an den Kauf von Briefmarken erinnert.*
>> *Euroschecks werden in Polen nicht mehr akzeptiert! Das stört aber wenig, da man an den vielen, rund um die Uhr geöffneten Automaten per ec-Karte und Geheimzahl das benötigte Geld abholen kann. Unabhängig von der Höhe der Abhebung zahlt man pauschal ca. 2,50 €.*
>> *Beim Bezahlen haben wir beste Erfahrungen mit unserer Visa-Karte gemacht! Sie ist in Polen weit verbreitet und bietet speziell beim Tanken einen enormen Vorteil.*

DIEBSTAHL

Schlimmes wird über Fahrzeugdiebstähle und -aufbrüche erzählt, Polen ist diesbezüglich aber nicht mehr oder weniger gefährlich wie andere Urlaubs-länder auch. Aber ein paar Überlegungen sollte man schon anstellen:

Tipps:
>> *Geklaut wird dort, wo es sich lohnt, also an überlaufenen Strandgebieten, Parkplätzen an den Hauptfernstraßen.*
>> *Meiden Sie, wenn möglich, größere Touristenansammlungen. Wenn möglich, stellen Sie ihr WOMO möglichst separat und beaufsichtigt ab!*
>> *WOMOs sind nicht ideal für Diebe! Ziehen Sie vor Verlassen Vorhänge zu und Rollos hinab, lassen Sie die Trittstufe draußen - vielleicht vermutet ein Dieb noch Personen im Inneren*
>> *Geradezu sträflicher Leichtsinn sind: heruntergekurbelte Scheiben, offe-ne Türen - und alle Insassen liegen am Strand oder sitzen auf der anderen Seite im Schatten des Fahrzeuges.*
>> *Aktive Vorbeugung muss nicht teuer sein:*

a) Verbindet ein Spanngurt beide Armlehnen der Fahrerhaustüren, kann ein Dieb nachts nicht lautlos die Fahrertür knacken
b) Oft reicht es, die Sicherheitsgurte durch die Armlehnen der Vordertüren zu schlingen und ins Gurtschloss zu stecken.
*c) Unser **WOMO-Knackerschreck** (siehe Bestellseite am Buchende) verhindert das Öffnen der Vordertüren zuverlässig*
>> *Wem ein richtiger Hund zu umständlich ist: hängen Sie eine Hundeleine an die Türe und stellen Sie einen Futternapf daneben!*

EINREISE/AUSREISE

Polen ist seit dem 01.05.2004 Vollmitglied der EU, somit gilt die Reisefreizügigkeit - und seit dem 21.12.2007 entfallen auch die Personenkontrollen an der deutsch-polnischen Grenze. Dies wird Ihnen (hoffentlich) einen erheblichen Zeitgewinn beim Grenzübertritt bringen. Deutschland hat damit nur noch "Außengrenzen" zu der Schweiz (und in den Flughäfen).
Tipps:
>> *Reisebedarf für den persönlichen Gebrauch kann zollfrei eingeführt werden, als Reiseproviant darf jede Person ab 12 Jahren 15 kg mitschleppen.*
>> *Ausnahmeregelung (bis 2009) für Zigaretten: max. 200 Stück!*
>> *110 Liter Bier, 90 Liter Wein, 10 Liter Schnaps - reicht das?*
>> *Die Ausfuhr von Gegenständen (z. B. Bücher, Kunstgegenstände, Gemälde), die aus der Zeit vor 1945 stammen, ist ohne vorherige Genehmigung der zuständigen polnischen Behörden verboten.*

FAHRRADFAHREN

Radtouren im Land der großen Seen, wie im Landschaftspark Masuren, im Wigry Nationalpark oder auf stillgelegten Eisenbahnstrecken, die zu Fahrradwegen umgebaut wurden, laden zu großen und kleinen Radtouren ein - wobei markierte Rundwege selten anzutreffen sind. Aber auch zum Essen und Einkaufen gehen eignet sich das Fahrrad bestens!

FAHRZEUG

Wenn das Auto nicht mehr läuft, "läuft" gar nichts mehr im Urlaub. Nur das beruhigende Gefühl, alles getan zu haben, damit Motor, Zündanlage, Reifen und Fahrgestell mehrere tausend Kilometer ohne Murren durchhalten, kann stressfreie Urlaubstage garantieren.

Tipps:
>> *Kundendienst vor dem Urlaub nicht vergessen; besonders wichtig: Ölwechsel mit HD 20/W50, Luftdruck erhöhen, 2 x Batteriedienst.*
>> *Ersatzteile mitnehmen (evtl. als Paket von der Werkstatt mit Rückgaberecht bei Nichtgebrauch):*
    * Gaszug
    * Bremsseil
    * Unterbrecherkontakte
    * Reservezündkerzen
    * Reserve-Birnenset komplett?
    * Reserve-Keilriemen
    * Ersatz-Sicherungen
>> *Pannenausrüstung komplett?*
    * Reservekanister 20 Liter, voll?
    * 1-2 Liter Öl
    * Reserverad mit Profil, Luftdruck o.k.?

* Ersatzschlauch (auch bei schlauchlosen Reifen!)
* Abschleppstange, ausprobiert?
* passender Wagenheber, ausprobiert?
* Klappspaten
* Warndreieck/Warnblinkleuchte
* Luftpumpe
* Erste-Hilfe-Koffer komplett?
* Werkzeugkoffer komplett?
* Verzeichnis der Auslandskundendienststätten meiner Automarke, neu!
* Reparaturbuch

>> Scheibenwaschanlage gefüllt, "Scheibenkratzer" mit Gummilippe und Schaumstoffwulst (Insekten!) vorhanden?
>> Feuerlöscher o.k..?
>> Am Tag vor der Abfahrt mit allen Teilnehmern und dem fertig gepackten WOMO auf die öffentliche Waage fahren (z. B. Raiffeisenlager). Übergewicht, wenn möglich, vermindern. Jedes Kilo zusätzliches Gepäck erhöht nicht nur den Treibstoffverbrauch, sondern beeinflusst Fahrverhalten, Bremsweg, Lenkbarkeit und Steigfähigkeit negativ.

FILMEN/FOTOGRAFIEREN

Zweifelsohne verstärken die mitgebrachten optischen oder sogar akustischen Urlaubserinnerungen die Vorfreude auf die nächste Reise. Für jegliches Foto/Filmmaterial gilt: Reichlich von zu Hause mitbringen, die Preise in den Urlaubsländern sind stets höher, von der Auswahl ganz zu schweigen.
Tipps:
>> Kaufen Sie rechtzeitig Filmmaterial, nutzen Sie Sonderangebote im Frühjahr. Im Kühlschrank hält das Filmmaterial jahrelang, ohne zu altern.
>> Für Aufnahmen in Kirchen und Bergwerken brauchen Sie Ihr Blitzgerät.
>> Denken Sie an einen Vorrat der benötigten Batterien oder steigen Sie auf wiederaufladbare Batterien um.
>> Packen Sie die belichteten Filme wieder in das Döschen; ganz Vorsichtige wickeln vorher noch etwas Alu-Papier herum, und verstauen Sie sie an der kühlsten und dunkelsten Stelle im WOMO.
>> Schauen Sie öfter nach dem Objektiv. Seeseitiger Wind bläst Salzwasserspritzer auf die Linse. Vorsichtig mit einem angefeuchteten Läppchen abtupfen, dann trockenwischen.
>> Falls Sie keinen Belichtungsmesser haben: Bei 100 ASA (21 DIN) ist Blende 11 (am Meer und im Gebirge Blende 16) sowie 1/100 sec. immer richtig, wenn die Sonne scheint.
Inzwischen erfreut sich auch die digitale Fotografie großer Beliebtheit. Im Wohnmobil kann man sicherlich gute Voraussetzungen dafür schaffen. Idealerweise hat man einen Wechselrichter eingebaut, so dass man permanent 220V Wechselstrom für die Akkuladegeräte zur Verfügung hat - ansonsten spezielle 12V-Ladegeräte besorgen! Besitzt man dazu auch noch ein Laptop, ist mehr als genug Speicherplatz für Tausende Urlaubsbilder vorhanden - Alternative: Mini-Festplattenspeicher!

FREIES STEHEN

Bitte beachten Sie: "Freies Stehen" hat nichts mit "Wild Campen" zu tun! Nur letzteres ist in Polen untersagt.
Ersteres ist, sofern Sie sich also in Ihrem Fahrzeug aufhalten, weder Markise ausfahren noch Tisch und Stühle auspacken und dann nicht auch noch tagelang auf einem Fleck verbleiben, problemlos möglich. Bitte legen Sie Ihr

Verhalten so aus, dass dies auch noch lange so bleibt! Wir haben über 50 Nächte in Polen "frei stehend" verbracht und haben nirgendwo auch nur den Ansatz von Schwierigkeiten erlebt. Bei Besichtigung der Highlights und in Großstädten empfehlen wir die rund um die Uhr bewachten Parkplätze, wo man oft sogar Frischwasser bunkern kann.

GAS

Außer der Zweitbatterie die einzige Energiequelle beim Freien Camping. Bei einer vierköpfigen Familie muss man mit einem Gasverbrauch von 3 kg pro Woche rechnen. Einen ordentlichen Happen "frisst" davon der Kühlschrank.

Tipps:

>> *Sie haben eine graue Camping-Europa-Umtauschflasche? In Polen tauscht sie Ihnen niemand um!*

>> *Die in Polen an vielen Tankstellen vorrätigen Propangasflaschen werden nur gegen gleiche getauscht, allerdings sind die Abmessungen der Flaschen identisch mit den Deutschen, auch die Anschlüsse passen einwandfrei. Wenn Sie also einen längeren Aufenthalt in Polen planen, sollten Sie nur eine Flasche von zu Hause mitnehmen und in Polen sofort eine örtliche kaufen, die Sie immer wieder tauschen können und vor der Ausreise wieder verkaufen können.*

>> *Haben Sie schon einmal an den Kauf einer Tankflasche gedacht? Diese hat Format und Aussehen einer 11-kg-Flasche (passt also in Ihren Gasflaschenkasten, darf aber wie ein Gastank an jeder Autogastankstelle gefüllt werden (weil ein automatischer Fülllstopp eingebaut ist). Bezugsadresse z.B. Wynen-Gas, 41747 Viersen, Tel.: 02162-356699, Preis ca. EUR 250 - Gastankstellen (LPG) finden sie in Polen in Hülle und Fülle.*

GPS

... Steht für **G**lobal **P**ositioning **S**ystem, einem Navigationssystem bestehend aus 23 die Erde umkreisenden Satelliten, Bereits ab EUR 150 bekommt man ein handy-kleines Gerät, mit dem man jederzeit feststellen kann, wo man sich befindet - und wie man zu dem Platz findet, von dem man die Koordinaten hat. Nach oben hin ist die Preisskala natürlich offen, über PDA (**P**ersonal **D**igital **A**ssistant) - Lösungen mit einer größeren Kartendarstellung und Routing-Funktionen über Autoradio-integrierte bis hin zu festinstallierten Geräten ist alles möglich. In diesem Reiseführer sind für alle Übernachtungsplätze die Koordinaten (Kartendatum: WGS 84) angegeben. Besitzer von GPS-Geräten geben sinnvollerweise die Koordinaten vor dem Urlaub direkt in das Gerät ein (oder über das mitgelieferte Kabel und mit einem kostenlosen Programm aus dem Internet, z.B. www.easyGPS.com).
Wer es noch komfortabler haben möchte, erwirbt beim WOMO-Verlag die "GPS-CD zum Buch". Dort liegen die GPS-Daten aller Stellplätze elektronisch vor und können sekundenschnell ins Navi überspielt werden!
Sie können in Ihr Navi keine Koordinaten eingeben? Sie finden - wenn vorhanden - in den Stellplatzkästen hinter den Koordinaten auch noch den Straßennamen.

GEOCACHING

... Steht mit GPS in enger Verbindung, es ist ein neues Spiel! Man versteckt einen "Schatz" (meist in einer Plastikschachtel) und veröffentlicht die Koordinaten des Versteckes. Wer den "Schatz" findet, trägt sich im enthaltenen Logbuch ein, entnimmt dem Schatz eine Kleinigkeit, legt etwas anderes dafür hinein und versteckt ihn wieder an der gleichen Stelle. Wir haben für Sie zwei "Schätze" im vorliegenden Buch versteckt.

HAUSTIERE

Hunde und Katzen dürfen selbstverständlich mit nach Polen. Lediglich ein Tollwutimpfzeugnis muss vorliegen. Hunde sind in Polen sehr respektiert, wir hatten nie Probleme mit unserem Sam, einem stattlichen Landseermischling von ca. 40 kg Gewicht. Am Strand müssen Sie gelegentlich mit Einschränkungen rechnen. Auch wo dies nicht der Fall ist, sollte es jedoch selbstverständlich sein, dass man sein Tier das Geschäft nicht unbedingt mitten am Strand erledigen lässt.

KARTENMATERIAL

Neben einem hinreichend genauen Europa-Atlas empfehlen wir Ihnen als Kartenmaterial:
Zur Übersicht die Polen-Straßenkarte 1:750.000 aus dem TESSA-Verlag (Ortsnamen sowohl in polnischer als auch in deutscher Sprache).
Im Detail: Euro-Reiseatlas Polen 1 : 300.000 aus dem RV Verlag
und wer **Karten** bevorzugt: Freytag & Bernd, Polen 1:500.000

KLIMA

Die Republik Polen mit ihrer mitteleuropäischen Lage hat gemäßigtes Kontinentalklima - was grob bedeutet, dass die Sommer wärmer und niederschlagsärmer und die Winter kälter und länger mit kürzerem Übergang im Frühling und Herbst als in Deutschland sind. Unsere beiden Sommeraufenthalte (je drei Wochen) hatten zu 80% Blauen Himmel und Sonnenschein, mit angenehmen Temperaturen zwischen 25 und 28°, ein Osteraufenthalt im März war noch sehr kalt, stellenweise lag noch Schnee und ein Teil der Seen war noch zugefroren.

KÜHLSCHRANK

Die ELEKTROLUX-Kühlschränke mit den Anschlüssen für 220 V/12 V/Gas, die in den meisten Wohnmobilen eingebaut sind, haben eine robuste Natur ohne bewegliche Verschleißteile.
Trotzdem sind sie ein Sorgenkind für jeden Camper, denn ohne Kühlung kommt auch ein WOMO-Haushalt kaum noch aus.

Tipps:
>> *Schon bei geringer Schräglage des Fahrzeugs sinkt die Kühlleistung bis auf den Nullpunkt.*
Abhilfe: Mit Wasserwaage oder voll gefülltem Wasserglas waagerechten Stand des WOMOs kontrollieren, durch Aufbocken eines Rades oder Platzwechsel verbessern.
>> *Seit einiger Zeit gibt es jedoch Geräte, die auch bei stärkerer Neigung des WOMOs einigermaßen gut kühlen. Achten Sie darauf beim Neukauf.*
>> *Während der Fahrt, vor allem aber beim Tanken, ist der Betrieb mit Gas gefährlich, außerdem geht das Flämmchen oft im Fahrtwind aus. Schaltet man auf 12 V und vergisst nach Ankunft das Ab- bzw. Umstellen, so ist eine vollgeladene 50-Ah-Batterie nach ca. 5 Stunden leer und meist auch kaputt. Was hilft's, wenn es sich "nur" um die Zweitbatterie handelt, wenn jetzt Tauchpumpe und Innenbeleuchtung nicht mehr funktionieren! Nur eine Schaltung mit Trennrelais kann dies verhindern.*
>> *Ist die Kühlleistung bei Gasbetrieb nicht zufriedenstellend, sind folgende Punkte zu überprüfen:*
  * *Liegen die Zu- und Abluftgitter möglichst nach Norden, also nicht im Sonnenschein?*

* Ist der Kühlschrank nicht zu vollgestopft?
* Ist überhaupt ein Abluftkanal montiert?
* Liegt überall, vor allem an der Unterseite der Tür, das Dichtgummi an?
* Ist das Flämmchen überhaupt noch an? Von außen kann man das Zischen hören, im Inneren des Kühlschranks ist meist ein Guckloch!

>> Geht während der Reise die piezoelektrische Zündung kaputt, kann man von außen das untere Lüftungsgitter abschrauben und den Brenner mit einem Streichholz in Gang setzen, wenn eine zweite Person die Zündsicherung niederdrückt.

>> Die im Fachhandel für Campingzwecke angebotenen Kompressorkühlschränke arbeiten nur mit 12 V/220 V. Sie kommen nur in Verbindung mit einer ausreichend dimensionierten Solaranlage in Frage.

LEBENSMITTEL/GETRÄNKE

Wer mit randvollen Vorratsschränken und Paletten voller Getränke nach Polen fährt, dem ist nicht zu helfen. In kaum einem anderen Land ist die Auswahl und Vielfalt von Lebensmitteln so groß wie hier. Wochenmärkte mit frischen regionalen Waren aller Orten, und das zu Preisen (für unsere Verhältnisse), die sehr günstig sind.

MEDIKAMENTE

Natürlich können wir hier keine ärztliche Voraussage machen, was Ihnen im Urlaub alles passieren kann, aber nach der Statistik wollen wir einige Wahrscheinlichkeiten abwägen.

Tipps:
>> Schauen Sie nochmals nach, ist Ihr Erste-Hilfe- Koffer noch gut gefüllt (Mullbinden, Heftpflaster, Schere, Pinzette, Fieberthermometer)?

>> Mittel gegen Durchfall sind ein "Muss" in fremden Ländern, fragen Sie Ihren Arzt. Kohletabletten sind "härteren Sachen" zunächst vorzuziehen.

>> Wie steht es mit Reisekrankheit? Fahren Sie zum ersten Mal mit einem WOMO, könnte Ihnen vielleicht das Schwanken oder die ungewohnte Sitzstellung aufstoßen. Sorgen Sie vor!

>> Kinder sind ein Fall für sich! Nehmen Sie auf jeden Fall die Medikamente mit, die Sie sowieso das Jahr über brauchen.

>> Soventol hilft nicht nur gegen Insektenstiche, sondern lindert auch Sonnenbrand.

>> Zwei Elastik-Binden für verstauchte Füße und Salbe gegen Prellungen (z. B. Mobilat) sollten nicht nur bei der Bergtour dabei sein.

>> Zwar kein Medikament, aber manchmal die letzte Rettung (statt eines Schlafmittels): Ohropax gegen Straßenlärm.

>> Was brauchen Sie sonst noch alles gegen Erkältungen, Magenbeschwerden, Sodbrennen, Blähungen, Völlegefühl? Schleppen Sie nicht alles mit! Die polnischen Apotheken sind ausgezeichnet sortiert.

>> Last not least: Das Merfen-Orange für die kleine Schürfwunde und gegen den großen Schmerz, ein Wund-Desinfektionsmittel, das nicht brennt, aber wegen der schönen Farbe bei Kindern besonders beliebt ist. Gegen Brennen im Salzwasser hilft Sprühpflaster.

>> Und wenn alles nichts mehr hilft: Beim ADAC-Arzt können Sie sich von Polen aus Rat holen unter der Nummer: **0049-89-22 22 22.**

NACKTBADEN

Polen ist ein konservativ-katholisch geprägtes Land, Nacktbaden ist hier nicht üblich.

PACKLISTE

Brieftasche/Handtasche/Geheimfach
Pässe, Personal-, Kinderausweis (gültig!)
Führerscheine
Grüne Karte (gültig, obwohl nicht Vorschrift)
KFZ-Schein
Fährtickets
Bargeld/Brustbeutel
Devisen/Umrechnungstabellen
Eurocheque-Karte
Visa-Karte
Impfbücher
Auslandskrankenscheine
Zusatzversicherungen
Schutzbrief
Fotokopien aller dieser Papiere

Wohnmobilhaushalt
Wecker (Fähre!)
Einkaufstasche (groß)
Kaffee-, Teekanne
Filtertüten/Filter
Geschirr/Gläser
Vesperbrettchen/Bestecke
Brotmesser/Kartoffelschäler
Schöpflöffel/Schneebesen
Töpfe/Dampftopf
Pfannen/Sieb
Topflappen
Butterdose/Plastikdöschen mit Deckel
Flaschentrage
Thermoskanne
Eierbehälter
Küchenpapier/Alufolie
Nähzeug/Schere
Klebstoff/Klebeband
Wäscheleine/Klammern
Waschpulver
Plastikschüssel
Abtreter
Schuhputzzeug
Kabeltrommel
Verbindungskabel CEE-Schuko
Stecker (Ausland)
Doppelstecker
Gasflaschen (voll?)
Handfeger/Kehrschaufel
Putzlappen
Klappspaten
Hammer/Nägel/Axt
Zündhölzer/Feuerzeug
Gasanzünder
Taschenlampen
Kerzen
Petroleumlampe/Petroleum
Ersatzbirnen 12 V/220 V
Ersatzsicherungen für jedes Gerät
Ersatzwasserpumpe
2 m passender Druckwasserschlauch
Feuerlöscher

Insektenspray/Insektenlampe
Moskitogaze für Fenster und Tür
Toilette/Klo-Papier
Toilettenchemikalien (formaldehydfrei!)
Dosen-, Flaschenöffner, Korkenzieher
Spülmittel/Bürste
Scheuerpulver
Geschirrtücher
Leim/5 m Schnur
5 m Schwachstromkabel zweiadrig
Wasserentkeimungsmittel
Müllbeutel
WOMO-Zapfschlauch (s. S. 232)
WOMO-Pfannenknecht (s. S. 237)
WOMO-Knackerschreck (s. S. 237)

Reiseapotheke
Mittel gegen Reise-, Seekrankheit
Soventol (lindert Insektenstiche usw.)
Husten-, Schnupfenmittel
Fieberzäpfchen
Kohle-Kompretten
Mittel gegen Durchfall
Mittel gegen Kopfschmerzen
Mittel gegen Verstopfung
Nasen-, Ohrentropfen
Halsschmerztabletten
Wundsalbe/Brandsalbe
Wunddesinfektionsmittel (Merfen-Orange)
Sprühpflaster
Elastikbinden
Salbe gegen Prellungen
Fieberthermometer
Pinzette
Auto-Verbandskasten o.k..?
Persönliche Medikamente

Auto
Allgemeines Wohnmobil-Handbuch
Bedienungsanleitungen
Bordbuch/Wörterbücher
Reiseführer/Campingführer
Straßenkarten/Autoatlas
Auffahrkeile/Stützböcke
Wasserwaage
D-Schild
Kundendienst gemacht?
Ersatzteilset von der Werkstatt?
Pannenausrüstung komplett?
Reservekanister voll?
1-2 Liter Reserveöl (HD 20/W 50)
Reserverad Luftdruck o.k..?
Abschleppstange, ausprobiert?
Passender Wagenheber, ausprobiert?
Luftpumpe
Warndreieck
Arbeitshandschuhe
Werkzeugkoffer komplett?
Kundendienststellenverzeichnis, neu?

Kleidung

Unterwäsche
Socken/Strümpfe
Hemden/Blusen
Schuhe/Sandalen
Hausschuhe
T-Shirts/Shorts
Hosen/Jeans
Kleider/Röcke
Pullover/Jacken/Stola
Anoraks/Windjacken/"Friesennerz"
Regencapes/Wolldecken
Sonnenhüte/Kopftücher
Nachthemden/Schlafanzüge
Bikinis/Badehosen
Gummistiefel/Wanderstiefel
Sonnenbrille/Ersatzbrille

_____

_____

_____

Campingartikel

Stühle/Tisch/Liegestühle
Liegematten/Hängematte
Sonnensegel/Stangen/Häringe/Leinen
Grill/Grillzange
WOMO-Pfannenknecht
Holzkohle

_____

_____

Unterhaltung

KW-Radio
Schreibzeug/Adressbuch
Handarbeitszeug
Kinderspielzeug
Malutensilien
Bücher/Spiele
Kassettenrekorder/Kassetten
Taucherbrillen
Wasserball/Fußball/Wurfringe
Frisby/Indiaca usw.
Schlauchboot/Pumpe/Ruder
Luftmatratzen
Sandspielzeug
Schwimmflügel/Schwimmreif
Surfbrett/Zubehör
Fotoapparat/Filme
Filmkamera/Filme
Videokamera/Kassetten
Ersatzbatterien/Ladegerät für 12 V
Rucksäcke
Kartentasche
Fernglas
Kompass
Iso-Matten/Zelte/Kochtopfset
Feldflaschen/Taschenmesser/Angelzeug
SOS-Kettchen (vor allem für Kinder)

_____

_____

_____

Lebensmittel

Allgemeines Wohnmobil-Kochbuch
Getränke (Limo, Bier, Wein, Schnaps)
H-Milch

Dosenmilch/Coffeemate
Milchpulver/Limopulver/Zitronenteepulver
Wurstdosen
H-Käse
Fertiggerichte/Beutelsuppen
Tee/Kaffee/Kaba
Müsli
Butter/Margarine
Brot/Vollkornbrot/Dosenbrot
Reis/Nudeln/Grieß
Kartoffelbrei/Mehl
Babykost
Puddingpulver
Schokolade/Bonbons/Kaugummi
Marmelade/Nutella
Bratfett/Öl/Essig
Mayonnaise, Senf
Gewürze
Ketchup/Maggi/Salz
Zucker/Süßstoff
Kartoffeln
Zwiebeln
Eier
Zwieback/Salzstangen

_____

_____

Toilettenartikel

Hand-, Badetücher, Waschlappen
Geschirrtücher
Tempo-Taschentücher
Kämme/Bürsten
Haarfestiger/Lockenwickel/Haarspangen
12 V-, Akku- oder Nassrasierer
Nageletui/Hygieneartikel
Empfängnisverhütungsmittel
Windeln/Creme/Babycreme
Seife/Rei in der Tube
Sonnencreme, -öl
Fettstift (Labello)
Zahnbürsten/Zahnpasta
Autan gegen Mücken, Zeckenzange
Schlafsäcke/Kopfkissen/Spannlaken

_____

_____

Nicht vergessen!

Post/Zeitung abbestellen
Offene Rechnungen bezahlen
Haustier abgeben
Blumen versorgen
Mülleimer leeren
Kühlschrank abstellen?
Antennen herausziehen
Wasch-, Spülmaschine, Bügeleisen aus?
Wasser, Gas, Heizung, Boiler abgestellt?
Rolläden schließen
Haustür verschließen!
Nachbarn/Verwandte benachrichtigen:
    Reiseroute, Autokennzeichen.
    Reserveschlüssel abgeben.

_____

_____

_____

SPRACHE

Ortsregister Polnisch - Deutsch:

B
Bisztynek - Bischofstein
Braniewo - Braunsberg
Bydgoszcz - Bromberg

C
Chełmno – Kulm
Chełmża - Kulmee
Choćmirówo - Neu-Gutznierow
Choczewo – Gotendorf

D
Dąbki - Neuwasser
Darłowo – Rügenwalde
Darłowko - Rügenwaldermünde
Dębki – Dembeck
Dzierzgon - Christburg

E
Elbląg - Elbing

F
Frombork - Frauenburg

G
Gardna Wilka - Groß-Garde
Gdańsk – Danzig
Gdynia – Gdingen
Gierłoż - Görlitz
Giżycko - Lötzen
Gniezno Gnesen
Gorzów Wielkopolski – Landsberg
Grudziądz – Graudenz
Grunwald – Grünfelde

H
Hel - Hela

J
Jantar – Pasewark
Jarosławiec - Jershöft
Jastarnia – Heisternest
Jastrzębia – Habichtsberg
Jez. Dąbrąg – Dabrag See
Jez. Jamno - Jamunder *See*
Jez. Maltanskie – Malta See
Jezioro Wulpinskie - Wulping-See

K
Kadyny – Cadinen
Katy Rybackie - Bodenwinkel
Karwia – Karwen
Kętrzyn - Rastenburg

Kluki – Klucken
Kołobrzeg - Kolberg
Kopalino -Kopallin
Kostrzyń - Kostschin
Koszalin - Köslin
Kowalów –Kohlow
Krokowa – Krockow
Krutyn – Krutinnen
Krynica Morska - Kahlberg-Liep
Kuźnica - Kußfeld
Kwidzyn - Marienwerder

L
Łazy - Lasse
Lidsbark-Warmiński - Heilsberg

M
Malbork - Marienburg
Mrągowo – Sensburg
Międzyrzecz – Meseritz
Międzyzdroje – Misdroy
Mielno - Großmöllen
Mikołajki – Nikolaiken
Motława - Mottlau

N
Nidzica – Neidenburg
Niechorze - Horst
Nowy Dwór Gdański - Tiegenhof

O
Olecko - Treuburg
Oliwa - Oliva
Olsztyn - Allenstein
Olsztynek – Hohenstein
Orneta - Wormditt
Ośno Lubuskie – Drossen
Ostróda - Osterode

P
Pasłęk - Preussisch-Holland
Piaski - Neukrug
Pieniężno - Mehlsack
Pisz – Johannisburg
Pogorzelica - Fischerkarten
Pogrodzie - Neukirch-Höhe
Poznań - Posen
Puck – Putzig
Przybiernów - Pribbernow

R
Radzieje - Rosengarten
Reszel – Rössel

Rewal - Rewahl
Rowokol – Reveken
Ruciane-Nida – Nierdersee-Nieden
Rzystnowo - Rißnow

S
Skwierzyna – Schwerin
Słubice – Damm
Słupsk - Stolp
Smołdzino – Schmolsin
Sobieszewo - Bohnsack
Sopot – Zoppot
Stegna - Steegen
Suchacz – Succase
Sucha Koszalinska - Zuchen
Świebodzin – Schwiebus
Świnoujście - Swinemünde
Swiecie – Schwetz
Święta Lipka – Heiligelinde
Szczecin - Stettin

T
Tolkmicko - Tolkenmit
Toruń - Thorn
Trzebiatów - Treptow

U
Ustka - Stolpmünde

W
Warszawa – Warschau
Warta – Warthe
Węgorzewo - Angerburg
Wicko – Vietzig
Wisełka - Neuendorf
Wisła – Weichsel
Władysławowo – Grossendorf
Wojnowo – Eckertsdorf
Wolin - Wollin

Z
Zaleskie - Saleskie

Ortsregister Deutsch - Polnisch:

A
Allenstein - Olsztyn
Angerburg - Węgorzewo

B
Bischofstein - Bisztynek
Bodenwinkel - Katy Rybackie
Bohnsack - Sobieszewo
Braunsberg - Braniewo
Bromberg - Bydgoszcz

C
Cadinen - Kadyny
Christburg - Dzierzgon

D
Dabrag See - Jez. Dąbrąg
Damm - Słubice
Danzig - Gdańsk
Dembeck - Dębki
Drossen - Ośno Lubuskie

E
Eckertsdorf - Wojnowo
Elbing - Elbląg

F
Fischerkarten - Pogorzelica
Frauenburg - Frombork

G
Gdingen - Gdynia
Gnesen - Gniezno

Görlitz - Gierłoż
Gotendorf - Choczewo
Graudenz - Grudziądz
Grossendorf - Władysławowo
Groß-Garde - Gardna Wilka
Großmöllen - Mielno
Grünfelde - Grunwald

H
Habichtsberg - Jastrzębia
Heiligelinde - Święta Lipka
Heilsberg - Lidsbark-Warmiński
Heisternest - Jastarnia
Hela - Hel
Hohenstein - Olsztynek
Horst - Niechorze

J
Jamunder See - Jez. Jamno
Jershöft - Jarosławiec
Johannisburg - Pisz

K
Kahlberg-Liep - Krynica Morska
Karwen - Karwia
Klucken - Kluki
Kohlow - Kowalów
Kolberg - Kołobrzeg
Kopallin - Kopalino
Köslin - Koszalin
Kostschin - Kostrzyń
Krockow - Krokowa
Krutinnen - Krutyn

Kulm - Chełmno
Kulmee - Chełmża
Kußfeld - Kuźnica

L
Landsberg - Gorzów Wielkopolski
Lasse - Łazy
Lötzen - Giżycko

M
Malta See - Jez. Maltanskie
Marienburg - Malbork
Marienwerder - Kwidzyn
Mehlsack - Pieniężno
Meseritz - Międzyrzecz
Misdroy - Międzyzdroje
Mottlau - Motława

N
Neidenburg - Nidzica
Neuendorf - Wisełka
Neu-Gutznierow - Choćmirówo
Neukirch-Höhe - Pogrodzie
Neukrug - Piaski
Neuwasser - Dąbki
Nierdersee-Nieden - Ruciane-Nida
Nikolaiken - Mikołajki

O
Oliva - Oliwa
Osterode - Ostróda

P
Pasewark - Jantar
Posen - Poznań
Preussisch-Holland - Pasłęk
Pribbernow - Przybiernów
Putzig - Puck

R
Rastenburg - Kętrzyn
Reveken - Rowokol
Rewahl - Rewal

Rißnow - Rzystnowo
Rosengarten - Radzieje
Rössel - Reszel
Rügenwalde - Darłowo
Rügenwaldermünde - Darłowko

S
Saleskie - Zaleskie
Schmolsin - Smołdzino
Schwerin - Skwierzyna
Schwetz - Swiecie
Schwiebus - Świebodzin
Sensburg - Mrągowo
Steegen - Stegna
Stettin - Szczecin
Stolp - Słupsk
Stolpmünde - Ustka
Succase - Suchacz
Swinemünde - Świnoujście

T
Thorn - Toruń
Tiegenhof - Nowy Dwór Gdański
Tolkenmit - Tolkmicko
Treptow - Trzebiatów
Treuburg - Olecko

V
Vietzig - Wicko
Warschau - Warszawa

W
Warthe - Warta
Weichsel - Wisła
Wollin - Wolin
Wormditt - Orneta
Wulping-See - Jezioro Wulpinskie

Z
Zoppot - Sopot
Zuchen - Sucha Koszalinska

TELEFONIEREN

Als Vorwahl nach Deutschland gilt in Polen die 0049 und dann die Ortsvorwahl ohne die erste 0. Die Vorwahl von Deutschland nach Polen lautet 0048. Seit vielen Jahren sind wir in Europa mit dem Handy unterwegs, man ist in Europa dank des GSM-Standards überall unter seiner normalen Rufnummer erreichbar. Auch Polen hat ein flächendeckendes Netz, so dass man überall erreichbar ist. Stellen Sie vor Reiseantritt sicher, dass bei Ihnen das "International Roaming" freigeschaltet ist! Denken Sie auch, sofern Sie nicht über Wechselrichter sowieso 220 V an Bord haben, daran, an ein spezielles 12V-Ladegerät für Ihr Handy zu besorgen. Eine Freisprecheinrichtung ist auch in Polen zum Telefonieren während der Fahrt vorgeschrieben! (natürlich nicht für den Beifahrer / die Beifahrerin ...)

TOILETTE

Einer der Gründe dafür, dass das Freie Camping in so vielen Ländern verboten wird, ist mit Sicherheit die Verunstaltung und Verseuchung der Landschaft mit Fäkalien.
Die Benutzung einer Campingtoilette ist deshalb ein absolutes "Muss" für jeden engagierten Camper.

Tipps:
>> *Campingtoiletten sind nicht der Weisheit letzter Schluss, bekämpft man doch die zu erwartenden Düfte selten mit umweltverträglichen Mitteln. Wie verhält sich der umweltbewusste Toilettengänger in Polen:*
1. *Möglichst nur die aufgestellten Toiletten benutzen.*
2. *Toilettenchemikalien äußerst sparsam einsetzen; wir verwenden nur Schmierseife (Schlecker) – und es geht auch!*
3. *Campingtoiletten entweder an Tankstellen an Raststätten oder öffentlichen WC's entsorgen*
4. *Wer den Inhalt seiner Campingtoilette hinters Gebüsch gießt, den soll der Blitz beim Schei... treffen*

TREIBSTOFF

Polen, auch als nicht überall dicht besiedeltes Land verfügt über ein großes Tankstellennetz, wo wir neben Diesel auch immer - auf Nachfrage! - Frischwasser bunkern konnten. Der Diesel ist billiger als in Deutschland.

TRINK-, WASCH-, SPÜLWASSER

Beim Abwasser hatten wir die Formel aufgestellt:
$$10 \text{ Liter} \times \text{Personenzahl} = \text{Volumen des Abwassertanks}$$
Als Trinkwasservorrat muss man pro Person und Tag mindestens 15 bis 20 Liter rechnen.

Tipps:
>> *In den südlichen Ländern haben wir für Sie nach Trinkwasserbrunnen gesucht. Solche "überkommenen" Einrichtungen gibt es in Polen nicht.*
>> *Die Trinkwasserversorgung ist jedoch trotzdem kein Problem: Alle Tankstellen haben saubere Zapfhähne, wir haben immer erst um Erlaubnis gefragt, nie wurden wir abgewiesen.*
>> *Der verwöhnte Wassertankbesitzer fragt sich: „Wie kriege ich das frische Nass möglichst bequem in den eingebauten Behälter?" Für ihn haben wir den WOMO-Zapfschlauch konstruiert. Es handelt sich um 3 - 5 Meter Gartenschlauch, an dessen Beginn man ein Stück Fahrradschlauch der Größe 1 3/8 x 1 5/8 Zoll anflanscht, das über jeden Wasserhahn passt. Am anderen Ende befestigt man einen Karabinerhaken, den man in eine Öse am Einfüllstutzen des Wassertanks hängt, wenn man keinen zweiten Mann zum Halten hat.*
>> *Mehr aus Gewohnheit haben wir auch in Polen unser Trinkwasser mit Entkeimungsmitteln behandelt – jedoch in erster Linie, um eine Nachverkeimung im Tank zu verhindern.*
>> *Irgendwann geht an jedem Platz das Trinkwasser aus. Wie kann man sparen?*
1. *Salzwasser: Geschirrspülen klappt wunderbar, wenn das "Spüli" keine "Anionischen Tenside" enthält. Auf der Flasche nachschauen oder einfach probieren.*

Haarewaschen geht prima! Auch hier ist Seife nicht geeignet. Man nehme flüssige Seife, die keine Alkalien enthält, z. B. "Eubos" (Apotheke).

2. *See-, Flusswasser: Wenn das Wasser optisch rein ist, kann man es zum Spülen, Waschen und Haarewaschen verwenden. Nur zum Zähneputzen muss man es vorher abkochen oder entkeimen.*

VERKEHR

Dem WOMO-Fahrer kann es nur darum gehen, sein großes und schweres Gefährt unbehelligt bis zum Urlaubsziel und zurück zu transportieren. Dabei kann ihm allerhand passieren.

Tipps:

>> *Geschwindigkeitsbegrenzungen nötigen uns meist nur ein müdes Lächeln ab:*

Autobahnen	*120 km/h*	*über 3,5 t 80 km/h*
Schnellstraßen	*90- 110 km/h*	*über 3,5 t 70 km/h*
Innerorts 05:00 - 23:00	*50 km/h*	
Innerorts 23:00 - 05:00	*60 km/h*	
Beruhigte Wohngebiete	*30 km/h*	

>> *Promillegrenze: **0,2***

>> *Es besteht **Anschnallpflicht** auf Vorder- und Rücksitzen, Kinder haben hinten zu sitzen.*

>> *01.10. bis 28.02. auch tagsüber nur mit **Abblendlicht** fahren! Zur Zeit läuft ein Vorhaben, grundsätzlich das ganze Jahr über Abblendlicht vorzuschreiben.*

>> *Polen ist stark landwirtschaftlich geprägt. Insbesondere im Juli und August zur Erntezeit muss man immer und überall mit langsamen, überbreiten Mähdreschern, hochbeladenen Schleppern und anderen Maschinen rechnen.*

>> ***Straßenverhältnisse:***
Das Fernstraßennetz ist dicht und gut ausgebaut, die Haupttransit-Strecken Richtung Russland, Ukraine und Baltikum sind auch sehr stark befahren, vor allem von LKW. Autobahnen sind kaum vorhanden. Auf diesen Fernstraßen wird größtenteils schnell gefahren und wild überholt. Die Straßenzustände reichen von neuem, topfebenem Asphalt bis zu tiefen Spurrillen und Schlaglöchern. Es wird allerorten ausgebaut und erneuert. Nebenstraßen sind oft schmal und als wunderschöne Alleen angelegt - aber achten Sie bei Gegenverkehr, wenn Sie nach rechts ausweichen müssen, auf Ihren Alkoven! Manch Ast ragt ein wenig in die Fahrbahn und kann teure Schäden verursachen. Ansonsten können Sie uns bei unbesorgt allen Touren folgen, auch ohne Allrad und auch mit einem großen Womo.

VERSTÄNDIGUNG

Gehen Sie nicht davon aus, dass in Polen jeder der deutschen Sprache mächtig ist! Zumal es auch kein großer Akt der Höflichkeit ist, im Ausland sofort in seiner Heimatsprache loszulegen und dann auch noch zu erwarten, verstanden zu werden! Englisch ist seit vielen Jahren jedoch Pflichtfach in den Schulen, so dass die Wahrscheinlichkeit, insbesondere bei jüngeren Gesprächspartnern, auf die Frage "Do you speak English?" ein "Yes, of course!" zu erhalten, recht groß ist. Viele ältere Menschen sprechen auch noch Deutsch, aber aufgrund der nicht sehr ruhmreichen Vergangenheit spricht es auch nicht jeder, der es könnte. Andererseits sollte man aber grundsätzlich vorsichtig sein, was man, auch untereinander, alles sagt - manch ein Pole versteht recht gut, ohne sich zu erkennen zu geben ...

WUPS – der WOMO-Urlaubs-Parner-Service

Regelmäßig zur Vorurlaubszeit liest man sie in Zeitungen und einschlägigen Zeitschriften, die Suchannoncen der Wohnmobilfamilien, die sich nicht allein auf weite Tour wagen wollen:

> Portugal, 4 Wo. Jul./Aug. Wir 42/43/12 männl./Hund, mit Wohnmobil suchen Begleitfamilie/n mit Kindern 9-13 J. u. eig. Wohnmobil, Tel.....

Ob sie wohl Erfolg haben? Wir wünschen es ihnen!
Was aber sind die Beweggründe für die "Partnersuche auf (Ferien-) Zeit"?
Sie können sich selbst die Gründe zusammensuchen, denn Sie hatten ja auch schon mal diese Idee. Da ist die lange Fahrt mit ihren Tücken, bei der man sich bei Problemen helfen kann. Übernachtungen in einsamer Umgebung – mit einem Partner wäre einem da viel wohler.
Gemeinsame Unternehmungen machen viel mehr Spaß; den Grill wirft man abwechselnd an (und nimmt nur einen mit), Einkäufe und Wasserholen, gemeinsam oder im Wechsel, aber nur mit einem Auto; abends, da hat man den passenden Gesprächspartner und ganz wichtig: die Kinder haben Spiel-gefährten im passenden Alter.

Die Liste der Vorteile gemeinsamen Reisens ließe sich noch erheblich verlängern – und so waren wir auch gar nicht verwundert, dass wir geradezu mit der Nase darauf gestoßen wurden:

> „WOMO-Verlag, unternehmt da mal etwas!"

Wir haben uns zusammengesetzt und beraten, entwickelt, verworfen und verbessert. Was wir schließlich ausgebrütet haben, lässt sich am einfachsten mit folgendem Sätzchen umschreiben:
Durch **WUPS** soll jedem Interessenten ohne den geringsten finanziellen Aufwand eine passende Urlaubspartnerfamilie vermittelt bekommen.
Das ideale Medium dafür ist das Internet!

> Wie nimmt man teil?

In unserem Internetforum unter: **http://wups.womo.de** können Sie sich kostenlos mit allen wichtigen Daten wie Urlaubsziel, Reisezeit, eigenem Alter (und dem evtl. mitreisender Kinder), eMail-Adresse sowie Lieblingsaktivitäten eintragen (oder von Freunden mit Internetanschluss eintragen lassen).
Es liegt nun an jedem einzelnen, den passenden Partner aus den angegebe-nen Daten, ergänzenden eMails oder Kurznachrichten zu ermitteln.
Jedem Teilnehmer ist es selbst überlassen, wie viele Daten er angeben möchte oder nicht (bei uns ist jeder sein eigener Datenschützer). Selbst ohne Angabe von Telefonnummer oder eMail-Adresse ist eine Kontaktaufnahme per Kurznachricht möglich, die kein anderer lesen kann!
Wir wünschen schon jetzt doppelten Spaß im gemeinsamen WOMO-Urlaub.

ZEITUNGEN

Deutsche, aber auch andere ausländische, deutschsprachige Zeitungen und Zeitschriften bekommt man nur in den Großstädten.
In der Regel dabei waren die "Süddeutsche", die "Frankfurter" und "Bild", unter den Zeitschriften "Spiegel", "Focus" "Bunte" und "Burda". Wir hoffen, da ist etwas nach Ihren Wünschen dabei. Nicht immer waren die Exemplare jedoch taufrisch. Zwischen zwei und zehn Tagen waren die Neuigkeiten schon alt – für Aktuelles sollten Sie also lieber das Kurzwellenradio einschalten.

Zum Schluss:
IN EIGENER SACHE – ODER DER SACHE ALLER!?

Urlaub mit dem Wohnmobil ist etwas ganz besonderes. Man kann die Freiheit genießen, ist ungebunden, dennoch immer zu Hause, lebt mitten in der Natur – **wo man für sein Verhalten völlig selbst verantwortlich ist!**

Seit mehr als 22 Jahren geben wir Ihnen mit unseren Reiseführern eine Anleitung für diese Art Urlaub mit auf den Weg. Außer den umfangreich recherchierten Touren haben wir viele Tipps allgemeiner Art zusammengestellt, unter ihnen auch solche, die einem WOMO-Urlauber eigentlich selbstverständlich sein sollten. Weil wir als Wohnmobiler die Natur in ihrer ganzen Schönheit und Vielfalt hautnah erleben dürfen, haben wir auch besondere Pflichten ihr gegenüber, die wir nicht auf andere abwälzen können.

Jährlich erhalten wir viele Zuschriften, Grüße von Lesern, die mit unseren Reiseführern einen schönen Urlaub verbracht haben und sich herzlich bei uns bedanken. Wir erhalten Hinweise über Veränderungen an den beschriebenen Touren, die von uns bei der Aktualisierung der Reiseführer Berücksichtigung finden.

Aber: Wir erhalten auch Zuschriften über das Verhalten von Wohnmobilurlaubern, die sich **egoistisch, rücksichts- und verantwortungslos** der Natur und ihren Mitmenschen – nachfolgenden Urlaubern und Einheimischen – gegenüber verhalten.
In diesen Briefen geht es um die Themen Müllbeseitigung, Abwasser- und Toilettenentsorgung. Es soll immer noch Wohnmobilurlauber geben, die ihre Campingtoilette nicht benutzen, dafür lieber den nächsten Busch mit Häufchen und Toilettenpapier "schmücken", die den Abwassertank nicht als Tank benutzen, sondern das Abwasser unter das WOMO trielen lassen, die ihren Müll neben dem Wohnmobil liegenlassen und davondüsen, alles frei nach dem Motto: **"Nach mir die Sintflut!"**

Liebe Leser!

Wir möchten Sie im Namen der gesamten WOMO-Familie bitten: Helfen Sie aktiv mit, diese Schweinereien zu unterbinden! Jeder Wohnmobilurlauber trägt eine große Verantwortung, und sein Verhalten muss dieser Verantwortung gerecht werden. Bestimmt hat mancher, dem Sie auf Ihrer Tour begegnen und der sich unwürdig verhält, das gleiche Büchlein in der Hand wie Sie. Er weiß zumindest jetzt, worum es geht. Sprechen Sie ihn an und weisen Sie ihn auf sein Fehlverhalten hin.
Der nächste freut sich, wenn er den Stellplatz sauber vorfindet, denn auch er hat sich seinen Urlaub verdient!
Vor allem aber: Wir erhöhen damit die Chance, dass uns unsere über alles geliebte Wohnmobil-Freiheit noch lange erhalten bleibt.

Helfen Sie mit, den Ruf der Sippe zu retten! Verhindern Sie, dass einzelne ihn noch weiter in den Schmutz ziehen!
Wir danken Ihnen im Namen aller WOMO-Freunde –

Ihr WOMO-Verlag

Stichwortverzeichnis

Der ⬛⬛⬛⬛®-Pfannenknecht

ist die saubere Alternative zum Holzkohlengrill.

* Kein tropfendes Fett,
* Holz statt Holzkohle,
* vielfältige Benutzung –
* vom Kartoffelpuffer bis zur Gemüsepfanne.

Massive Kunstschmiedearbeit, campinggerecht zerlegbar, Qualitäts-Eisenpfanne von Rösle, bequeme Handhabung im Freien, einfachste Reinigung.

Nur 49,90 € – und nur bei WOMO!

Der ⬛⬛⬛⬛®-Aufkleber

* passt mit 45 cm Breite auch auf Ihr Wohnmobil.
* ist das weit sichtbare Symbol für alle WOMO-Freunde.

Nur 2,90 € – und nur bei WOMO!

Der ⬛⬛⬛⬛®-Knackerschreck

* ist die universelle und **sofort sichtbare Einbruchssperre**.
* Wird einfach in die beiden Türarmlehnen eingehängt, zusammengeschoben und abgeschlossen. (tagsüber unter Einbeziehung des Lenkrades, nachts direkt, somit ist Notstart möglich).
* Passend für Ducato, Peugeot, MB Sprinter sowie VW (LT & T4).
* Krallen aus 10 mm starkem Edelstahl, d. h. nahezu unverwüstlich.

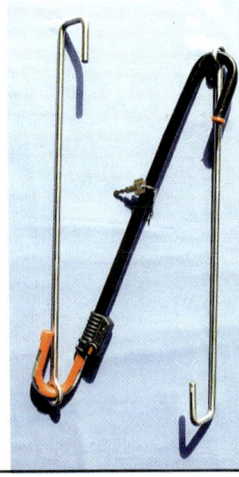

Nur 44,90 € – und nur bei WOMO!

Info-Blatt für das WOMO-Buch: Polen (N)'08

(ausgefüllt erhalte ich 10% Info-Honorar auf Buchbestellungen direkt beim Verlag)

Lokalität: **Seite:**   **Datum:**
(Stellplatz, Campingplatz, Wandertour, Gaststätte, usw.)
○ unverändert   ○ gesperrt/geschlossen   ○ folgende Änderungen:

Lokalität: **Seite:**   **Datum:**
(Stellplatz, Campingplatz, Wandertour, Gaststätte, usw.)
○ unverändert   ○ gesperrt/geschlossen   ○ folgende Änderungen:

Lokalität: **Seite:**   **Datum:**
(Stellplatz, Campingplatz, Wandertour, Gaststätte, usw.)
○ unverändert   ○ gesperrt/geschlossen   ○ folgende Änderungen:

Lokalität: **Seite:**   **Datum:**
(Stellplatz, Campingplatz, Wandertour, Gaststätte, usw.)
○ unverändert   ○ gesperrt/geschlossen   ○ folgende Änderungen:

Lokalität: **Seite:**   **Datum:**
(Stellplatz, Campingplatz, Wandertour, Gaststätte, usw.)
○ unverändert   ○ gesperrt/geschlossen   ○ folgende Änderungen:

Lokalität: **Seite:**   **Datum:**
(Stellplatz, Campingplatz, Wandertour, Gaststätte, usw.)
○ unverändert   ○ gesperrt/geschlossen   ○ folgende Änderungen:

Meine Adresse und Tel.-Nummer:
(nur komplett ausgefüllte Infoblätter können berücksichtigt werden)

Info-Blatt für das WOMO-Buch: Polen (N)'08

(ausgefüllt erhalte ich 10% Info-Honorar auf Bestellungen direkt beim Verlag)

Lokalität: **Seite:**   **Datum:**

(Stellplatz, Campingplatz, Wandertour, Gaststätte, usw.)

○ unverändert   ○ gesperrt/geschlossen   ○ folgende Änderungen:

Lokalität: **Seite:**   **Datum:**

(Stellplatz, Campingplatz, Wandertour, Gaststätte, usw.)

○ unverändert   ○ gesperrt/geschlossen   ○ folgende Änderungen:

Lokalität: **Seite:**   **Datum:**

(Stellplatz, Campingplatz, Wandertour, Gaststätte, usw.)

○ unverändert   ○ gesperrt/geschlossen   ○ folgende Änderungen:

Lokalität: **Seite:**   **Datum:**

(Stellplatz, Campingplatz, Wandertour, Gaststätte, usw.)

○ unverändert   ○ gesperrt/geschlossen   ○ folgende Änderungen:

Lokalität: **Seite:**   **Datum:**

(Stellplatz, Campingplatz, Wandertour, Gaststätte, usw.)

○ unverändert   ○ gesperrt/geschlossen   ○ folgende Änderungen:

Lokalität: **Seite:**   **Datum:**

(Stellplatz, Campingplatz, Wandertour, Gaststätte, usw.)

○ unverändert   ○ gesperrt/geschlossen   ○ folgende Änderungen:

Meine sonstigen Tipps und Verbesserungswünsche:

Wir bestellen zur sofortigen Lieferung (Alle Preise in € [D]. Preisänderungen vorbehalten):

Allgemeine WOMO-Literatur:

☐	Allgemeines Wohnmobil Handbuch	19,90 €
☐	Allgemeines Wohnmobil Kochbuch	12,90 €
☐	Multimedia im Wohnmobil	9,90 €
☐	Heitere Wohnmobil Geschichten	5,90 €
☐	Die gordische Lüge – der WOMO-Roman	9,90 €

WOMO-Zubehör:

☐	WOMO-Pfannenknecht mit Eisenpfanne	49,90 €
☐	WOMO-Knackerschreck mit Edelstahlkrallen	44,90 €
	Marke des Basisfahrzeugs:	Baujahr:
☐	WOMO-Aufkleber "WOMO-fan"	2,90 €

WOMO-Reiseführer: Mit dem Wohnmobil durch/nach/auf/in....

☐	Baltikum (Est-/Lettland/Litauen)	17,90 €
☐	Belgien & Luxemburg	17,90 €
☐	Bretagne	17,90 €
☐	Dänemark	17,90 €
☐	Elsaß	17,90 €
☐	England	17,90 €
☐	Finnland	17,90 €
☐	Franz. Atlantikküste (Nordhälfte)	17,90 €
☐	Franz. Atlantikküste (Südhälfte)	17,90 €
☐	Griechenland	17,90 €
☐	Irland	17,90 €
☐	Island	17,90 €
☐	Korsika	17,90 €
☐	Kreta	17,90 €
☐	Kroatien (Dalmatien)	17,90 €
☐	Languedoc/Roussillon	17,90 €
☐	Loiretal/Paris	17,90 €
☐	Marokko	17,90 €
☐	Normandie	17,90 €
☐	Norwegen (Nord)	17,90 €
☐	Norwegen (Süd)	17,90 €
☐	Österreich (Ost)	17,90 €
☐	Österreich (West)	17,90 €
☐	Peloponnes	17,90 €
☐	Pfalz	17,90 €
☐	Piemont/Ligurien	17,90 €
☐	Polen (Norden/Masuren)	17,90 €
☐	Portugal	17,90 €
☐	Provence & Côte d'Azur (Osthälfte)	17,90 €
☐	Provence & Côte d'Azur (Westhälfte)	17,90 €
☐	Pyrenäen	17,90 €
☐	Sardinien	17,90 €
☐	Schottland	17,90 €
☐	Schwarzwald	17,90 €
☐	Schweiz (Zentral & Ost)	17,90 €
☐	Schweiz (West)	17,90 €
☐	Schweden (Nord)	17,90 €
☐	Schweden (Süd)	17,90 €
☐	Sizilien	17,90 €
☐	Slowenien	17,90 €
☐	Spanien (Nord/Atlantik)	17,90 €
☐	Spanien (Ost/Katalonien)	17,90 €
☐	Spanien (Südost/Murcia)	17,90 €
☐	Spanien (Süd/Andalusien)	17,90 €
☐	Süd-Italien (Osthälfte)	17,90 €
☐	Süd-Italien (Westhälfte)	17,90 €
☐	Süd-Tirol	17,90 €
☐	Toskana & Umbrien (Osthälfte)	17,90 €
☐	Toskana & Umbrien (Westhälfte)	17,90 €
☐	Trentino/Gardasee	17,90 €
☐	Türkei (West)	17,90 €
☐	Ungarn	17,90 €

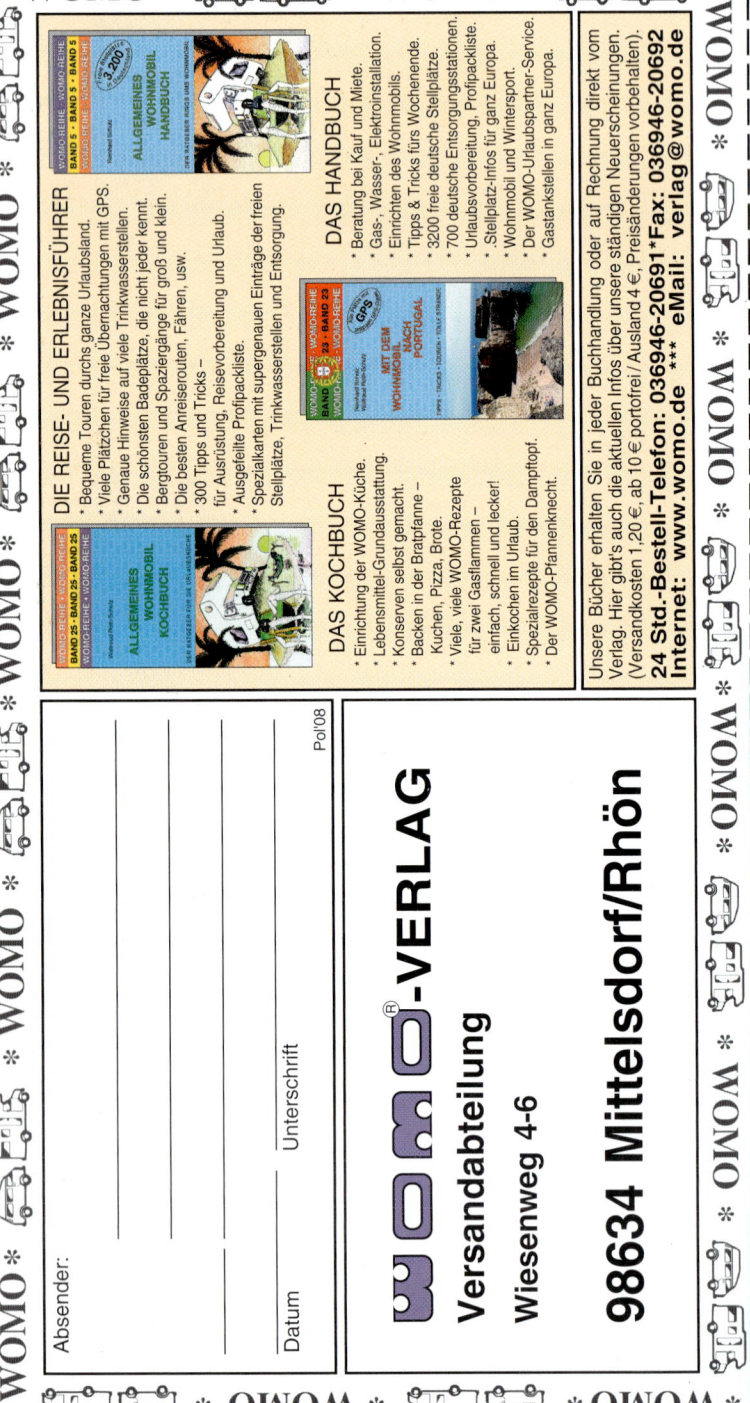